इतिहास की पुनर्व्याख्या

इतिहास की पुनर्व्याख्या

इतिहास के मिथकीकरण और संप्रदायीकरण के प्रयासों पर एक बहस

रोमिला थापर

नासिर तैयबजी

माइकल डब्ल्यू. माइस्टर

आर.नाथ

सतीशचंद्र

ज्ञानेंद्र पांडे

हरबंस मुखिया

बिपिनचंद्र

राजकमल प्रकाशन

ISBN : 978-81-7178-233-8

मूल्य : 595

पहला संस्करण : 1991
छठा संस्करण : 2024

प्रकाशक : राजकमल प्रकाशन प्रा.लि.
1-बी, नेताजी सुभाष मार्ग, दरियागंज
नई दिल्ली-110 002
शाखाएँ : अशोक राजपथ, साइंस कॉलेज के सामने, पटना-800 006
पहली मंजिल, दरबारी बिल्डिंग, महात्मा गांधी मार्ग, प्रयागराज-211 001
1, अनमोल सोराबजी संतुक लेन, धोबी तलाव, मरीन लाइंस, मुम्बई-400 002
वेबसाइट : www.rajkamalprakashan.com
ई-मेल : info@rajkamalprakashan.com

मुद्रक : बी.के. ऑफसेट
नवीन शाहदरा, दिल्ली-110 032

ITIHAS KI PUNARVYAKHYA
An anthology of articles reinterpreting Indian History

प्रकाशकीय

इतिहास-विषयक इस पुस्तक में दो पूर्व प्रकाशनों से लिए गए लेखों के हिंदी-अनुवाद शामिल हैं, और अपनी समग्रता में भारतीय इतिहास के अध्ययन में एक नया दृष्टिकोण प्रस्तुत करते हैं।

उक्त दोनों प्रकाशनों में से एक है सुप्रतिष्ठ अंग्रेजी त्रैमासिक 'सेमिनार' का एक अंक, जिसका केंद्रीय विषय है 'भारतीय इतिहास के अध्ययन के लिए एक नई दृष्टि'। इन लेखों में पुराने और बहुत हाल के दोनों सिद्धातों को लेकर प्रचलित दृष्टिकोण पर एक सार्थक बहस भी की गई है। दूसरा प्रकाशन है, 'सांप्रदायिकता और भारतीय इतिहासलेखन'। इन लेखों में उन सिद्धांतों का विवेचन किया गया है, जो भारत में सांप्रदायिकता के सवाल से जुड़े हुए हैं और अपने-आपको न्यायोचित सिद्ध करने केलिए भारतीय इतिहास की मनमानी व्याख्या करते हैं।

वास्तव में इन दोनों प्रकाशनों के लेखों को एक साथ प्रस्तुत करनेवाली यह पुस्तक उन विचारों और अवधारणाओं को सामने लाती है, जिनसे वर्तमान भारत के तमाम अग्रगण्य इतिहासकार आज जूझ रहे हैं। आशा है, इतिहास का यह अध्ययन-विश्लेषण उन सभी पाठकों के लिए मूल्यवान सिद्ध होगा, जो कि संबद्ध विचारों और अवधारणओं को जानना-समझना चाहते हैं।

आभार प्रदर्शन

'सेमिनार' पत्रिका के अंक 364 में संकलित लेखों का हिंदी में अनुवाद करने और इस पुस्तक में शामिल करने की अनुमति देने के लिए हम 'सेमिनार' के संपादकमंडल के आभारी हैं। ये लेख प्रस्तुत पुस्तक के पहले खंड 'इतिहास का मिथकीकरण' में शामिल हैं। पुस्तक के दूसरे खंड 'सांप्रदायिकता और भारतीय इतिहास-लेखन' में शामिल तीन लेखों को यहाँ संकलित करने की अनुमति पीपुल्स पब्लिशिंग हाउस प्रा. लि., नई दिल्ली, के सौजन्य से प्राप्त हुई है। इसके लिए हम उनके प्रति भी अपना आभार व्यक्त करते हैं

प्रकाशक

अनुक्रम

इतिहास का मिथकीकरण

अनुवाद

नरेश नदीम

समस्या की रूपरेखा

एक समय था जब इतिहास को मूलतः तथ्यों के संग्रह और सूचना के भंडार के रूप में देखा जाता था। इतिहासकारों को केवल तथ्यों को इकट्ठा करना होता था; फिर ये तथ्य अपनी कहानी आप कहते। इस विचार के स्थान पर अब धीरे-धीरे ऐतिहासिक सिद्धांत की महत्ता स्थापित हो रही है जो प्रमाणों के संग्रह, उनके व्यवस्थित रूप, और प्रमाणों से प्राप्त प्रतिमानों और प्रवृत्तियों से संबंधित है। 'शुद्ध तथ्यों' की पवित्रता तब घटने लगी जब यह महसूस किया जाने लगा कि तथ्यों का अध्ययन ही वास्तव में इतिहास का निर्माण करता है, या जैसाकि कुछ लोगों का तर्क है, जिसे तथ्य कहा जाता है वह भी इतिहासकार द्वारा जमा की गई सूचना मात्र है। इस प्रकार बिना किसी सिद्धांत और दृष्टिकोण के कोई इतिहास हो ही नहीं सकता, और जो लोग यह दावा करते हैं कि उन्हें किसी सैद्धांतिक परिप्रेक्ष्य से कुछ नहीं लेना-देना है, वे या तो अनभिज्ञ हैं या बेईमान हैं।

इतिहास इस प्रकार पीढ़ी-दर-पीढ़ी संप्रेषित होती सूचनाओं का भंडार मात्र नहीं है। प्रमाणों की व्याख्या का घनिष्ठ संबंध व्याख्या के सिद्धांत से होता है, जिसमें प्रमाणों के अध्ययन का और भी विस्तृत प्रयास किया जाता है। अतः या तो नए आँकड़ों की खोज के कारण, या व्याख्या के नए सिद्धांतों द्वारा रखे गए परिप्रेक्ष्यों के कारण प्रमाणों में बदलाव आने पर इतिहास के अध्ययन में बदलाव आता है। सिद्धांत के केंद्रीय तत्व में अनेक उपायों द्वारा सिद्धांतों की जाँच, तथा प्रमाण और व्याख्या, दोनों का मूल्यांकन भी शामिल है। अब अगर प्रमाण के रूप में इस्तेमाल किए गए आँकड़े लिखित सामग्री के रूप में हैं तो उनमें निहित पूर्वाग्रहों के परीक्षण पर भी पर्याप्त जोर दिया जा रहा है। यह प्रमाण की विश्वसनीयता के मूल्यांकन की और ऐतिहासिक व्याख्या को तर्क और विवेकपूर्ण विश्लेषण पर आधारित किए जाने की माँग करता है।

इतिहास का मिथकीकरण अनेक स्थितियों में होता है। कुछ स्थितियों में पुराने पड़ गए सिद्धांतों को दोहराने का क्रम जारी रहता है, भले ही ऐसे नए प्रमाण प्राप्त हुए हों जो ऐसे किसी सिद्धांत विशेष का समर्थन नहीं करते। चूँकि ऐतिहासिक विश्लेषण एक निरंतर प्रक्रिया है, इसलिए उन पुराने सिद्धांतों का जारी रहना, जिनका महत्व अक्सर अतीत में प्रमाणों के अभाव के कारण सीमित रहता है, मिथक-निर्माण का एक रूप बन जाता है जिससे ऐतिहासिक व्याख्या की जगह कोई और उद्देश्य पूरा होता है। दूसरी ओर, पूर्वकल्पित

निष्कर्षों का उपयोग प्रमाण के चयन को निर्धारित करता है, और उन प्रमाणों पर ध्यान नहीं दिया जाता जो इन निष्कर्षों के अनुरूप नहीं होते।

फिर, कई लोग संदिग्ध प्रमाणों का भी सहारा लेते हैं, और यहाँ तक कि कभी-कभी मनगढ़ंत 'प्रमाणों' का भी। एक जाली 'इतिहासकार' सामान्यतः इस प्रकार के तरीकों के प्रयोग द्वारा पहचाना जा सकता है। मिथकों की पुष्टि एक सचेत कार्य बन जाती है। इन परिस्थितियों में मिथकों को बढ़ावा मिलता है, और ये अधिक विस्तृत आयाम ग्रहण करते हैं और ऐतिहासिक शोध पर आधारित होने का दावा करके अपनी वैधता स्थापित करने के प्रयास करते हैं। यह सिर्फ बोदा इतिहास नहीं है। इस प्रकार के लेखन का उद्देश्य ऐतिहासिक प्रमाणों को इस सीमा तक विकृत कर देना होता है कि इसका इस्तेमाल राजनीतिक उद्देश्यों की पूर्ति के लिए सरलीकृत ढंग से किया जा सके।

आत्मपरकता के तत्व को न तो प्रमाणों के एकत्रीकरण से और न ही उनकी विवेचना से खारिज किया जा सकता है। इसलिए समय-समय पर यह वक्तव्य देना आवश्यक है कि अतीत के महत्वपूर्ण प्रश्नों के संबंध में "हम कहाँ पर खड़े हैं"। यह गैर-इतिहासकारों को इतिहासकारों के बीच चल रहे वार्तालापों और इन प्रश्नों के बारे में इस पेशे में लगे व्यक्तियों के विचारों के विषय में जानने में मदद देता है।

सेमिनार के इस अंक में[1] भारतीय इतिहास के कुछ प्रचलित मिथकों को प्रस्तुत करने का प्रयास किया गया है जिनका उद्देश्य ऐसी राजनीतिक और सामाजिक लामबंदी है जो सत्ता के सामीप्य की इच्छा से असंबद्ध नहीं है। समझा जाता था कि आर्य जाति का सिद्धांत न केवल भारतीय इतिहास के प्रारंभ और भारतीय सभ्यता की स्थापना की व्याख्या करता है, बल्कि भारतीय सामाजिक अस्मिताओं के कारणों की भी व्याख्या करता है। नवीन प्रमाणों की बहुतायत के साथ इसे अब उचित नहीं ठहराया जा सकता, लेकिन फिर भी यह एक लोकप्रिय सिद्धांत बना हुआ है क्योंकि यह आधुनिक भारतीयों की सामाजिक पहचान के अनेक दावों को आधार प्रदान करता है। द्रविड़ संस्कृति की इतनी ही उग्र प्रजातीय व्याख्या की गई, और इसके प्रारंभिक प्रतिपादकों ने आर्य जाति के सिद्धांत के तर्कों का इस्तेमाल किया लेकिन अपनी द्रविड़ पहचान पर जोर दिया। इस तरह के प्रजातीय सिद्धांतों को भारत की सीमाओं के बाहर भी उपजाऊ मिट्टी मिली, यानी उन स्थानों में जहाँ हिंद-आर्य और द्रविड़ भाषाई समूहों से संबंधित भाषाएँ बोलनेवाले बसे हुए हैं।

पूर्वकल्पित निष्कर्ष इस विचार के प्रचार में भी दिखाई देते हैं कि मुस्लिम शासन हिंदू भारत के लिए अनर्थकारी था। मुसलमानों ने नियमितता से हिंदू मंदिरों को मस्जिदों में तब्दील किया, और मुगल बादशाह औरंगजेब हिंदू-विरोधी था—अक्सर दोहराई जानेवाली ये दो धारणाएँ हैं। उन स्थानों पर दावे के लिए ऐतिहासिक प्रामाणिकता के साक्ष्य प्रस्तुत करने के प्रयास किए जा रहे हैं, जबकि ये दावे स्पष्ट रूप से हाल के आविष्कार हैं। हाल

में इन धारणाओं को इस माँग के साथ जोड़ा गया है कि हिंदू मंदिरों के स्थान पर बनी सभी मस्जिदों को गिराकर फिर से मंदिरों का निर्माण किया जाना चाहिए। यह इतिहास को तोड़ने- मरोड़ने की कोशिश है जो एकदम तर्कहीन है। स्पष्ट रूप से यह राजनीतिक उद्देश्यों को इतिहास के लबादे में छिपाने का प्रयास है।

इस माँग का दूसरा पहलू उन तबाहहाल मस्जिदों में भी उपासना आरंभ करने का प्रयास है जिन्हें भारतीय पुरातत्व सर्वेक्षण द्वारा राष्ट्रीय स्मारक के रूप में संरक्षित रखा गया है। इस प्रकार राष्ट्रीय संपत्ति को मुस्लिम संप्रदाय की विशेष संपत्ति के रूप में परिवर्तित कर दिया जाता है। इस आम विवाद का दूसरा पहलू यह सुझाने का प्रयास है कि कुछ अधिक भव्य मुस्लिम स्मारक वास्तव में हिंदू मूल के थे, ताकि भारतीय सभ्यता में इस्लामी संस्कृति की भूमिका को नकारा जा सके।

इतिहास का मिथकीकरण, एक स्तर पर, निरंतर गंभीर ऐतिहासिक सर्वेक्षण के समानांतर चल रहा है क्योंकि यह अतीत के विषय में रोमानियत और फंतासी को एक अभिव्यक्ति देता है। इसमें संभवतः सामाजिक संक्रमण और असुरक्षा की अवधि में वृद्धि होती है जब पुरानी व्यवस्था खिंचती रहती है और नई का आगमन नहीं हुआ होता है। दुनिया भर में, एक खोए हुए अटलांटिस से या बाह्य-अंतरिक्ष से कभी आए मनुष्यों के चिह्नस्वरूप, प्राचीन सभ्यताओं के स्मारकों से संबंधित सिद्धांतों की कोई कमी नहीं है। लेकिन जब मिथक मात्र फंतासी नहीं रह जाता और सत्ता के लिए लामबंदी का आधार बन जाता है, और जब देखने में ऐतिहासिक लगनेवाले प्रमाणों पर आधारित व्याख्याओं को इतिहास की जगह प्रतिस्थापित करके उसके साथ राजनीतिक जोड़-तोड़ किया जाता है, तो इसका भंडाफोड़ किया जाना आवश्यक है। इसके बाद, ऐसे मिथकों के समर्थन से इनकार करनेवाले इतिहासकार के साथ दुर्व्यवहार होता है जो वास्तव में, इतिहासकारों तथा इन मिथकों के निर्माताओं के बीच जारी संघर्ष में, उस इतिहासकार के इतिहास से उत्पन्न भय का परिणाम होता है।

---

1. 'सेमिनार' का अंक संख्या 364, दिसंबर 1989 : इसी अंक के लेखों का अनुवाद प्रस्तुत पुस्तक के पहले खंड 'इतिहास का मिथकीकरण' में संकलित है।

हममें आर्य कौन हैं ?

रोमिला थापर

आर्य जाति के सिद्धांत का उदय यूरोपीय पूर्वाग्रहों और पूर्वधारणाओं से हुआ था। इसका प्रयोग भारतीय इतिहास की औपनिवेशिक व्याख्याओं के काल में प्रारंभिक भारतीय इतिहास पर किया गया था। अतीत के भारतीय विचारों में इसकी जड़ें नहीं हैं। फिर भी इसे स्वीकार किया जाता रहा है और यह भारतीय ऐतिहासिक व्याख्या का एक स्वयंसिद्ध तथ्य हो चुका है। जबकि यूरोपीय इतिहास पर काम करनेवाले विद्वानों ने इस सिद्धांत पर प्रश्नचिह्न लगाए हैं, वहीं हम भारतीय इस पर अड़े रहे हैं। थोड़े-बहुत लोग ही हैं जिन्होंने स्रोतों की वैकल्पिक व्याख्या का प्रयास किया है।

अपनी पहचान के प्रति यूरोपीय खोज के काम में 18वीं शताब्दी में गति आई। अंशतः यह राष्ट्र-राज्य की स्थापना के प्रयासों का परिणाम था जिसने इसे अनिवार्य बना दिया कि समान स्रोत से उत्पन्न होने के बावजूद विभिन्न राज्यों की अलग-अलग पहचान होनी चाहिए। अतीत की तरफ देखने पर यह लगता है कि यूरोपीय सभ्यता की जड़ें यूनानी संस्कृति के तथाकथित चमत्कार में हैं। लेकिन इस संस्कृति का उद्‌गम भी पहले की संस्कृतियों में तलाश करने के प्रयास किए गए। राष्ट्रवादी विचारधारा मूल स्रोतों की तलाश प्राचीन काल में करती है, और सभ्यता का युग निरंतर पीछे की ओर धकेला जाता रहता है।

पूर्व की खोज की अभिव्यक्ति लोकप्रिय स्तर पर यूरोपीय यात्रियों, व्यापारियों और धर्म-प्रचारकों के लेखन में होती रही है। धीरे-धीरे इसमें शास्त्रीय विद्वानों ने उन प्रारंभिक यूनानी और लातीनी लेखकों के लेखन से लिए गए विचारों को जोड़ दिया है, जिनके लिए पूर्व विलासिता तथा काल्पनिक प्राणियों और क्रियाओं का उत्कर्ष था। औपनिवेशिक युग में दिलचस्पी के केन्द्र वे विद्वान बन गए जो यूरोपीय संस्कृति के साझे उद्‌गम की तलाश के लिए भाषाओं और भाषाओं की उत्पत्ति के सिद्धांतों का उपयोग कर रहे थे। यह एक ऐसी भंगिमा थी जो जर्मन साहित्य के रोमानी आंदोलन की जान बन गई। इस प्रकार, जब 18वीं शताब्दी के अंत में विलियम जोन्स ने यह घोषणा की कि संस्कृत और यूनानी भाषाओं की संरचना और शब्दावली में समानता है (यह विचार पहले भी सामने आ चुका था), तो यह विचार उपजाऊ मिट्टी पर गिरा, और यूरोपीय और भारतीय संस्कृति के मूल से संबंधित ढेरों

सिद्धांतों का आधार बना।

इस प्रकार 19वीं शताब्दी में भारतविद् (मूल रूप से भारत का अध्ययन कर रहे एक गैर-भारतीय के लिए इस्तेमाल किया गया शब्द) को अपने अस्तित्व का आधार मिला। आँकड़े जुटाने के तरीके के रूप में तुलनात्मक भाषाशास्त्र का इस्तेमाल करते हुए, एक ही साझी मूल भाषा, हिन्द-यूरोपीय, को परस्पर-संबंधित भाषाओं के उस समूह का स्रोत बतलाया गया जिसमें संस्कृत, प्राचीन ईरानी, यूनानी, लातीनी, सेल्टिक और दूसरी यूरोपीय भाषाएँ शामिल थीं। भारतीय इतिहास की पुनर्रचना के लिए तुलनात्मक भाषाशास्त्र महत्वपूर्ण बन गया। एक साझी भाषा पर पहुँचने के बाद इस भाषा को एक साझी जाति, अर्थात् आर्य जाति की अभिव्यक्ति के माध्यम के रूप में देखने में अधिक समय नहीं लगा।

जाति के साथ भाषा का समीकरण हिंद-यूरोपीय और आर्य स्थिति की विशेषता नहीं है। यह अफ्रीका के बंटूभाषियों और तथाकथित बंटू जाति के बीच प्रारंभ में बने समीकरण की तरह दूसरे क्षेत्रों में भी फैलाया गया है। निश्चित रूप से इस तरह के समीकरणों का कोई आधार नहीं है, और इस तर्क का कोई औचित्य नहीं है कि जो लोग हिन्द-यूरोपीय भाषाएँ बोलते हैं, अनिवार्यतः एक ही आर्य जाति के हैं। जरा सी सटीकता के साथ भी यह बतला सकना मुश्किल है कि आर्य जाति आखिर क्या है। 19वीं शताब्दी के उत्तरार्ध में जाति के साथ भाषा के समीकरण की व्यर्थता का एहसास किया तो गया, लेकिन इस तरह के वक्तव्यों के बावजूद कि दोनों में कोई समीकरण नहीं हो सकता, यह विचार लोगों की कल्पना पर छा गया और विद्वान इसे नष्ट नहीं कर सके।

19वीं शताब्दी के मध्य में गोबिन्यू ने आर्य जाति के विचार का विस्तार किया और इसकी पहचान उन्होंने यूरोपीय अभिजात वर्ग के रूप में की। मानवजाति की असमानता पर उनकी प्रभावपूर्ण पुस्तक का एक स्वाभाविक आकर्षण था, विशेष रूप से अभिजात वर्ग के लिए जो यूरोप में अवनति की तरफ बढ़ रहा था। इसने उन समूहों को भी आकर्षित किया जो धीरे-धीरे इस अभिजात वर्ग की जगह ले रहे थे, मगर एक विशेष दर्जा पाने की इच्छा रखते थे। गोबिन्यू ने तर्क दिया कि गोरी जातियाँ ही प्रभावशाली थीं क्योंकि मुख्यतः दूसरों को अधीन बनाकर वे संस्कृति का निर्माण करने और उसे फैलाने के साधन का काम कर रही थीं। लेकिन इन विजयों के फलस्वरूप वे नए क्षेत्रों में बसीं भी, और इससे जातियों का मिश्रण हुआ और उनकी अवनति का मार्ग प्रशस्त हुआ। जर्मनी में 20वीं शताब्दी में इस सिद्धांत के बहुत घातक परिणाम हुए।

तुलनात्मक भाषाशास्त्रियों और वेदों जैसे प्राचीन संस्कृत ग्रंथों पर काम करनेवालों ने *आर्य* शब्द को जातीय अर्थ में लिया। उदाहरण के लिए, वैदिक उद्धरणों का प्रयोग करती हुई

मैक्स मूलर की विवेचनाओं ने इस विचार को बढ़ावा दिया कि एक श्रेष्ठ आर्य जाति हीन श्रेणी की देशज जातियों को पराजित कर भारत में बस गई। हालाँकि आगे चलकर उन्होंने तर्क दिया कि जाति और भाषा अलग-अलग हैं, मगर तब तक दोनों में अलगाव करने का समय गुजर चुका था क्योंकि तब तक आर्य जाति का सिद्धांत प्राचीन भारतीय इतिहास की बहुत-सी पुनर्रचनाओं की व्याख्या के रूप में स्थापित हो चुका था।

भाषा-समूह अब जातियों से जोड़े जाने लगे थे, और न सिर्फ आर्य बल्कि द्रविड़ और ऑस्ट्रो-एशियाई जातियों का भी उल्लेख किया जाने लगा था। ये उल्लेख विभिन्न क्षेत्रों में बोली जानेवाली अनेक भाषाओं पर आधारित थे। यहाँ तक कि जाति-प्रथा की व्याख्या भी जातीय पृथक्करण के प्रयास के रूप में की गई जिसमें, आदर्श रूप से, प्रत्येक जाति एक भिन्न प्रजाति थी, और जातिगत अंतर्विवाहों पर रोक प्रजातीय शुद्धता कायम रखने का एक प्रयास था। इस प्रकार आगे यह तर्क भी दिया जा सका कि उच्च जातियाँ, विशेषकर ब्राह्मण, आर्यों के वंशज थे।

लेकिन आर्य जाति के सिद्धांत का सबसे अधिक प्रभाव प्राचीन भारतीय इतिहास की पुनर्रचना पर पड़ा। यह तर्क दिया गया कि आर्यों के आगमन ने भारतीय सभ्यता की नींव रखी थी। इसने प्रारंभ में भारतीय उपमहाद्वीप के उत्तर-पश्चिमी भाग पर हमले का और विद्यमान जनसंख्या (जिसे अक्सर द्रविड़ कहा गया है) के दमन का रूप ले लिया। यह माना जाने लगा कि आर्यों ने उत्तरी भारत पर विजय प्राप्त करके प्रायद्वीप में प्रवेश किया, द्रविड़ों को दक्षिण की ओर खदेड़ा, मगर ऑस्ट्रो-एशियाई समूहों को मध्य भारत में बना रहने दिया। इस उपमहाद्वीप में आर्य जाति का विस्तार और निवास सांस्कृतिक इतिहास के आधार बन गए।

वेदों और बौद्ध ग्रंथों में आर्य शब्द का अक्सर एक ऐसे व्यक्ति के रूप में प्रयोग हुआ है जो सम्माननीय था और एक प्रतिष्ठित व्यक्ति समझा जाता था। धीरे-धीरे इसका उल्लेख उन लोगों के लिए होने लगा जो संस्कृत बोलते थे और वर्ण-व्यवस्था के नियमों का पालन करते थे। लेकिन 19वीं शताब्दी में ऋग्वेद की जो समझ विकसित हुई उसमें, दास के विपरीत अर्थ में, आर्य के उल्लेख की व्याख्या जातीय अलगाव के रूप में की गई। अब चूँकि दास दूसरी विशेषताओं के अलावा शारीरिक विभिन्नताओं के कारण भी अलग होता था, इसलिए कहा गया कि आर्य शब्द का अभिप्राय आर्य जाति से था और दास शब्द का देशज जातियों से। आर्यों के वर्चस्व की व्याख्या उनके विजेता की स्थिति के संदर्भ में की गई। अक्षरशः, वर्ण शब्द का अर्थ रंग है, लेकिन इसका उपयोग प्रतीकात्मक अर्थ में किया गया है, जैसाकि विभिन्न ग्रंथों में वर्णित जातियों के रंगों, जैसे सफेद, पीला, लाल, और काला से स्पष्ट है। फिर भी, इसे अक्षरशः त्वचा के रंग के संदर्भ में लिया गया, और फिर इसको इस तर्क के

समर्थन में प्रस्तुत किया गया कि जाति-प्रथा प्रजातीय अलगाव का एक रूप थी।

जो लोग भारतीय संस्कृति के प्रति सहानुभूतिपूर्ण रवैया रखते थे उन्होंने समाज का चित्रण उन सुंदर ग्राम समुदायों के जीवन के रूप में किया है जिनकी विशेषताएँ सौहार्द्रता और लड़ाकूपन का अभाव थीं। ऐसे वर्णन मैक्स मूलर के लेखन में अक्सर पाए जाते थे और उन्होंने उनका विस्तार करके उन्हें समकालीन, 19वीं शताब्दी के भारत पर भी लागू किया। आदर्श समुदायों के इस चित्रण का एक आंशिक कारण यह था कि ये ग्राम समुदाय उन ग्राम समुदायों के समान ही समझे जा रहे थे जहाँ से यूरोप के लोग आए थे। भारतीय वर्तमान को यूरोप के शैशव की विशेषताओं की अभिव्यक्ति माना जाने लगा।

इस प्रकार प्राचीन भारत का इतिहास मानव एवं संस्कृति के उद्‌भव के संबंध में यूरोपीय विचारधारा को प्रचारित करने का एक माध्यम बन गया। यहाँ तक कि गैर-यूरोपीय समाजों की संस्कृति भी यूरोप में जारी बहसों द्वारा निर्धारित हुई थी। यह अंशतः प्राच्य- विद्या का एक पहलू था जिसमें ज्ञान के उपयोग को शक्ति का एक स्वरूप समझने का सिद्धांत अंतर्निहित है। एडवर्ड सेड द्वारा किए गए अध्ययनों की तरह प्राच्य विज्ञान के हाल के अध्ययनों ने भी इस पहलू को दर्शाने का प्रयास किया है। एक उपनिवेश की संस्कृति की पुनर्रचना और प्राच्यविद् प्रतिमानों के संदर्भ में अपने प्रतिरूप को देखना—ये औपनिवेशिक शक्ति के लिए नियंत्रण स्थापित करने के तरीके थे। यही कारण है कि लॉर्ड कर्जन ने ऐसी विद्वत्ता और ज्ञान को 'साम्राज्य की आवश्यक सामग्री' कहकर उसे प्रोत्साहन देने की बात कही थी।

इस व्याख्या का औपनिवेशिक ढाँचे के संदर्भ में अपचयवादी (reductionist) होना आवश्यक न था, मगर यह इन ढाँचों की आवश्यकताओं के अनुरूप ढलती गई, और आरंभिक प्राच्यविदों की ओर से इस ढाँचे की समीक्षा के प्रयास बहुत कम हुए हैं। प्राचीन भारत का एक विस्तृत अध्ययन यों तो अतीत के अनेक पहलुओं की खोज का एक वैध साधन है, मगर यह काम अधिकतर उन लोगों द्वारा किया गया जो ईस्ट इंडिया कंपनी के अधिकारियों के रूप में काम कर रहे थे। इनमें विलियम जोन्स, जेम्स मिल, एच.टी. कोलेब्रुक, एच.एच. विल्सन और जेम्स प्रिन्सेप्स, और बाद में साम्राज्ञी की शाही सरकार के एलेक्जेंडर कनिंघम और विन्सेंट स्मिथ शामिल थे। इसलिए इस प्रकार के अध्ययन-कार्य से निकली व्याख्याओं पर उनके द्वारा प्रश्नचिह्न लगाए जाने की बहुत संभावना नहीं ही थी।

जब भारत के राष्ट्रवादी इतिहासकारों ने कुछ औपनिवेशिक प्रतिमानों पर प्रश्नचिह्न लगाने शुरू किए, तब भी आर्य जाति का सिद्धांत इन प्रतिमानों में शामिल नहीं था। यह तर्क दिया जा सकता है कि चूँकि राष्ट्रवादी भारतीय इतिहासकारों में से अधिकतर ब्राह्मण, क्षत्रिय और कायस्थ जैसी उच्च जातियों के और मध्यम वर्ग के थे, इसलिए आर्य जाति का सिद्धांत उन्हें

जँच गया क्योंकि इसने उनकी सामाजिक श्रेष्ठता का समर्थन किया, और यह भी सुझाया कि संस्कृतमय भारतीय संस्कृति की जड़ें भी वहीं थीं जहाँ औपनिवेशिक शक्तियों की जड़ें थीं। केशवचंद्र सेन के अनुसार अंग्रेजों का भारत आना बिछुड़े हुए संबंधियों के मिलन का प्रतीक था।

यहाँ तक कि जो लोग अतीत की उच्चजातीय व्याख्याओं के विरुद्ध थे, उन्होंने भी इस सिद्धांत को स्वीकार कर लिया, लेकिन उन्होंने इसका प्रयोग अपने फायदे के लिए किया। इस प्रकार गैर-ब्राह्मण आंदोलनों के सदस्यों ने यह दावा किया कि निम्न जातियों के लोग ही भारत के मूल निवासी हैं और आर्यों के उच्चजातीय वंशज विदेशी हैं। एक बार फिर यह मान लिया गया कि एक विशेष भाषा को बोलनेवाले दूसरी भाषा बोलनेवालों से भिन्न प्रजाति के थे। विद्वानों द्वारा भाषा के साथ जाति के किसी समीकरण से इनकार किए जाने के बावजूद यह समीकरण भारतीय इतिहास के बारे में यूरोपीय एवं भारतीय विचारों, दोनों में दृढ़तापूर्वक अपनी जड़ें जमाए रहा।

आर्य जाति के सिद्धांत पर प्रश्नचिह्न नए प्रमाणों और प्रमाणों के विश्लेषण के नए तरीकों, दोनों के कारण लगा है। नए प्रमाण पुरातत्व और भाषाविज्ञान से आए हैं, और नया तरीका हाल के वर्षों में जाति-प्रथा का अध्ययन जिस ढंग से किया गया है उसमें स्पष्ट हुआ है।

पुरातत्व की प्रमुख खोज का संबंध सिंधु घाटी की सभ्यता से है। ईसा-पूर्व तीसरी से दूसरी सहस्राब्दी तक फैली इस सभ्यता का कालक्रम इसे वैदिक ग्रंथों से भी पहले ले जाता है जो कि सामान्यतः ईसा-पूर्व दूसरी सहस्राब्दी के मध्य से पहली सहस्राब्दी के मध्य तक के माने जाते हैं। अगर इन ग्रंथों को कुछ पहले का बतलाया जाए, जैसाकि कुछ लोग समझते हैं, तब वे इस सभ्यता के समकालीन हो सकते हैं। लेकिन पुरातत्व द्वारा और इन ग्रंथों द्वारा बताए गए समाज एक-दूसरे से बिलकुल भिन्न हैं, और इस कारण इन ग्रंथों में लिखे को इस सभ्यता का सही वर्णन नहीं माना जा सकता। सिंधु घाटी की सभ्यता नगरीय थी, वहाँ एक लिपि का प्रयोग होता था, ताँबे की एक तकनीक होती थी, घोड़े का कोई ज्ञान न था, और न सिर्फ मध्य एशिया, अफगानिस्तान और पूर्वी ईरान से, बल्कि खाड़ी के देशों और मेसोपोटामिया से भी उसके व्यापारिक संबंध थे। वेद एक ऐसे समाज को चित्रित करते हैं जो पशुपालक और कृषि-प्रधान था लेकिन शहरी केंद्रों और व्यवसाय से अपरिचित था, किसी भी लिपि से अनभिज्ञ था, संभवतः लौह-तकनीक का प्रयोग करता था, घोड़े को कार्यात्मक और धार्मिक महत्व देता था, और जिसके संपर्क ज्यादातर अफगानिस्तान, पूर्वी ईरान और मध्य एशिया तक सीमित थे।

यह बात भी इतनी ही महत्वपूर्ण है कि अगर आर्यों का कोई आक्रमण हुआ होता तो पुरातात्विक प्रमाणों में अवश्य ही नजर आता—या तो शहरों के पतन के रूप में, या बाद के

समय में बड़े पैमाने पर हुए विनाश के रूप में। कुछ दशक पहले मोर्टाइमर व्हीलर ने कहा था कि सिंधु घाटी के नगरों का पतन आर्यों के आक्रमण के फलस्वरूप हुआ था। इसे उन्होंने एक वाक्यांश में प्रस्तुत किया है कि 'इसका अभियुक्त इंद्र है।' लेकिन अब उपलब्ध अधिक व्यापक एवं विस्तृत प्रमाण एक बिलकुल ही दूसरी दिशा की तरफ इशारा करते हैं। शहरों के पतन का अब कोई एक कारण नहीं माना जाता क्योंकि उन सबका पतन एक साथ नहीं हुआ था।

आगे, ये प्रमाण उनके पतन का प्रमुख कारण वातावरण में हुए परिवर्तनों (मुअनजोदड़ो में आई भीषण बाढ़, तथा दूसरे क्षेत्रों में संभवतः कृषि-उत्पादन को, जिन पर नगर आश्रित थे, प्रभावित करनेवाले जलवायु-संबंधी परिवर्तनों) को ठहराते हैं। ऐसा संभव है कि आगे और अधिक विश्लेषण के बाद, इन शहरों के पतन का संबंध राजनीतिक और आर्थिक संरचना में हुए परिवर्तनों से और भी प्रत्यक्ष ढंग से जुड़ जाए। असल में ईसा-पूर्व दूसरी सहस्राब्दी के दौरान इस उपमहाद्वीप के उत्तर-पश्चिमी हिस्से में बड़े पैमाने पर हुए किसी आक्रमण का कोई प्रमाण नहीं मिलता है।

अगर मध्य एशिया एवं पूर्वी ईरान वे क्षेत्र थे जिनमें हिन्द-यूरोपीय भाषाएँ बोलनेवाले लोग बसे हुए थे, जैसाकि आम तौर पर समझा जाता है, तब पुरातात्विक तथ्यों से बलूचिस्तान और मध्य एशिया के बीच संपर्कों का होना स्पष्ट है। लेकिन पंजाब, हरियाणा और गंगा-जमुना के दोआबे में ऐसे संपर्कों की सूचक शिल्प-सामग्रियाँ उपलब्ध नहीं हैं। ये वे क्षेत्र हैं जहाँ वेदों के प्रमुख अंश रचे गए थे। यह कहना भी मुश्किल है कि आर्य भारतीय मूल के थे और फिर पश्चिम एशिया में फैले थे, क्योंकि पुरातात्विक प्रमाण इसका समर्थन नहीं करते हैं। सिंधु सभ्यता की परवर्ती पुरातात्विक संस्कृति, जो पेंटेड ग्रे वेयर के रूप में जानी जाती है, जो उत्तरी राजस्थान, पंजाब, हरियाणा, पूर्वी उत्तर प्रदेश में स्थित थी, और जिसे अक्सर बाद के वैदिक साहित्य का पुरातात्विक प्रतिरूप समझा जाता है, सिंधु नदी से परे नहीं जाती।

मगर भाषाविज्ञान के प्रमाण सीमाओं को भी लाँघते हैं। वैदिक संस्कृत और ईरान के अवेस्तन बोलनेवालों की भाषा में साम्य है। यह साम्य कई दशकों पहले ही मान लिया गया था। इस प्रकार संभव है कि ईरान से भागे प्रवासियों के छोटे-छोटे समूह उत्तर-पश्चिमी भारत की सीमा पर बसे लोगों के सान्निध्य में आए हों और आपसी लेन-देन की क्रिया के द्वारा अनेक समुदायों के रूप में विकसित हुए हों जिनमें हिन्द-आर्य भाषा बोलनेवाले भी थे। ऐसे समुदायों की पहचान सिर्फ बोली से, और शेष रह गए साहित्य के उपयोग से हो सकती है। अतः उन्हें आर्य कहने के बजाय आर्य-भाषी अर्थात् हिंद-आर्य भाषा बोलनेवाले कहना बेहतर होगा।

सिंधु सभ्यता के लोगों द्वारा संभवतः बोली जानेवाली भाषा पर होनेवाली बहस भाषाशास्त्रीय प्रमाणों को सामान्य समस्या का अंग बना देती है। आजकल जो बहस चल रही है वह पूर्ण रूप से उनके बीच है जो एक संभवतः आदि-द्राविड़ भाषा के अस्तित्व के समर्थक हैं और वे जो इसे हिन्द-आर्य भाषा मानने के पक्ष में हैं। इनमें से किसी भी भाषा से संबंधित किसी भी वास्तविक अध्ययन को विद्वानों ने स्वीकार नहीं किया है। अगर वह लिपि एक चित्रलिपि रही होती और उसमें स्पष्ट उद्विकास और परिवर्तन के संकेत न मिलते तो यह कहना संभव होता कि एक से अधिक भाषाओं का उपयोग हो रहा था।

वैदिक संस्कृत की हाल की भाषाशास्त्रीय विवेचनाओं से, पहले प्रचलित मान्यताओं से बिलकुल अलग एक तस्वीर उभरती है। अब यह एक स्वीकृत तथ्य है कि अनार्य शब्दावली और वाक्यरचना का प्रयोग प्राचीनतम वेद, अर्थात् ऋग्वेद में भी हुआ है, और बाद की कृतियों में इनमें वृद्धि हुई है। उदाहरण के लिए, हल के लिए प्रयुक्त शब्द लांगल अनार्य शब्द है और पुरातात्विक प्रमाणों से यह भी पता चला है कि हलों पर आधारित कृषि सिंधु सभ्यता से तत्काल पहले के काल में होती थी। वैदिक संस्कृत पर अनार्य प्रभाव आर्य और अनार्य भाषाएँ बोलनेवालों के बीच सहजीवी संबंधों और संभवतः कुछ-कुछ द्विभाषिता के भी संकेत देते हैं।

संस्कृत खुद बदलावों से गुजरी है—यह बात अब पूरी तरह स्थापित हो चुकी है। वैदिक संग्रह की समकालीन वैदिक संस्कृत के संबंध में शब्द-व्युत्पत्ति-विषयक ग्रंथों की उपस्थिति भाषा के बदलाव की तरफ इशारा करती है। पाणिनि का व्याकरण, जो सामान्यतः ईसा-पूर्व 15वीं शताब्दी के अंतिम भाग में लिखा गया बतलाया जाता है, इस परिवर्तन का दूसरा संकेत है। उस समय की संस्कृत की विभिन्न बोलियों या स्वरूपों के प्रमाण मिले हैं। ऐसे परिवर्तनों की व्याख्या इस्तेमाल होनेवाली भाषा के विकास और गैर-संस्कृतभाषियों द्वारा इस भाषा के प्रयोग के आधार पर की जा सकती है। इस प्रकार अपने विस्तार की प्रक्रिया में भी संस्कृत, एक भाषा के रूप में, अपने-आपको निरंतर स्थानीय भाषाई रूपों के अनुसार ढाल रही थी।

जाति व्यवस्था के अध्ययन इस सरलीकृत धारणा से बहुत आगे बढ़ चुके हैं कि जातियाँ अलग-अलग प्रजातीय इकाइयाँ हैं। जातियों के उद्भव के लिए ब्राह्मण लेखकों द्वारा वैदिक ग्रंथों में प्रतिपादित चार वर्णों का सिद्धांत सामाजिक विभेदीकरण की सांकेतिक व्याख्या लगता है। यह संभव नहीं दिखता कि जातीय समाज जैसी जटिल सामाजिक व्यवस्था का आरंभ इतने सरल विभाजन—ब्राह्मण, क्षत्रिय, वैश्य और शूद्र, और अछूतों की पाँचवीं श्रेणी—के साथ हुआ। संभवतः संस्तरीकरण दर्शाती हुई वर्ण-व्यवस्था, फिर भी, इस संस्तरीकरण का

एक आदर्शीकरण थी । इस व्यवस्था को जातियों के रूप में देखें तो जातीय समाज में अन्य बातों को महत्व दिया गया लगता है ।

जातियाँ स्थान, वातावरण, तकनीक, साधनों की सुलभता, सामाजिक नियमों के पालन में अन्तर और धार्मिक शुद्धता के सिद्धांत जैसे कारकों की आपसी क्रिया-प्रतिक्रिया से विकसित हुई हैं । एक जातीय समाज की विशेषता ऐसे वंशानुगत समूहों का श्रेणीबद्ध क्रम है, जो विवाह और बंधुत्व के विशेष संबंधों से जुड़े होते हैं और अकसर एक-दूसरे को सेवाएँ प्रदान करते हैं । फिर सामाजिक इतिहासकार को कालक्रम में इन कारकों के विकास को ऐतिहासिक परिवर्तनों के संदर्भ में दिखाना होगा । इतिहास जातीय पहचानों के लिए बंधुत्व के प्रतिमानों और व्यवसायों के महत्व के साक्ष्य प्रस्तुत करता है । साथ ही यह उस परिवर्तन के प्रमाण भी प्रस्तुत करता है जिसे 'जन से जाति' में परिवर्तन कहा गया है ।

दूसरा महत्वपूर्ण पहलू है—संस्कृत पर आधारित संस्कृति के साथ अनुकूलन । जिसे 'सुसंस्कृत' समझा जाता है वह भी कालक्रम में परिवर्तित हुआ है । कारण कि यूँ तो कुछ मौकों पर 'सुसंस्कृत' ने स्थानीय 'असंस्कृत' संस्कृति को अपनाया है, मगर कभी-कभी यह प्रक्रिया उलट गई है और 'सुसंस्कृत' में 'असंस्कृत' का तत्व अधिक हो गया है, हालाँकि 'सुसंस्कृत' का आवरण बचाए रखा गया है । इसी तरह आचार भी कालक्रम में बदलते रहे हैं, और जिसे एक समय किसी विशेष जाति के लिए सही व्यवहार कहा गया था, वह आगे चलकर उलट भी गया है । उदाहरण के लिए, वैदिक साहित्य से स्पष्ट है कि एक अच्छा ब्राह्मण बलि चढ़ाए गए, गाय जैसे पवित्र पशु का मांस खा सकता था, और एक खास बलि-अनुष्ठान के अंग रूप में उसके लिए सोमपान आवश्यक था जो अगर नशीला नहीं तो मति भ्रष्ट करनेवाला अवश्य था । फिर भी, बाद की अवधि में, एक शुद्ध ब्राह्मण की विचारधारा के अनुसार, धार्मिक मौकों पर भी मांस खाना और नशीले पदार्थों का सेवन करना धर्मविरुद्ध था ।

शारीरिक दृष्टि से जातियों के बीच अखिल-भारतीय से अधिक क्षेत्रीय साम्य हैं, इस तथ्य को देखते हुए, प्राचीन वंशावलियों के आधार पर उच्च जातियों के प्रजातीय शुद्धता के दावे को स्वीकार नहीं किया जा सकता । यह भी आश्चर्यजनक नहीं है कि स्थानीय स्तर पर जातियों में परिवर्तन और इन जातियों का एक सोपान के रूप में संस्तरीकरण हुआ है, और इस सोपान में जितना संभव हो उतना ऊँचा उठने के प्रयास अनिवार्यतः हुए हैं । जातियों की व्यापकतर संरचना में भी क्षेत्रीय विभिन्नताओं के कारण यह कहना असंभव नहीं तो मुश्किल अवश्य है कि कभी किसी शुद्ध प्रजाति का प्रसार हुआ था जिसने अपनी शुद्धता और स्थिति समय से गुजरते हुए भी बनाए रखी । आज वैज्ञानिकों और मानवशास्त्रियों के बीच भी 19वीं शताब्दी की प्रजाति की परिभाषा का व्यापक रूप से बहिष्कार किया जा चुका है । ये पहचानें बहुत से दूसरे कारणों पर आधारित हैं और प्रजाति के दावे अब

तर्कसंगत नहीं रह गए हैं, हालाँकि यह शब्द अभी भी बातचीत में लोकप्रिय है।

इस प्रकार आर्य जाति के सिद्धांत की पुष्टि ऐतिहासिक प्रमाणों द्वारा नहीं होती है। इतिहासकारों के लिए सरोकार का विषय प्रजाति का विस्तार नहीं है, बल्कि भाषा का फैलाव है। सारी दुनिया से लिए गए अनेक उदाहरणों और इतिहास के अनेक कालों से हम यह जानते हैं कि प्रवास, व्यापार, विजय या अत्याचार द्वारा एक साथ जमा हुए विभिन्न प्रजातीय मूल के लोगों द्वारा आखिर में एक ही भाषा का प्रयोग होते हुए पाना पूरी तरह संभव था। अतः प्राचीन भारत के इतिहासकारों को इस बात की व्याख्या करनी होगी कि हिन्द-आर्य भाषा ईसा-पूर्व पहली सहस्राब्दी में उत्तरी भारत में कैसे प्रचलित हो गई। जो लोग इस भाषा को बोलते हैं वे हिन्द-आर्य भाषाभाषी थे, और संभव है कि तरह-तरह के प्रजातीय मूलों से विकसित हुए हों। महत्वपूर्ण प्रश्न यह है कि उत्तरी भारत के विशिष्ट वर्गों ने इस भाषा को क्यों अपना लिया। व्यापक एवं प्रमाणित विजय के अभाव में दूसरे कारणों पर ध्यान देना होगा। क्या यह भाषा लोहे, घोड़ों और रथों के प्रयोग जैसी एक उत्कृष्ट तकनीक से संबंधित थी जिसके चलते ऊँचे तबके के लोग इसकी तरफ आकर्षित हुए हों ? क्या जो लोग यह भाषा बोलते थे, उन्होंने एक ऐसे नए पंचांगीय ज्ञान (जैसे एक अधिक स्पष्ट सौर्य पंचांग) से परिचय कराया था जिसके कारण कृषि-चक्र में सुधार हुआ हो ?

वैदिक ग्रंथ शत्रु के हिंसक विनाश पर जोर देते हैं, और अनेक भजन एवं धार्मिक अनुष्ठान विनाशक की प्रशंसा में हैं या शत्रु के ऊपर अंतिम विजय के साधन हैं। मगर शत्रु की पहचान हर मामले में स्पष्ट नहीं है। ऐसे कई मामले हैं जिनमें शत्रु को दास या दस्यु के नाम से संबोधित किया गया है। लेकिन इसी तरह, इनसे अधिक नहीं तो फिर भी बहुत से मामले हैं जिनमें शत्रु दूसरे गोत्र के लेकिन उसी संस्कृति के रहे हैं। गोत्रों के बीच ऐसे आए-दिन के छापे और लड़ाइयाँ पशुपालक समाज की और खेती के, जमीन के विकास और जोतने- बोने के काम में लगे लोगों की भी विशेषताएँ हैं। वैदिक साहित्य में वर्णित लोगों के साथ भी ऐसा ही था। संसाधनों तक पहुँचने की प्रतियोगिता तीखी थी और इसके लिए वैवाहिक संबंध बनाना और विभिन्न समूहों का आपस में मिलकर काम करना लाभप्रद था। अतः इनमें कुछ सबसे महत्वपूर्ण गोत्र जैसे पुरु, जो महाभारत के युद्ध के दोनों पक्षों के पूर्वज थे, एक असुर राक्षस से उत्पन्न और गलत संस्कृत बोलनेवाले बताए गए हैं। फिर भी आधुनिक विद्वान इन्हीं पुरुवंशियों को अकसर शुद्ध आर्य बतलाते हैं !

पुरातत्व, भाषाविज्ञान और अनेक दूसरे साहित्यिक स्रोतों से आज हमें जो अनुभवाश्रित प्रमाण प्राप्त हैं, वे आर्य जाति के सिद्धांत का समर्थन नहीं करते। लेकिन यह सिर्फ इतिहासकारों की दिलचस्पी का ही एक मुद्दा नहीं है। इस सिद्धांत का प्रयोग बहुत से दूसरे लोगों द्वारा भी

किया जाता रहा है और इसे आधुनिक भारतीयों की पहचान को समझने की दृष्टि से मौलिक महत्ववाला समझा जा रहा है। इसी में इसका सबसे बड़ा खतरा मौजूद है। वह खतरा है—तथाकथित रूप से हमारे मूल की व्याख्या करनेवाले एक सिद्धांत का अनुमोदन, जबकि यह सिद्धांत ही वास्तव में गलत है। जाति से वर्ग में परिवर्तन की प्रक्रिया से गुजरते भारतीय मध्यम वर्ग के लिए पहचान का प्रश्न विशेष रूप से महत्वपूर्ण है। इस सिद्धांत की हार्दिक सराहना उन लोगों द्वारा की गई है जो पिछले सौ वर्षों से इस परिवर्तन की प्रक्रिया में हैं।

निश्चित रूप से यह सब भारतीय समाज की ही विशेषता नहीं है क्योंकि प्रजातीय मूल और पहचान के ऐसे सिद्धांत ऐसे ही परिवर्तनों के दौर से गुजरते दूसरे समाजों में भी पाए गए हैं। विश्वसनीय ढंग से यह तर्क दिया गया है कि 20वीं शताब्दी के प्रारंभ में जर्मनी में सामाजिक परिवर्तन की अनिश्चितता और मध्यम वर्ग का विस्तार आर्य मिथक का उपयोग कर रहे फासीवाद के उदय के मूल कारण थे। हाल के ही इस अनुभव से यह स्पष्ट हो जाना चाहिए कि मूल और पहचान के सिद्धांतों का उपयोग बड़ी सावधानी से किया जाना चाहिए, वरना उनके कारण ऐसे विस्फोट हो सकते हैं जो एक पूरे समाज को तबाह कर दें। इन परिस्थितियों में इतिहास के नाम पर बृहत्तर समाज द्वारा ऐतिहासिक विचारों के गलत इस्तेमाल के तरीकों से इतिहासकार को सावधान रहना होगा।

गहन अध्ययन के लिए संदर्भ—

आल्चिन, बी. और आल्चिन आर., *दि राइज आफ सिविलाइजेशन इन इंडिया एंड पाकिस्तान*, कैम्ब्रिज, 1982.

कौसम्बी, डी. डी , *इंट्रोडक्शन टू दि स्टडी आफ इंडियन हिस्ट्री*, बंबई, 1956.

ग़ोबिन्यू, जे. ए. दे, दि मारल एंड इंटेलेक्चुअल डाइवर्सिटी आफ रेसेज (अनु. : एच होल्ट्ज), फिलाडेल्फिया, 1856.

थापर, रोमिला, 'आइडियोलोजी एंड दि इंटरप्रिटेशन आफ अर्ली इंडियन हिस्ट्री', के. एस. कृष्णास्वामी, आदि द्वारा संपादित *सोसायटी एंड चेंज* (बंबई, 1977) में संकलित।

थापर, रोमिला, 'दि स्टडी आफ सोसायटी इन एंसिएंट इंडिया', *एंसिएंट इंडियन सोशल हिस्ट्री : सम इंटरप्रिटेशंस* (नई दिल्ली, 1978, पृ. 211-39), में संकलित।

थापर, रोमिला, *फ्राम लीनिएज टू स्टेट*, दिल्ली, 1984.

देशपांडे, एम.एम. और हुक, पी.ई., *आर्यन एंड नान-*आर्यन इन इंडिया,, एन आर्बर, 1979.
पोलियाकोव, एल., *दि आर्यन मिथ,* न्यूयार्क, 1974.
पोस्सेह्ल, जी.(स.), *हड़प्पन सिविलाइजेशन,* दिल्ली, 1982.
मांटेग्यू, ए., *मैन्स मोस्ट डैंजरस मिथ : दि फैलेसी आफ रेस,* न्यूयार्क, 1965.
रिस्ले, एच.एच., *दि पीपुल आफ इंडिया,* लंदन, 1915 (दूसरा संस्करण)।
सईद, ई., *ओरिएंटलिज्म,*, लंदन, 1978.

इतिहास की द्रविड़ धारणाएँ

नासिर तैयबजी

इसमें कोई शक नहीं कि हाल के वर्षों के दौरान तमिलनाडु में व्यक्तिगत और सामूहिक राजनीतिक व्यवहार के जो सनसनीखेज पहलू देखे गए हैं उन्होंने इस प्रश्न को जीवित रखने में मदद दी है कि क्या इनकी व्याख्या उस विशिष्ट राजनीतिक और सांस्कृतिक प्रवृत्ति के प्रभाव के रूप में की जा सकती है जिसे द्रविड़ विचारधारा कहा जाता है। इसने, बदले में, इस विचारधारा के ऐतिहासिक मूल और भारतीय इतिहास के प्रति इस विचारधारा द्वारा प्रतिपादित दृष्टिकोण, दोनों में कुछ दिलचस्पी कायम रखी है।

द्रविड़ विचारधारा के अग्रणी लोगों ने भारत के अतीत के विषय में निश्चित रूप से अनेक ऐसे दावे किए हैं, जो विद्वत्तापूर्ण क्या, तार्किक छानबीन की कसौटी पर भी खरे नहीं उतरते। फिर भी, इस संबंध में तीन मुद्दे उठाए जा सकते हैं। पहला यह है कि ये दावे उस विचारधारा के समर्थन में किए गए थे जिसने, कितने ही विकृत रूप में सही, वास्तविक सामाजिक समस्याओं को और खासतौर पर सामाजिक भेदभाव की समस्याओं को आवाज दी थी। हो सकता है कि समस्याओं के मूल कारणों की पहचान सही तरीके से न हो पाई हो। यह भी कहा जा सकता है कि इन कारणों की पहचान में संभवतः कोई दिलचस्पी भी नहीं ली गई, लेकिन इस आंदोलन को सामाजिक भेदभाव की समस्या की पहचान का बिलकुल ही श्रेय न देना गैरजरूरी ज्यादती होगी।

दूसरा मुद्दा यह है कि देश और तमिलनाडु के राजनीतिक इतिहास के विभिन्न चरणों में इन दावों को या तो संशोधित किया जाता रहा या कुछेक को चुनकर उन्हें उपेक्षा का शिकार बनाया गया है। तीसरा मुद्दा इसी दूसरे मुद्दे से निकलता है। हालाँकि यह विचारधारा, जिस हद तक उसका एक इतिहास रहा है उस हद तक, अत्यंत अवसरवादी रही है, लेकिन इसने कभी भी दूसरे विश्वास के लोगों को सामूहिक आक्रमण का निशाना नहीं बनाया है। साथ ही, हो सकता है कि आरक्षण की नीति ने मध्यवर्गीय ब्राह्मणों के रूप में जन्म लेनेवाले निर्धन तमिलों को मिलनेवाले अवसरों को गंभीर रूप से प्रभावित किया हो, लेकिन, जहाँ तक मेरी जानकारी है, इस समूचे वर्ग के खिलाफ अधिकृत रूप से किसी भी आक्रामक आंदोलन का संगठन नहीं किया गया है।

कहने का अर्थ यह है कि द्रविड़ आंदोलन इतिहास की चाहे जितनी भी विकृतियों का समर्थक रहा हो और आज भी हो, मगर उसका राजनीतिक प्रभाव विभिन्न आस्थाओं के अंदर मौजूद उन विचारधाराओं के घातक रूप से फूटपरस्त परिणामों से भिन्न रहा है जो पुनरुत्थानवाद और पोंगापंथ पर आधारित रही हैं। अपनी वर्तमान राजनीतिक भूमिका और यदा-कदा श्रेष्ठतावाद के दौरों के बावजूद, द्रविड़वाद आज जैसा है वैसा होने का कारण यह है कि अधिक प्रगतिशील सामाजिक एवं आर्थिक शक्तियाँ इसकी विषय-वस्तु को समझने और इसे बदलने में असफल रही हैं। इसके विपरीत, आज के भारत में ऐसी बहुत सी विचारधाराएँ प्रचलित हैं जो भारत के इतिहास को गलत ढंग से प्रस्तुत करती हैं और जिन पर आगे कुछ अगर-मगर किए बिना रोक लगाना आवश्यक है।

1880 के बाद के भारतीय इतिहास के हाल के जो अध्ययन 'कैम्ब्रिज' संप्रदाय के फलस्वरूप हुए, उन्होंने और भारत में इसकी शाखाओं और अभिव्यक्तियों ने ऐसी विस्तृत जानकारियों का ढेर लगाया है जिनके अनुसार 'फूट डालो और राज करो' का वाक्यांश राष्ट्रवादी आंदोलन के प्रति ब्रिटिश सरकार की नीति का ऐसा भोंडा चरित्रीकरण है जिसका वर्णन करना कठिन है। इस तर्क का जोर इस बात पर है कि भारतीय समाज की फूट ने और ब्रिटिश भारतीय प्रशासन से व्यक्तिगत या सामूहिक कृपा माँगने में भारतीयों की उत्कंठा ने ही इस नीति को जन्म दिया, और यह कि इसकी विपरीत बात सही नहीं है। यहाँ एक साधारण प्रश्न जो छूट गया लगता है, यह है कि जब-जब राष्ट्रवादी आंदोलन के विभिन्न खंडों ने पहले से उपस्थित दरारों को पाटने का प्रयास किया है, इस नीति का सीधे-सीधे प्रयोग होते देखा गया है। इसे निश्चित ही कारण-कार्य संबंध की दिशा का सामान्य संकेत कहा जाना चाहिए।

मगर, राष्ट्रीय आंदोलन भारतीय जनता के अच्छे- खासे हिस्सों को विमुख होने से रोक *नहीं सका*। यहाँ विस्तृत ऐतिहासिक पड़ताल के योग्य प्रश्न यह है कि क्या यह देश के इतने बड़े भाग के लिए एक अवश्यंभावी प्रक्रिया था। ठोस मुद्दा यह दिखता है कि दूसरे धार्मिक-सांप्रदायिक समूहों की धार्मिक-सांप्रदायिक भावनाओं को उभारे बिना (और इन भावनाओं के साथ इन समूहों की उदासीनता, बल्कि शत्रुता तक जुड़ी हुई थी), क्या राष्ट्रीय आंदोलन के सर्वाधिक प्रभावशाली घटक, यानी कांग्रेस के नेतृत्व में जनता की लामबंदी संभव थी।

कांग्रेस-नेतृत्व द्वारा प्रयुक्त लामबंदी के तरीकों की समस्याओं को राष्ट्रीय और कम्युनिस्ट आंदोलन के एक अग्रणी नेता, मुजफ्फर अहमद ने अपनी आत्मकथा[1] में अच्छी तरह स्पष्ट

1. *माइसेल्फ एंड दि कम्युनिस्ट पार्टी आफ इंडिया,* (नेशनल बुक एजेंसी, कलकत्ता, 1970), पृ. 12.

किया है। बंगाल के विभाजन के विरोध में किए गए आंदोलन के बारे में अपनी प्रतिक्रिया का वर्णन करते हुए वे कहते हैं—

"बंगाल में आतंकवादी-क्रांतिकारियों का उदय एक उल्लेखनीय घटना थी।···इस शताब्दी के दूसरे दशक में मेरी मानसिक स्थिति को देखते हुए··मेरे लिए आतंकवादी-क्रांतिकारी खेमे में शामिल होना असंभव नहीं था, लेकिन इस रास्ते में कुछ रुकावटें भी थीं। आतंकवादी-क्रांतिकारी बंकिमचंद्र चट्टोपाध्याय के *आनंदमठ,* से प्रेरित थे। यह पुस्तक शुरू से लेकर आखिर तक साम्प्रदायिक दुर्भावना से भरी हुई थी। पुस्तक का मूल संदेश बंकिमचंद्र की प्रार्थना 'वंदेमातरम्' में है। इस गीत में ये पंक्तियाँ भी थीं :

बाहुते तुमि मा शक्ति,
हृदये तुमि मा भक्ति,
तोमारइ प्रतिमा गड़ि मंदिरे-मंदिरे।
त्वं हि दुर्गा दशप्रहरणधारिणी···

"एक एकेश्वरवादी मुसलमान युवक कैसे इस प्रार्थना का उच्चारण कर सकता है? कोई भी हिंदू कांग्रेसी नेता इसे समझने में कभी भी सफल नहीं रहा। बंगाल का आतंकवादी-क्रांतिकारी आंदोलन निश्चित रूप से अंग्रेज-विरोधी था लेकिन वह हिंदू-पुनरुत्थानवादी आंदोलन भी था; इसका उद्देश्य हिंदू शासन की पुनर्स्थापना था।"

राष्ट्रीय आंदोलन का और अधिक विकास होने पर और एक हिंदू (या मुस्लिम) अतीत के मंत्रोच्चारण की जगह आधुनिक लोकतांत्रिक सिद्धांतों की पर्याप्त अंश तक स्थापना होने के बाद, मुजफ्फर अहमद और दूसरे कई लोग एक संयुक्त राष्ट्रीय आंदोलन की तरफ बढ़ पाने में समर्थ हुए। फिर भी, साम्प्रदायिक प्रकृति की अपीलें जारी की जाती रहीं और ये बेशक अग्रणी राष्ट्रवादियों की और अधिक एकीकरण संबंधी वास्तविक व्यक्तिगत इच्छाओं के मार्ग की बाधाएँ सिद्ध हुई। 1927 में जस्टिस पार्टी के अधिकृत समाचारपत्र *जस्टिस* ने *लिखा*[2]—

"हमें बताया गया है कि महात्मा गाँधी वर्णाश्रम धर्म को एक श्रेष्ठ संस्था के रूप में देखते और ब्राह्मणवाद का गुणगान करते हैं। बेशक उन्होंने छूआछूत और बाल-विवाह और बारह वर्ष से छोटे बच्चों के शोषण जैसी कुछ बुराइयों की तरफ इशारा किया, और कहा कि ये ब्राह्मणवाद के मखौल हैं। लेकिन अगर ये बुराइयाँ न हों तो वे 'ब्राह्मणवाद और वर्णाश्रम धर्म' को बहुत पसंद करते हैं।

"हमें महात्माजी के दृष्टिकोण में पर्याप्त मात्रा में मौजूद रहस्यवाद को अवश्य स्वीकार करना होगा। क्या यह सुझाया जा रहा है कि दलित वर्गों से स्पृश्य-सदृश व्यवहार करके

2. मार्ग्वेराइट रॉस बार्नेट, *दि पालिटिक्स आफ कल्चरल नेशनलिज्म इन साउथ इंडिया* (यूनिवर्सिटी प्रेस, प्रिंसटन, 1967) में उद्धृत।

और जो विशेषाधिकार (अगर उन्हें विशेषाधिकार कहा जा सके) ब्राह्मणों से स्पृश्य वर्गों को प्राप्त हैं, उन्हें वही विशेषाधिकार देकर छूआछूत को समाप्त किया जा सकता है ?"

यह एक सुविदित तथ्य है कि न तो जस्टिस पार्टी और न ही द्रविड़ भावना की बाद में संगठित अभिव्यक्तियाँ कभी दृढ़तापूर्वक अनुसूचित जातियों और जनजातियों के नाम से पहचाने जानेवाले वर्ग का समर्थन उस सीमा तक भी कर सकीं जिस सीमा तक अपनी व्यक्तिगत हैसियत से गाँधी ने किया था। लेकिन इसका अर्थ यह नहीं है कि वे कोई वास्तविक समस्या नहीं उठा रही थीं, खासतौर पर तब जब गाँधी द्वारा व्यक्त किए गए विचारों को उनके कम ईमानदार राजनीतिक सहयोगियों ने कार्यरूप में परिणत किया।

हिन्दुत्व, इस्लाम या ईसाई, कोई भी धर्म हो, उसके कर्मकांडी पहलुओं की कोई संगठित छानबीन राष्ट्रीय आंदोलन के नेतृत्व द्वारा कभी भी गंभीरतापूर्वक नहीं की गई। इसका कारण यह मानना उचित लगता है कि जिस सोपानिक समाज-व्यवस्था की पुष्टि सभी धर्म व्यवहारतः करते थे, उसके कारण भारतीय जनता को आंदोलन के नेतृत्व के साथ एक तरह का स्थिर संबंध बनाए रखने में मदद मिली। यह स्पष्ट है कि इस संगठनात्मक ढाँचे ने तब समस्या खड़ी की जब निर्धारित सामाजिक व्यवस्था के 'मध्यवर्ती' स्तरों ने अपने लिए निश्चित स्थिति के खिलाफ विद्रोह किया और सचमुच वंचित वर्गों के समर्थन में बोलने लगे।

इस्लाम के मामले में यह अलगाववादी लामबंदी सफल रही, जिसका राष्ट्रीय आंदोलन पर और स्वतंत्रता-प्राप्ति के बाद के भारतीय इतिहास पर बहुत गंभीर प्रभाव पड़ा। जस्टिस पार्टी, जो शुद्ध रूप से गैर-ब्राह्मण ऊँची जातियों के नेतृत्ववाला संगठन थी, के मामले में, इसी वर्ग के मन में वर्णाश्रम सिद्धांत की पैठ के कारण उन्हें अपने राष्ट्रवादी आंदोलन विरोधी सांप्रदायिक मंच पर जनसमूह को इकट्ठा करने में असफलता मिली। दक्षिण भारत की सामाजिक भेदभाव की शिकार व्यापक जनता के लिए एक अधिक प्रासंगिक रास्ता निकालने का काम तो ई.वी..रामास्वामी जैसे व्यक्तियों के हाथों संपन्न हुआ। यही ई.वी..रामास्वामी, और आगे चलकर सी.एन..अन्नादुरै, वे व्यक्ति थे जिन्होंने द्रविड़वाद के सिद्धांत को कभी-कभी भारत के इतिहास के संबंध में अपने निराले विचारों के साथ सविस्तार प्रतिपादित किया। इसलिए स्पष्ट है कि इन विचारों के राजनीतिक अंतर्तत्व की छानबीन द्रविड़ आंदोलन की वैधता की खोज के संदर्भ में की जानी चाहिए।

इस बात पर जोर दिया जाना चाहिए कि जस्टिस पार्टी के विपरीत, 1925 में ई.वी..रामास्वामी द्वारा प्रारंभ किया गया आत्मसम्मान आंदोलन कांग्रेस के अंदर उनके द्वारा किए गए कार्य का परिणाम था, और वे चौथे दशक में भी कांग्रेस के सदस्य बने रहे। आत्मसम्मान आंदोलन में उनके कुछ समर्थक तब उनका साथ छोड़कर कांग्रेस समाजवादी दल

और कम्युनिस्ट पार्टी में चले गए जब उन्होंने सरकारी दबाव में आकर समाजवाद के समर्थन में अपना प्रचार बंद करने का निर्णय लिया। यह एक विडंबना ही है कि वे आगे चलकर, 1938 में, उसी लगभग-मरणासन्न जस्टिस पार्टी में शामिल हो गए, और उसके बाद राष्ट्रीय आंदोलन की संकट की घड़ियों में उसके लिए ऐसे राजनीतिक प्रस्ताव रखने लगे जो उस आंदोलन की सामान्य दिशा के विरुद्ध थे।

फिर भी, जैसाकि पहले कहा जा चुका है, द्रविड़ आंदोलन का जनाधार आम राजनीतिक धाराओं से अप्रभावित नहीं रह सकता था और सी.एन..अन्नादुरै के नेतृत्वमंडल को अनेक बार जनता की राजनीतिक जागृति से इन परिवर्तनों का तालमेल बिठाने के लिए अपनी स्थिति में फेर-बदल करना पड़ा। इसके महत्वपूर्ण उदाहरण 1947 में तब देखे गए जब ई.वी..रामास्वामी ने आजादी का विरोध किया, और 1956 में भाषाई प्रांतों की स्थापना के बाद एक अलग द्रविड़नाडु की माँग के वापस लिए जाने से यह स्पष्ट हो गया कि इस नारे का आकर्षण अगर कुछ था तो वह सिर्फ भूतपूर्व मद्रास प्रेसिडेंसी के तमिलभाषी क्षेत्रों तक सीमित था।

पी..राममूर्ति के अनुसार सी.एन..अन्नादुरै की पुस्तक *आर्य माया*,..जिसे 1943 में लिखा गया था, 1977 तक चौदह बार पुनर्मुद्रित हुई थी। चूँकि अन्ना द्रमुक के बारे में हाल के एक लेख में भी द्रविड़ आंदोलन के दर्शन को 'अन्नावाद' के रूप में परिभाषित किया गया है, इसलिए इस पुस्तक को आंदोलन की विचारधारा का प्रमुख प्रतिपादन मानना उचित प्रतीत होता है।

निश्चित ही हमारा प्रारंभ-विन्दु उत्तरी भारत के आर्यनाडु के विरोध में द्रविड़नाडु की धारणा है। द्रविड़नाडु के भौगोलिक क्षेत्र के विषय में परस्पर-विरोधी विचार रहे हैं, लेकिन यह स्पष्ट है कि मूल धारणा का संबंध इस माँग से था कि मद्रास प्रेसिडेंसी का प्रशासन सीधे भारत के राज्यसचिव द्वारा चलाया जाए। इसके अंतर्गत मद्रास प्रेसिडेंसी के उड़िया, तेलुगू, तमिल, मलयालम और कन्नड़भाषी क्षेत्र आते थे जबकि तमिलभाषी जिले कन्याकुमारी को शामिल, *नहीं,* किया गया था। इस व्यापक भौगोलिक, सांस्कृतिक और भाषाई फैलाव के कारण द्रविड़नाडु की मूल विशेषता को स्पष्ट करना आवश्यक था। यहीं पर इतिहास सीधे-सीधे विकृति का शिकार हुआ। वर्तमान राजनीतिक स्थिति के लिए शायद सबसे अधिक महत्व की बात यह है कि अन्नादुरै के अनुसार राम और कृष्ण दोनों ही (उत्तर भारतीय) आर्य नेता थे जिन्होंने उपमहाद्वीप के मूल द्रविड़ निवासियों पर विजय प्राप्त की थी, और दक्षिण, *एवं,* श्रीलंका पर आर्यों का प्रभाव स्थापित किया था।

साथ ही साथ यह तर्क देकर कि अंग्रेजी राज्य स्थापित होने के पहले तक के पूरे इतिहास में द्रविड़नाडु का अपना स्वतंत्र शासन था, अन्नादुरै दक्षिण भारत और श्रीलंका पर

आर्यों की विजय संबंधी अपनी बात काट भी रहे थे । लेकिन इन रवैयों को अपनाकर विचारधारा इस बात पर भी जोर दे सकी कि जाति-व्यवस्था आर्यों द्वारा लादी गई व्यवस्था थी जिसके प्रतिनिधि वर्तमान युग में ब्राह्मण हैं, जबकि साथ ही साथ यह तर्क भी दिया गया कि द्रविड़नाडु के अस्तित्व का एक ऐतिहासिक आधार है ।

दक्षिण भारत के स्वतंत्र इतिहास के इस विचार ने दक्षिण की संपूर्ण सांस्कृतिक विरासत को हड़पने की छूट भी द्रविड़ आंदोलन को दी । इसके साथ ही दक्षिण-पूर्व एशिया में सांस्कृतिक प्रभावों के (अनोखे) शांतिपूर्ण प्रेषण की धारणा भी जारी रही । इस प्रयास के एक भाग के रूप में सिंधु घाटी की सभ्यता के बारे में किए जानेवाले दावों का जिक्र भी किया जा सकता है । यह आश्चर्यजनक नहीं कि भारतीय इतिहास के प्रति राष्ट्रीय स्वयंसेवक संघ के दृष्टिकोण के प्रतिपादकों के लिए यह बात हद से आगे बढ़ने के समान थी, और उन्होंने इसका यह समाधान निकाला कि इस मामले को उत्तर और दक्षिण के बीच और आमतौर पर पूरे देश में फूट डालो की ब्रिटिश नीति का अंग बतलाकर वे सिंधु घाटी में हुई खुदाइयों की ही निंदा करने लगे ।[3]

यह लेख वह स्थान नहीं जहाँ द्रविड़ विचारधारा के प्रतिपादकों की इतिहास-दृष्टि में मौजूद स्पष्ट समस्याएँ दिखाई जाएँ । मेरे विचार में इससे भी अधिक महत्वपूर्ण यह तथ्य है कि यह दृष्टि राष्ट्रीय स्वयंसेवक संघ की इतिहास-दृष्टि की काट करती है (और जब से द्रविड़ राजनीतिक संगठनों ने इस दृष्टि पर आधारित राजनीति का मुकाबला करने का फैसला किया, तब से इस राजनीति की काट भी करती है) । मगर यह दृष्टि अनेक महत्वपूर्ण तथ्य छोड़ भी जाती है जिसके कारण आर्य विचारों के प्रवक्ताओं के साथ समझौते करने में सुविधा होती है । इसका सबसे महत्वपूर्ण उदाहरण यह है कि दोनों पक्ष इस पर एकमत दिखते हैं कि हमें विरासत में मिले शास्त्रीय ग्रंथ इतिहास की पुनर्रचना के लिए पर्याप्त सामग्री उपलब्ध कराते हैं ।

इसका एक उदाहरण, *रामायण,* का है जिसके संबंध में, हाल के अध्ययनों के बावजूद, साँकलिया और दूसरों के अध्ययन पर ध्यान न देकर द्रविड़ आंदोलन आधुनिक श्रीलंका को ही अभी भी रामायण की लंका बतलाता है । यह अध्ययन, कम से कम इस क्षेत्र के अविशेषज्ञ को, इस बात के विश्वसनीय प्रमाण जुटाता है कि वह भौगोलिक क्षेत्र जिसके भीतर *रामायण* की घटनाएँ घटी थीं, दक्षिण में आधुनिक मध्य प्रदेश के पूर्वी हिस्से से आगे नहीं हो सकता । इस सिद्धांत के प्रवर्तकों के ग्रंथों में रद्दोबदल करने के प्रति अनिच्छा जैसे कारणों के अलावा, द्रविड़ आंदोलन की इस बौद्धिक सुस्ती के दो और कारण हैं । (यह आंदोलन शायद दूसरे

3. के.आर. मलकानी, ''नेशनलिज्म एंड कम्युनलिज्म इन हिस्टारिकल पर्सपेक्टिव,'' *मेनस्ट्रीम,* वार्षिक विशेषांक, 1989.

कारणों से, दुर्भाग्यवश, इन राजनीतिक संगठनों तक ही सीमित नहीं हैं।)

पहला कारण यह है कि दक्षिण भारत में ब्राह्मणवादी प्रभाव की उपस्थिति और जाति-प्रथा की कठोरता की व्याख्या की समस्या बनी ही रहेगी। उत्तर से किसी दूसरे रूप में की जानेवाली चढ़ाई की तो बात ही छोड़िए, सांस्कृतिक विसरण का कोई सिद्धांत भी दक्षिण के शुद्ध और स्वतंत्र आर्थिक एवं सांस्कृतिक विकास के तर्क की काट ही करेगा। शायद इससे ही संबंधित यह तथ्य भी है (और यह स्पष्ट दिखती सुस्ती को अधिक राजनीतिक शक्ति देता है) कि हिंदुत्व दक्षिण भारत की व्यापक जनता का भी धर्म है। अगर इतिहास की पुनर्रचनाएँ भारतीय समाज के धर्मनिरपेक्षीकरण के संपूर्ण उद्देश्य का एक हिस्सा न हों तो वे सच्ची भावनाओं को चोट पहुँचा सकती हैं और राजनीतिक रूप से अति-रूढ़िवादी तत्वों के हाथों का खिलौना बन सकती हैं। दूसरे शब्दों में, आज, इस प्रश्न के बारे में, द्रविड़ विचारधारा धर्मनिरपेक्षता की हमारी अनोखी धारणाओं की उपज (और उसका कारण भी) है।

बौद्धिक सुस्ती का दूसरा कारण एक अधिक तात्कालिक राजनीतिक मुद्दे में निहित है। लंका को आधुनिक श्रीलंका बताकर द्रविड़ आंदोलन यह दावा कर सकता है कि श्रीलंका के तमिल सांस्कृतिक रूप से, सगोत्रता और जातीयता के आधार पर उससे जुड़े हुए हैं। यह बात तो मानी जाती है कि श्रीलंका के तमिलभाषी क्षेत्रों को तमिलनाडु के अंदर शामिल नहीं किया जा सकता, लेकिन मुझे इस बात का निश्चित ही आभास हो रहा है कि इस मुद्दे को लेकर उपजी राजनीतिक धाराएँ मानवीय और राजनीतिक अधिकारों के प्रति अंतर्राष्ट्रीय चिंता की किसी भी उचित परिभाषा से आगे निकल जाएँगी।

मैं यहाँ यह बात जोड़ना चाहूँगा कि मुझे श्रीलंका के तमिलभाषी हिस्सों को तमिलनाडु का विस्तार समझने की भावना ही प्रमुख *भावना* लगती है। तमिलों के प्रति श्रीलंका के अधिकारियों के निश्चित रूप से क्रूरतापूर्ण व्यवहार की समस्या के समाधान ऐसे प्रस्तुत किए जाते हैं मानो यह व्यवहार ही अपने-आपमें श्रीलंका को एक ऐतिहासिक रूप से विकसित राजनीतिक हस्ती मानने के आधारों को नष्ट कर देता है। मुझे लगता है कि तत्कालीन पूर्वी पाकिस्तान की स्थिति से तुलना करना तमिल बागान-मजदूरों के विशाल जनसमूह को संगठित कर पाने में तमिल उग्रवादी गुटों की (दुर्भाग्यपूर्ण) असमर्थता अथवा अनिच्छा को अनदेखा करना होगा जबकि यह कार्य एक 'जातीय आंदोलन' को एक प्रारंभिक दिशा दे सकता था।

इतिहास की द्रविड़ दृष्टि में व्यक्त द्रविड़ सिद्धांत का तीसरा राजनीतिक परिणाम इस्लामी काल के बारे में उसकी खामोशी के कारण है। यह बात अजीब लगती है क्योंकि ऐसा प्रतीत होता है कि दक्षिण भारत के इतिहास के स्वर्णकाल का अंत चोल शासन के दौरान दिल्ली सल्तनत के आक्रमणों के कारण हो गया था। इसका उद्देश्य यकीनन यह कहना नहीं

है कि द्रविड़ सिद्धांत को इस्लाम के प्रति एक विरोधी रवैया अपनाना चाहिए था, बल्कि यह मात्र एक शून्य की तरफ इशारा करना है। इस आंदोलन ने जिस ऐतिहासिक सटीकता के साथ पहले के कालों पर ध्यान दिया है, उतना भी ध्यान अगर इस मुद्दे पर दिया होता तो यह दक्षिण भारत में विद्यमान *इस्लामी* तत्ववादी प्रवृत्ति की काट कर सकता था।

यह एक विडम्बना ही है कि राष्ट्रीय स्वयंसेवक संघ ने, भारतीय मुसलमानों की 'भारतीयता' को दर्शाने के जोश में, अब धर्म पर आधारित संप्रदायों के बीच होनेवाली सांस्कृतिक अंतःक्रियाओं की मात्रा को प्रकाश में लाना शुरू कर दिया है।[4] इससे संघ को संभवतः यह तर्क देने में सुविधा होगी कि शरीयत को इस्लामी नीतिशास्त्र और *भारतीय* मुसलमानों के आचार का एकमात्र स्रोत नहीं समझा जाना चाहिए। इससे कांग्रेस के मुस्लिम महिला विधेयक के प्रति इसके शुद्ध रूप से अवसरवादी विरोध को एक आधार भी मिला है। इस मुद्दे पर द्रविड़ राजनीतिक दलों की खामोशी शायद तमिलनाडु में मुस्लिम लीग के साथ उनके स्थायी संबंधों के कारण हो सकती है। लेकिन इसका कारण इस विचारधारा के प्रतिपादकों की रचनाओं में भारतीय राजनीति और इतिहास में इस्लाम और भारतीय मुसलमानों की भूमिका के किसी प्रकार के वर्णन का अभाव भी कहा जा सकता है। द्रविड़ आंदोलन के जिन समर्थकों का जन्म मुस्लिम (या ईसाई) के रूप में हुआ है, उनसे सीधे तौर पर संबद्ध सामाजिक सुधारों के क्षेत्र में इस प्रकार का शून्य मुझे उसकी एक प्रमुख असफलता दिखता है, और इससे आंदोलन के इस दावे की शक्ति गंभीर रूप से कम हो जाती है कि वह *आधुनिक* तमिल जातीयता का वाहक है।

इसके साथ हम राजनीतिक व्यवहार से संबंधित शेष प्रमुख मुद्दों की तरफ बढ़ते हैं। ये हैं—औद्योगिक और खेतिहर मजदूर वर्ग, किसानों के मेहनतकश वर्गों और महिलाओं के प्रति द्रविड़ विचारधारा के रवैये। शायद बड़े सोचे-समझे ढंग से, पहले समूह के मुद्दों पर इस आंदोलन के पास ऐसे विचार नहीं हैं जो *इतिहास* पर आधारित हों। वास्तव में, यह आंदोलन इस बात से इनकार करता है कि भारत में एक अर्थपूर्ण श्रेणी के रूप में वर्गों का कोई अस्तित्व है। इस आंदोलन का रवैया पर्याप्त तर्कपूर्ण ढंग से सी.एन. अन्नादुरै की संयुक्त क्षेत्र के समाजवाद की धारणा में व्यक्त हुआ है जो कि "न तो गाँधी का वर्ग-सहयोग है और न ही मार्क्स का वर्ग-संघर्ष है—बल्कि केवल तदर्थ वर्तमान का विचार है।"[5]

"संयुक्त क्षेत्र के समाजवाद के अंतर्गत, जैसाकि अन्नादुरै ने इसे देखा है, खेतिहरों और मजदूरों से एकसमान व्यवहार होगा क्योंकि ये दोनों श्रेणियाँ उत्पादन के लिए समान रूप से

4. के.आर. मलकानी, पूर्वोक्त।

5. आर. थांडवन, *आल इंडिया अन्ना द्रविड़ मुन्नेत्र कज़गम,* तमिलनाडु राजनीतिविज्ञान अकादमी, मद्रास, 1987.

महत्वपूर्ण हैं।...इसके साथ ही, वे आर्थिक विकास के लिए सभी प्रकार की राजकीय सहायता देने को तैयार थे।"

इसका कुल परिणाम यह रहा है कि 1967 से 1976 तक द्रमुक और 1977 से 1988 तक अन्ना द्रमुक के अंतर्गत तमिलनाडु सरकार ने (किसी दूसरे के शब्दों में)[6] "राज्य की कृषि समस्या के समाधान के लिए कोई गंभीर प्रयास नहीं किया, बल्कि इसके स्थान पर उसने जमींदारों और संपन्न ग्रामीणों का साथ दिया। उसने एक स्पष्ट मजदूर-विरोधी नीति का पालन किया, हड़तालें तुड़वाईं और उद्योगपतियों का साथ दिया। उसने मजदूरों और विरोध प्रकट करते छात्रों पर पुलिस दमन चलाया और विरोधी प्रेस को धमकाकर झुकाने का प्रयास किया।"

मगर चुनावी राजनीति की विवशताओं और एक प्रतिकूल केंद्रीय सरकार द्वारा बर्खास्तगी के हर वक्त मौजूद खतरे ने लगता है कि वर्तमान द्रमुक सरकार की खुल्लमखुल्ला निरंकुशता को अपेक्षाकृत कम किया है। 1989 के चुनाव परिणामों के लिए हमें ठहरकर यह देखना होगा कि क्या देश की राजनीतिक धाराएँ तमिलनाडु की तत्कालीन सत्ताधारी पार्टी को इन मुद्दों पर अपने रवैयों में कोई अर्थपूर्ण संशोधन करने के लिए तैयार कर सकी हैं।

महिलाओं के प्रश्न पर स्थिति और जटिल है। उत्तर भारत से दक्षिण की तुलना करने वाला कोई भी व्यक्ति दक्षिण के दैनिक जीवन में महिलाओं के प्रति उस प्रकार के किसी अशिष्ट व्यवहार के अभाव को देखे बिना नहीं रह सकता जैसाकि हिंदीभाषी क्षेत्रों में आम है। इस विषय में पर्याप्त शोध नहीं किया गया है, लेकिन संभव है कि यह अंतर द्रविड़ आंदोलन की लामबंदी के प्रभाव के कारण हो। यह बात महत्वपूर्ण है कि महाराष्ट्र में भी जहाँ एक गैर-ब्राह्मण समाज-सुधार आंदोलन चला था, महिलाओं की सामाजिक स्थिति अपेक्षाकृत बेहतर है।

मगर दक्षिण भारत के जनसंचार माध्यमों द्वारा (जिसे अक्सर उत्तर भारत में महिलाओं के प्रति शहरी अभद्रता का कारण माना जाता है) औरत का चित्रण शायद ही भिन्न हो। महिलाओं के प्रति एम.जी. रामचंद्रन का दृष्टिकोण भी समाज में उनकी भूमिका की एक प्रतिक्रियावादी धारणा पर और उनकी कमजोरी की धार्मिक मान्यता पर आधारित था। जहाँ तक ऐसे विचारों के ऐतिहासिक आधार का प्रश्न है, इसका सर्वश्रेष्ठ उदाहरण कन्नगी की भूमिका का महिमामंडन है, जो संगम-पश्चात् काल की एक प्रमुख साहित्यिक कृति की नायिका है। एक अमीर व्यापारी की पत्नी कन्नगी न सिर्फ पति की इश्कबाजी को चुपचाप

---

6. एम.एस.एस. पांड्यन, "फ्यूडल नेशनलिज्म" *सेमिनार,* अंक 36; मैं सामग्री का संकेत देने और प्रस्तुत लेख के सरोकारों में साझीदारी करने के लिए पांड्यन का आभारी हूँ।

स्वीकार कर लेती है, बल्कि बाद में उसके लौटकर आने पर उसे फिर से अपना व्यवसाय शुरू करने के लिए अपने गहने भी दे देती है।

फिर भी, महिलाओं के लिए द्रविड़ दलों द्वारा आज प्रचारित की जा रही इन स्पष्ट रूढ़िवादी भूमिकाओं के बावजूद, इस बारे में कोई शक नहीं कि चुनावी राजनीति की दृष्टि से महिलाएँ एक महत्वपूर्ण शक्ति बन चुकी हैं। महिलाएँ इस स्थिति से आगे बढ़कर और अपने पुरुष सहकर्मियों के पुछल्लों की भूमिका से मुक्तहोकर क्या दिन-प्रतिदिन के राजनीतिक एवं सामाजिक जीवन में अधिक सक्रिय भूमिका निभाएँगी, यह प्रश्न एक बृहत्तर प्रश्न का हिस्सा है। वह बृहत्तर प्रश्न यह है कि क्या द्रविड़ आंदोलन द्वारा शुरू किए गए सामाजिक सुधार के कार्य को आगे बढ़ाया जा सकता है, या यह कार्य दूसरे प्रकार के राजनीतिक नेतृत्व और मार्गदर्शन के अंतर्गत होगा।

गहन अध्ययन के लिए संदर्भ—

इर्सचिक, ई.एफ., *तमिल रिवाइवलिज्म इन दि नाइनटीन* -थर्टीज, मद्रास, 1986.

इर्सचिक, ई.एफ., *पालिटिक्स एंड सोशल कंफ्लिक्ट इन साउथ इंडिया : दि नान- ब्राह्मिन मूवमेंट एंड तमिल सेपरेटिज्म,*, यूनिवर्सिटी आफ कैलीफोर्निया प्रेस, बर्कले और लास एंजेल्स, 1969.

जगजीवन राम, *कास्ट चैलेंज इन इंडिया,* विजन बुक्स, नई दिल्ली, तिथि अज्ञात.

डायेह्ल, ए., *पेरियार ई.वी. रामास्वामी : ए स्टडी आफ दि इंफ्लुएंस आफ ए पर्सनालिटी इन कंटेम्पोरेरी साउथ इंडिया,* बी.आई. पब्लिकेशंस, नई दिल्ली, 1978.

थांडवन, आर., *आल इंडिया अन्ना द्रविड़ मुन्नेत्र कज़गम : पोलिटिकल डायनामिक्स इन तमिलनाडु,* तमिलनाडु राजनीतिविज्ञान अकादमी, मद्रास, 1987.

थापर, रोमिला, *ए हिस्ट्री आफ इंडिया,* खंड 1, पेंग्विन बुक्स, हार्मंड्सवर्थ , 1966.

पांड्यन, एम.एस.एस., 'कल्चर एंड सबआल्टर्न कांशसनेस : ऐन एस्पेक्ट आफ एम.जी.आर. फेनामिनन', *इकोनामिक एंड पोलिटिकल वीकली,* खंड 14, 1979, अंक 7-8.

पांड्यन, एम.एस.एस., 'फ्यूडल नेशनलिज्म', *सेमिनार,* अंक 362, अक्टूबर 1989.

रणदिवे, बी.टी., *कास्ट, क्लास एंड प्रापर्टी रिलेशंस,* नेशनल बुक एजेंसी, कलकत्ता, 1982.

रणदिवे, बी.टी., 'मुजफ्फर अहमद एंड हिज टाइम्स,' *दि मार्क्सिस्ट,* खंड 7, 1989,अंक 1.

राम, एन., 'द्राविडियन मूवमेंट इन इट्स प्रि- इंडेपेंडेंस फेजेज,' *इकोनामिक एंड पोलिटिकल वीकली,* खंड 14, 1979, अंक 7-8.

राम, एन., 'प्रिहिस्ट्री एंड हिस्ट्री आफ दि डी.एम.के .,' *सोशल साइंटिस्ट*, खंड 6, 1977, अंक 5.

राममूर्ति, पी., *दि फ्रीडम स्ट्रगल एंड दि द्राविडियन मूवमेंट*, ओरिएंट लांगमैन, मद्रास, 1987.

र्‌यर्सन, सी.ए., *रीजनलिज्म एंड रिलीजन : दि तमिल रेनासाँ एंड पापुलर हिंदुइज्म*, क्रिश्चियन लिटरेचर सोसायटी, मद्रास, *1988*.

रॉस बार्नेट, एम., *दि पालिटिक्स आफ कल्चरल नेशनलिज्म इन साउथ इंडिया*, यूनिवर्सिटी प्रेस, प्रिंसटन, 1976.

सांकलिया, एच.डी., *एस्पेक्ट्स आफ इंडियन हिस्ट्री एंड आर्कियोलोजी*, बी.आर. पब्लिशिंग कार्पोरेशन, दिल्ली, 1977.

सत्तनाथन, ए.एन., 'दि द्राविडियन मूवमेंट इन तमिलनाडु एंड इट्स लेगेसी', *पेरियार ई.वी. रामास्वामी इनडोमेंट लेक्चर्स 1981*, मद्रास विश्वविद्यालय, 1982.

स्मारकों का रहस्यमयीकरण

माइकल डब्ल्यू. माइस्टर

जो लोग पूजा-पाठ करते हैं वे अकसर प्राकृतिक स्थानों को पवित्र समझने लगते हैं, और उनका स्मारिकीकरण तीर्थ और भवन, दोनों के रूप में करते हैं। एक ही समय में, या अलग-अलग समय में अनेक अवसरों पर, विभिन्न संप्रदायों ने ऐसे स्थानों में, उनकी पवित्रता की साझी भावना के साथ या संकीर्ण प्रतियोगिताओं के रूप में, साझेदारी की है। चाहे खजुराहो हो या परसेपोलिस, साँची हो या एक्रोपोलिस, सेंट पीटर्स हो या कि रोमन फोरम, सभी में ऐसे स्तरण की क्षमता है।

जहाँ कहीं भी धार्मिक स्मारक बनाए गए हों, वे अपने-आपको ऐसे 'मूल' केंद्रों के रूप में प्रस्तुत करते हैं। वे प्रत्येक स्थान पर पवित्र भूमि की पुनर्रचना करते हैं, और जो निर्मित हुआ है उसको पवित्रता का भाव देने और स्थायी बनाने, दोनों के लिए कर्मकांड का सहारा लेते हैं। ब्रह्मांडीय स्थायित्व वास्तुकला का आधार बन जाता है। फिर भी, स्तूपों, मंदिरों, मस्जिदों और गिरजाघरों के दैनिक उपयोग के महत्व और प्रतिमान उनके इतिहास के कालक्रम में बदलते रहते हैं। सिर्फ स्थान की भावना का बने रहना निश्चित होता है।

ऐसे स्थानों का राजनीतिकरण राजनीतिक कारणों से होता है, न कि धार्मिक कारणों से। हैगिया सोफिया का 532-37 ईसवी में निर्मित गिरजाघर आगे चलकर मस्जिद बन गया। बंबई के एक बौद्ध गुफा-मंदिर का इस्तेमाल आज एक गिरजाघर के रूप में किया जा रहा है। चित्तौड़गढ़ के एक मंदिर को सौर से शाक्त में और दूसरे का जैन से शैव में रूपांतरण, बदलती जनसंख्या और बदलती आस्थाओं की प्रतिक्रियास्वरूप बिना किसी संघर्ष के हो गया। स्थानों का उपयोग बंद हो जाता है, उनका रूपांतरण कर दिया जाता है, और उनकी पवित्रता का सम्मान होता रहता है। (कई अवसरों पर उनका इतिहास भुला भी दिया जाता है या फिर से लिखा जाता है।)

धार्मिक स्मारकों का प्रयोग निश्चित रूप से राजनीतिक उद्देश्यों के लिए हो सकता है। लातीनी अमरीका के राजकीय धर्मपीठों का निर्माण अक्सर मेज़ो-अमरीका के पवित्र अवशेषों पर हुआ था। मैक्सिको सिटी के एक्सोलो ने एक पक्ष के लोगों के धार्मिक केंद्र को गिराकर और फिर उसकी जगह दूसरे पक्ष के धार्मिक केंद्र की स्थापना करके औपनिवेशिक सरकार की प्रभुता

स्थापित की। तब से पुरातत्वविदों ने, मैक्सिको में क्रांति के बाद के शासन के एक राजनीतिक कृत्य के रूप में, एक्सोकोलो के गिरजाघर के समीप खुदाई करके मूल विश्वसनीयता को एक सीमा तक पुनः प्रतिष्ठित किया है। और हाँ, दिल्ली की 'कुव्वतुल-इस्लाम' मस्जिद के अनेक शिलालेखों में से एक में उसकीं श्रेष्ठता उसके निर्माण-कार्य में प्रयोग किए गए हिंदू मंदिरों की भारी संख्या के आधार पर घोषित की गई है।

फिर भी, एक नई व्यवस्था की अधीनता के प्रदर्शन के लिए प्रतीकों का उपयोग अनेक संदर्भों में होते पाया जा सकता है। इनमें बौद्ध स्तूपों के रखवालों के रूप में यक्षों और यक्षियों का उपयोग, तुन-हुआंग की गुफाओं में बुद्ध के भक्तों के रूप में गणेश और लोकपालों का उपयोग, यहूदी-ईसाई विचारधारा के आधार के रूप में यहूदीवाद का उपयोग, इस्लाम के पहले के पैगंबर के रूप में ईसा का उपयोग और यहाँ तक कि चमनलाल के लिए 'हिंदू अमरीका' का उपयोग भी शामिल है।

मगर राजनीतिक दमन तभी कारगर होता है जबकि प्रतीक चुनिंदा और स्पष्ट बने रहते हैं। श्येनमन स्क्वायर एक 'धर्मनिरपेक्ष' धार्मिक केंद्र है। (चीन सरकार ने हाल में इसे 'पवित्र' घोषित किया है), फिर भी इसकी महिमा के उल्लंघन को आधिकारिक रूप से अस्वीकार करना पड़ा है। मूर्तिभंजन के इस्लामी धार्मिक विधान के बजाय राजनीतिक दृष्टि से स्मारकों के महिमाभंजन के सिलसिले में औरंगजेब की कुख्याति, अपने समय के स्मारकों को ध्वस्त करने के किसी सामान्य सार्वजनिक कार्यक्रम के प्रमाणों के बजाय, विद्रोही जनसंख्या के खिलाफ प्रतिकार के चयनात्मक प्रयोग पर अधिक आधारित रही है।

अगर भारत में मुस्लिम शासन ने कुछ दिया है तो वह है व्यावहारिकता की एक सीख, आक्रामक सेना की तरफ से थियोडोर रूजवेल्ट की 'मधुर बोलो और एक बड़ा डंडा साथ रखो' की नीति का प्रयोग, तथा आम जनता की तरफ से राजनीतिक समायोजन जिसके कारण वह दूसरों के शासकीय आधिपत्य को स्वीकार करते हुए अपनी खुद की धार्मिक आस्थाओं का पालन करने में सफल रही। अगर धर्म और राजनीति एक ही चीज होते तो दिल्ली का सुलतानगढ़ी मकबरा शायद ही उस क्षेत्र की सारी जनता की एक धार्मिक आवश्यकता की पूर्ति कर पाता।

जैन साहूकार बनारसीदास ने 17वीं शताब्दी में लिखे गए अपने ग्रंथ *अर्धकथानक*, में अपनी यात्राओं का वर्णन किया है। ये यात्राएँ एक बहुस्तरीय और बहुखंडित अनेकवादी (और दमन में भी उदार) विश्व के ऐसे संकेत देती हैं जिनसे यह शताब्दी इनकार करने के प्रयास करती है। मुझे इसमें शक है कि क्या आज रूढ़िवादी या नास्तिक का अर्थ वही है जो उस समय था।

दिल्ली की 'कुव्वतुल- इस्लाम' मस्जिद के एक फारसी अभिलेख में दावा किया गया है कि

वह 27 मंदिरों के अवशेषों पर निर्मित हुई है। मगर यह संख्या ही इसका संकेत है कि इसका चुनाव संभवतः इसकी सांकेतिक महत्ता के कारण किया गया, क्योंकि यह भारत के चांद्र पंचांग के 27 नक्षत्रों को अभिव्यक्त करता है। इसी तरह शिव ने दैत्यों के भवनों को अपने मंदिरों में बदलते हुए उनके आधिपत्य से तीन लोकों को छीना था।

इस मस्ज़िद में वास्तव में 'लूटी गई' सामग्री का प्रयोग हुआ है, जैसे—गुप्तकाल का मशहूर लौहस्तंभ, 12वीं शताब्दी की हिन्दू इमारतों से लिए गए स्तंभ, सरदल और छतें, और शायद अधिक महत्वपूर्ण रूप से, स्थानीय हिन्दू ठेकेदारों की हिस्सेदारी (जिससे जरूरी नहीं कि आदर-भाव भी उत्पन्न हुआ हो)। आर.,सेनगुप्त ने, मेरी समझ में बड़े विश्वासोत्पादक ढंग से, यह दिखाया है कि कुतुबमीनार की रूपरेखा योजना-कार्य के हिन्दू सिद्धांतों पर आधारित रही है। मस्जिद के किब्ला परदे का निर्माण (और कुछ अंश तक सजावट) हिन्दू रीति से हुआ है। मीनार के चारों तरफ बिखरे संस्कृत शिलालेख अनुयायियों का अनादर करते हैं (विशेष रूप से धार्मिक आधार पर नही), और एक या दूसरी सत्ताधारी इस्लामी शक्ति की प्रशंसा में घिसे-पिटे शब्दों को दुहराते हैं। इनमें इस कार्य में लगे हिंदू शिल्पियों के नाम भी दिए गए हैं, और स्तंभ का उल्लेख इस तरह किया गया है कि वह इसे धार्मिक संदर्भ से अलग करता है, और उसके स्थायित्व का मापन विजय और सत्ता को वैधता प्रदान करने के संदर्भ में करता है।

हरेक परंपरा में तैयारशुदा भवन-सामग्रियों का एक आर्थिक महत्व होता है और सभी औद्योगिक-पूर्व समाजों में शुद्ध कुशलता और व्यावहारिकता की दृष्टि से सामग्रियों को फिर से इस्तेमाल करने का आम प्रचलन रहा है। अगर 19वीं सदी के अंग्रेज इंजीनियर रेल की पटरियों के लिए कंकड़ों के रूप में मंदिरों के अवशेषों का प्रयोग करने के लिए कुख्यात रहे हैं, तो खजुराहो के ग्रामीणों ने भी मंदिरों के टुकड़ों का उपयोग अपने घर और कुएँ बनाने के लिए किया है (और राजस्थान के पुरातत्व विभाग ने किराडु के मंदिरों के चारों तरफ सुरक्षा के लिए खड़ी दीवारों को वहाँ गिरे हुए शिखरों के वास्तुशिल्पीय टुकड़ों से भर रखा है)। अधिकांश मामलों में इस प्रकार के उपयोग मितव्ययिता और उपलब्धता के विचारों से संचालित होते हैं, न कि धार्मिक या राजनीतिक भावनाओं से।

लौहस्तंभ भारत के नए मुस्लिम शासकों का ध्यान आकृष्ट कर सका, यह तथ्य स्वयं में उस सामर्थ्य का पैमाना है जो उन्होंने, अपने विचार में, इसके पुनर्प्रयोग के कारण प्राप्त किया। 'कुव्वतुल- इस्लाम' मस्जिद के अंदर इसके रहने के बावजूद उसमें ऐसी शक्ति बनी रही, यह बात स्तंभ पर 18वीं शताब्दी के एक शिलालेख से स्पष्ट है जिसमें इस स्तंभ को देखने के लिए आनेवाले दूसरे सभी राजाओं के लिए एक महाराजा का अभिवादन दर्ज किया गया है।

एम.ए. ढाकी ने बताया है कि 15वीं शताब्दी के एक शिल्पशास्त्र-ग्रंथ *वृक्षार्णव*, के अनुसार, भारत के पश्चिमी तट पर, जहाँ मुसलमान व्यापारियों के साथ और उनके माध्यम से व्यापार की एक बहुत लंबी परंपरा रही थी, हिंदू शिल्पी मस्जिद-निर्माण के लिए आवश्यक वस्तुओं की चर्चा विस्तार से करते थे। अनेक स्थानों के शिलालेखों से पता चलता है कि सल्तनत शासन की स्थापना से पहले भी हिन्दू भारत के बंदरगाही शहरों और व्यापारिक केंद्रों में सदियों से मुसलमान व्यापारियों और साहूकारों के छोटे-छोटे समुदायों के साथ उदारता बरती जाती थी और उन्हें प्रोत्साहित किया जाता था।

वास्तव में मुस्लिम इमारतें कच्छ के भद्रेश्वर में बहुत पहले, 12वीं शताब्दी के मध्य से ही मौजूद रही हैं। इस स्थान का गहन अध्ययन करनेवाले शिकोही और उनके साथियों के शब्दों में, वहाँ "चालुक्य शासन के काल में हिन्दू परंपरा में प्रशिक्षित कामगारों को एक मुस्लिम समुदाय की, जो अभी स्थानीय राजनीतिक शासन प्राप्त न कर सका था और जो मुस्लिम धार्मिक अपेक्षाओं के अनुसार देशज शैली का समायोजन करना सीख चुका था, इमारती योजनाओं में काम दिया जाता था।" इन लेखकों ने सोमनाथ के एक द्विभाषीय शिलालेख (हिजरी 663, विक्रमी 1320, ईसवी 1263) का हवाला दिया है जिसमें मुहम्मद का उल्लेख 'पवित्र विश्वरथ के पास रहनेवाले नाविकों के शिक्षक' के रूप में किया गया है।

दिल्ली की कुतुब मस्जिद 12वीं शताब्दी के अंत में, अफगानिस्तान से आनेवालों के इस्लामी कब्जे के बाद, काफी हड़बड़ी में बनाई गई थी। राजनीतिक सत्ता की घोषणा के साथ-साथ एक तात्कालिक भौतिक आवश्यकता की पूर्ति की बाध्यता बेशक उनके कार्यक्रम का एक हिस्सा थी। इस बहुखंडीय इमारत के पहले चरण में प्रयुक्त उपलब्ध सामग्री स्पष्ट रूप से हिंदू स्रोतों से ली गई थी। फिर भी इन टुकड़ों पर मौजूद हिंदू अलंकरण, अपने-आपमें, स्थानीय रूप से उपलब्ध हिन्दू कला को अमान्य नहीं ठहरा सका। इस्लामी उद्देश्यों से बनी इस इमारत की शक्ति इसकी शिल्पकला से आई, न कि इसकी सामग्रियों से।

इसके अगले कोनों पर, जिन पर कुछ ही लोग ध्यान देते हैं, आलीशान छज्जों और दूसरे देशी 'भारतीय' (न कि सांप्रदायिक 'हिन्दू') रूपों के साथ इसके ठेकेदारों द्वारा किए गए अपरिष्कृत प्रयोग देखे जा सकते हैं। ये प्रयोग स्थानीय कामगारों द्वारा वास्तुशिल्पी निरूपण और समायोजन की प्रक्रिया का प्रतिनिधित्व करते हैं। यह इस्लामी इस्तेमाल के लिए दक्षिण एशियाई वास्तुकला के और आगे विकास के लिए आवश्यक था। कुछ वर्षों के अंदर ही हिंदू मूर्तिकार कुतुब में एक नए किब्ला पर्दे पर सजावट के लिए भारतीय नक्काशी के साथ कूफी लिपि का समन्वय करने लगे थे। अगर स्तंभावलि अपने-आपमें एक अपरिष्कृत कारवाँ सराय लगती है जिसे उन '27 मंदिरों' से 'लूटकर' लाए गए टुकड़ों से बनाया गया था और

जो वास्तुमंडल के नक्षत्रों की तरह इस नए शासन को अपने संरक्षण में लिए हुए है (यह मेरा सुझाव है), तो यह नवनिर्मित पर्दा स्थानीय मूर्तिकारों और नवीन शक्तिशाली संरक्षकों के बीच एक पूर्ण समायोजन का सूचक है।

हिंदुओं की दृष्टि में, ये संरक्षक स्थानीय कारीगरों के लिए एक तटस्थ योजना साथ लेकर आए थे। पूरे विश्व में इमारतें बनानेवालों के लिए यह कोई असामान्य बात नहीं है कि उन्हें जो कुछ बनाने के लिए कहा जाता है उसे वे बनाते हैं, जैसे—शिकागो में मस्जिद और मंदिर, इस्लामी देशों में गिरजाघर, उच्च-आयवाले विकासकर्मियों के लिए निम्न-आय वर्ग के मकान। मुझे बताया गया है कि गुजरात के हिंदू विवाहों में प्रयुक्त अधिकतम परंपरागत साड़ियाँ आज भी मुस्लिम कारीगरों द्वारा बुनी जाती हैं (हालाँकि इन्हें बेचा सिर्फ हिंदू व्यापारियों द्वारा जाता है)। महल, प्रवेशद्वार, शयनकक्ष, छज्जा, विश्रामगृह, बाजार या रामलीला मैदान 'जैसी' चीजों तक को विजय के स्मारक समझते हुए भी हिंदू वास्तुकारों ने बड़ी आसानी से उपलब्ध परंपराओं का उपयोग इस्लाम के नए उद्देश्यों की पूर्ति के लिए किया।

12वीं सदी के अंत में दास वंश के अंतर्गत बनी दूसरी प्रमुख मस्जिद यानी अजमेर के 'अढ़ाई दिन का झोंपड़ा' के बारे में लिखते हुए मैंने सुझाया है कि वहाँ हिंदू सूबेदारों के अधीन, इस्लामी निरीक्षकों के साथ, जो राजगीर काम करते थे उन्होंने एक ऐसी सौंदर्यशास्त्रीय वस्तु बनाई है जैसी पहले कभी नहीं बनी थी। उन्होंने 'लूटे गए टुकड़ों' (जिन्हें माले-गनीमत समझा गया होगा) का उपयोग मस्जिद के लिए खड़े किए गए नए और सादे स्तंभों पर किया। उन्होंने तीन मीनारें इस तरीके से बनाईं जिसकी इज़ाज़त पहले की हिंदू प्रथा नहीं देती। इसके परिणामस्वरूप बनी इमारत के जो मापदंड, ऊँचाई, खुलापन और अलंकरण थे वे इस इमारत के लिए नवीन थे और इस प्रकार नई प्रथाओं की बुनियाद पड़ी जिन्होंने बाद में बनी इमारतों के निर्माण को प्रभावित किया, चाहे वे गुजरात के सुलतानों द्वारा निर्मित इमारतें हों या जैन साहूकारों द्वारा 15वीं शताब्दी में रणकपुर में बनवायी गई इमारतें हों।

ऐसी मौलिकता को केवल वे लोग नकारेंगे जो 'अढ़ाई दिन का झोंपड़ा' को सिर्फ चहमाण कला का एक पुनर्विन्यास बताना चाहते हैं जिसका उल्लेख वर्तमान मस्जिद के लिए फर्श में प्रयुक्त एक शिलालेख में हुआ है। मगर वर्तमान विशाल अहाता एक चहारदीवारी के अंदर है और उसके कोनों की रूपरेखा कुतुबमीनार की योजना और सजावट से ली गई है। न सिर्फ इसमें बाद में जोड़ा गया पर्दा बल्कि मूल छतदार हाल भी, बावजूद इसके कि इसमें कुछ लूटे गए टुकड़ों का इस्तेमाल हुआ है, एक नए कार्यक्रम के प्रति वास्तुकारों और नक्काशों की एक रचनात्मक प्रतिक्रिया का प्रदर्शन करते हैं।

अजमेर की मस्जिद के विपरीत नागपुर जिले के बारी खाटू में 12वीं शताब्दी की

शुरुआत में बनी जामी मस्जिद में एक हिन्दू स्थान का मौलिक किंतु स्पष्ट प्रयोग हुआ है। इसके विशाल दरवाजे में बाद में नए अर्धस्तंभ शामिल किए गए हैं, जो बृहत् हीरक प्रतिमानों से अलंकृत हैं, ठेस पहुँचानेवाली मूर्तियों से मुक्त हैं : नहीं तो ऊपरी मंजिल के समान एक मंडप से युक्त इसका नुस्खा पश्चिमी भारत के दूसरे मंदिरों के प्रवेशद्वारों के समान है। यहाँ, यह द्वार की सीढ़ी का सिरा है जो मस्जिद के विस्तृत ऊँचे चबूतरे की तरफ ले जाता है।

सरदल, खंभे, विस्तृत रूप से अलंकृत सपाट छतें, और टोडेदार गुंबद जिनसे इस मस्जिद का प्रार्थना-कक्ष बना है, सभी पुनर्प्रयुक्त सामग्रियाँ हैं। यहाँ तक कि बारी खाटू की इससे काफी छोटी मस्ज़िदों में भी ईंट की बनी किब्ला दीवार तक जानेवाले गलियारों में पुनर्प्रयुक्त हिन्दू स्तंभों की मात्र चिनाई कर दी गई है। जामी मस्जिद के सिर्फ मेहराब नए तराशे हुए हैं। मस्जिद की बाहरी पश्चिमी दीवार पर केंद्रीय मेहराब के पीछे स्थित एक टेक, लगता है कि, पहले के किसी हिंदू मंदिर का पिछला निकास रही है, जबकि बगलवाली टेकों में इस मंदिर की उपवेदिकाओं से लिए गए ढाँचों का पुनर्प्रयोग किया गया है। केंद्रीय गुंबद की बनावट में हिन्दू देवताओं के साथ खुदी हुई सरदलों के रुख घुमाकर उन्हें अंदर भरे हुए पत्थर के अनगढ़ टुकड़ों की ओर कर दिया गया है।

'आधिपत्य' की दृष्टि से आडंबरहीन ऐसा कोई स्थान लूट-पाट, पुनर्प्रयोग और अधिग्रहण के मुद्दों को महत्वहीन बना देता है। इस्लामी पर्यवेक्षकों ने, अपनी समझ में, शास्त्रों की दृष्टि से प्रभावशाली और धर्म-वैधानिक एक मस्जिद को हिंदू सामग्री से बनाने में कोई शर्म महसूस नहीं की। मगर बारी खाटू कोई नियम नहीं प्रस्तुत करता, बल्कि यह सहयोगी और रचनात्मक—वास्तुशिल्पीय, आलंकारिक और समन्वयकारी—संभावनाओं के अन्वेषण के तीव्र प्रयासों के विपरीत का सूचक है, जबकि ऐसा प्रयास कम ठोस संदर्भों में भी पाया जाता है।

दिल्ली सल्तनत के प्रारंभिक वर्षों का वर्णन करते हुए आर. नाथ लिखते हैं कि "नवीन उत्साह और ऊर्जा के साथ एक मिश्रित शैली की नींव रखी गई। उन्होंने पारंपरिक संगतराशों को बहाल किया जो अपने साधारण औजारों, उपलब्ध सामग्रियों और अपनी खुद की तकनीकों, मानदंडों और विचारों को साथ ले आए। उन्होंने अपने उन नए संरक्षकों के मार्गदर्शन में काम किया जो, अधिक से अधिक, कागज पर प्रस्तावित इमारत की योजना और उसका खाका खींच सकते थे।"

इस अवधि की दूसरी मस्जिद चौरासीखंभा है जो 1204 में मथुरा के निकट कमान में निर्मित हुई थी। यह एक अनोखी मस्जिद है जिसने बाद की बहुस्तंभी मस्जिदों के लिए एक नमूने का काम किया। इसमें पत्थर का बना एक मिंबर है और एक पर्देदार जनाना चबूतरा है

(यह बल्कि मक्सूरा या शाही अहाता भी हो सकता है) जो 8वीं सदी की हिन्दू सामग्री से बना है। शिल्पकार हिन्दू रहा हो या मुसलमान (मेरे विचार से वह हिन्दू था), उसने अपने पुनर्प्रयुक्त टुकड़ों के सौंदर्यवादी सामंजस्य का ध्यान रखा, और छतों, स्तंभों, दो दरवाजों, एक छज्जे, वेदिका के एक घेरे और दूसरे प्राचीन वास्तुशिल्पीय तत्वों को मिलाकर एक नई वस्तु का निर्माण किया। किसी आधुनिक-पश्चात् अर्थ में यह बात आठवीं शताब्दी की किसी संरचना की एक लगभग प्रामाणिक पुनर्रचना (सही अर्थों में एक 'हिंदू' मस्जिद) लग सकती है। 1919 में आर. डी. बनर्जी ने पाया कि इसे स्थानीय लोगों ने सुरक्षित रखा है और वे उसका उपयोग 'होली त्यौहार के दौरान कृष्ण के डोलायात्रा उत्सव के लिए' करते हैं।

सिर्फ इस्लाम में आस्था रखनेवाले ही ऐसे स्मारकों पर कुरान के वाक्य पढ़ सकते हैं और उन्हें शुद्ध आस्था बनाए रखने के उपदेश समझ सकते हैं। इन वाक्यों के स्पष्ट कार्यक्रमों पर ध्यान देना दिलचस्प होगा क्योंकि इनमें अधिकतर स्वर्ग के पूर्वाभास के रूप में सांसारिक लाभों की बातें कही गई हैं और 'नास्तिकों एवं देववाणी (वेल्च का शब्द) से इनकार करनेवालों को जोरदार चेतावनी' दी गई है। मगर ऐसी घोषणाएँ स्थानीय जनता के लिए नहीं थीं। जिस तरह शिल्पशास्त्र कामगारों को चेतावनी देते हैं कि मापों में कोई भी गड़बड़ी होने पर उन्हें बाँझ पत्नी मिलेगी, उसी तरह ये लेख इस्लाम में आस्था रखनेवालों को आगाह करते हैं। (रुश्दी को मारने की माँग मुस्लिम सलमान के धर्मत्याग के प्रति मुस्लिम तत्ववाद की प्रतिक्रिया समान है)।

कमान में प्रवेशद्वार के चारों तरफ के लेख संरक्षण के स्रोत और मस्जिद की तारीख का उल्लेख करते हैं। केवल ये लेख और भीतरी हिस्से में मौजूद मेहराब ही नए तराशे गए हिस्से हैं। इस मेहराब की अलंकृत पट्टी, लघुस्तंभ और छिद्रयुक्त तोरण 13वीं शताब्दी की सर्वश्रेष्ठ हिंदू कारीगरी और रूपरेखा-निर्धारण का प्रतिनिधित्व करते हैं। इस मेहराब को घेरे हुए घूमती लता के साथ खुदा हुआ लेख 'कलाम' और उसके द्वारा लिखे गए की तारीफ करती कुरान की आयतें (अध्याय 68.1.5) उद्धृत करता है :

> तू जो अपने अल्लाह के करम से साबित-कदम है,
> यकीनन तेरे लिए वह इनाम है जो कभी खत्म न हो,
> क्योंकि तू सचमुच उदात्त प्रकृति की उपज है;
> सो तू देखेगा और वे यह महसूस करेंगे कि
> रास्ता भटका हुआ कौन है।

सिर्फ एक इस्लामी जनसमूह से ही उपासना के दौरान इस शिलालेख को पढ़ने की आशा की गई होगी, और सिर्फ वे ही अगली आयत के अंतर्निहित संदेश को समझ सकते थे : "बेशक तेरे अल्लाह को पता है कि कौन उसके रास्ते से भटक गए हैं, और वह उन्हें

भी जानता है जो इस रास्ते पर चलते हैं।"

मैंने इन उदाहरणों का प्रयोग यह दिखाने के लिए किया है कि अधिग्रहण और सहयोग ऐसे जटिल मुद्दे हैं जो वर्तमान बहसों की शुद्ध लफ्फाजियों से समझे नहीं जा सकते। ओक का दावा कि 'ताजमहल एक हिंदू महल था', ऐतिहासिक सच्चाई के पुनर्मूल्यांकन की अपेक्षा आधुनिक सहयोजन की जटिलताओं का सूचक अधिक है। इसी ढंग से, कुछ मुस्लिम स्रोतों के इस व्यापक आडंबरयुक्त दावों को कि मंदिर गिराए जाते रहे हैं और मूर्तिपूजक दंडित किए जाते रहे हैं, शाब्दिक सदाचार के महत्व के प्रति संवेदनशील रहकर देखा जाना चाहिए।

आर.नाथ ने दिल्ली में मंदिरों के विध्वंस पर फिरोजशाह तुगलक को उद्धृत किया है : "हिंदू मंदिर बना रहे थे··· मैं (कुंडा) गया और उनके अगुओं को फाँसी दी तथा दूसरों को कड़ी सजाएँ दीं। मंदिरों का विध्वंस किया गया और उनके स्थान पर मस्जिदें बनवाई गईं।" ऐसी बातें बेशक नागौर जैसे क्षेत्रों में हुईं जहाँ किसी इलाके को जल्द से जल्द अधीन बनाना आवश्यक था, और शहरी केंद्रों में हुईं जहाँ कुछ खास गुटों को अनुशासित करने के उपाय रूप में यह काम किया गया। इस्लाम के नाम पर मंदिरों को गिराने के कार्य भी उच्छृंखल जनता को शांत करने के साधन बन गए। कुछ मौकों पर मस्जिदें हिंदू इमारतों की नींव पर भी बनाई गई थीं, जिस तरह मैक्सिको में गिरजाघर ऐज्टेक पिरामिडों के खंडहरों के ऊपर बनाए गए थे। फिर भी, जिसने भी चीन में युवा छात्रों के संहार और उनकी 'लोकतंत्र की देवी' की प्रतिमा के विनाश को ध्यान से देखा है, उसे अवश्य ही यह समझना चाहिए कि प्रभुत्व के दावे और एक विचारधारा की अभिव्यक्ति में सिर्फ एक मामूली परस्पर-व्याप्ति होती है। इस्लाम और हिंदू मत एक लंबे समय से भारत में अगर साथ-साथ बने रहे हैं तो पारस्परिक हितों की पहचान भी उसका उतना ही बड़ा कारण रही है जितना कि निरंकुश नियंत्रण के साधनों का उपयोग रहा है।

अनेक भोले-भाले पुरातत्वविदों ने पिछली शताब्दी में इस्लामी स्मारकों में हिंदू नमूने के स्तंभों के प्रयोग को लूट के अलावा किसी और कारण से जोड़ने में कठिनाई अनुभव की है (हालाँकि हिंदू इमारतों में गुंबदों के प्रयोग को सामान्यतः 'आधुनिकता' का सूचक माना गया)। इसके परिणामस्वरूप अनेक लोगों ने भारत में मुगल-पूर्व वास्तुकला की बहुत सी मिसालों की मौलिकता के संबंध में गलत मूल्यांकन किया, और जहाँ स्वस्थ, सहयोगपूर्ण रचनाशीलता नए-नए रूपों का सृजन कर रही थी वहाँ उन्हें बचे हुए टुकड़े ही दिखाई दिए। फ्रिट्ज लेह्मान ने जौनपुर के शर्की वास्तुशिल्प पर अनेक विद्वानों को उद्धृत किया है जिसके अनुसार "प्रारंभिक आक्रमणकारियों ने लगभग हमेशा ही हिंदू और जैन मंदिरों की सामग्रियों से अपनी मस्जिदें, महल और यहाँ तक कि मकबरे भी

बनवाए" हालाँकि इस शैली का कोई भी स्मारक इस स्तर के लूटपाट के संकेत नहीं देता है । फिर भी, लाल मस्जिद के एक शिलालेख में यह वर्णन मिलता है कि इसका मुख्य शिल्पी हिंदू था, और अटाला मस्जिद का शिलालेख यह दर्शाता है कि कुशल हिंदू कारीगरों ने इस इमारत पर मुसलमानों के साथ मिलकर काम किया था ।

लेह्मान इस दावे को झूठा साबित करने के लिए पर्याप्त प्रमाण प्रस्तुत करते हैं कि जौनपुर की अटाला मस्जिद (पर्सी ब्राउन के शब्दों में) "अटाला देवी के हिंदू मंदिर के स्थान पर बनी थी, और इसके निर्माण में इस मंदिर की सामग्री और आसपास के मंदिरों की सामग्री को साथ मिलाकर प्रयोग किया गया था ।" ऐसी एक किंवदंती 1802 के एक ग्रंथ *जौनपुरनामा* में दर्ज की गई थी । मगर ऐसी किसी देवी का उल्लेख न तो प्रतिमाशास्त्र के किसी ग्रंथ में मिलता है और न ही किसी उपसांस्कृतिक परंपरा में । न ही इमारत में ('हिंदू-समान' के विपरीत) इस्लाम-पूर्व सामग्री का पर्याप्त इस्तेमाल हुआ है । लेह्मान ने मस्जिद के नाम का स्रोत 'अट्टाला' में पाया है, जिसका अर्थ है छावनी या बहुत ऊँची इमारत, और यह सुझाया है कि *जौनपुरनामा,* की किंवदंती काल्पनिक पुनर्ग्रहण की एक मिसाल है ।

यद्यपि आर.नाथ लेह्मान के तर्क को यह कहते हुए काटने का प्रयास करते हैं कि "शर्की अपनी जनता को एक पुल भी उपलब्ध नहीं करा सके", मगर वे खुद को ओक और दूसरे लोगों से अलग रखते हैं जिनके तर्कों को वे 'सिर्फ भावुक' समझते हैं । वे लिखते हैं, : "वे भारतीय समाज में न सिर्फ मतभेद के बीज बो रहे हैं और एक तीखे सांस्कृतिक संघर्ष के लिए वातावरण तैयार कर रहे हैं, बल्कि वे इतिहास के अध्ययन को भी गंभीर क्षति पहुँचा रहे हैं ।"

व्यावहारिक पुनर्प्रयोग सामाजिक विकास के अंग हो सकते हैं (लुट्यन का वायसराय महल वाजिब तौर पर राष्ट्रपति भवन बन चुका है), और पौराणिक कथाओं का पुनर्निर्माण काफी लंबे समय से मानव की सच्चाई की खोज का हिस्सा रहा है । मगर हम स्मारकों का रहस्यमयीकरण तब करते हैं जब राजनीति विद्वानों को ऐतिहासिक विवरणों को पुनर्प्रतिष्ठित करने के अधिकार नहीं देती और इससे भी बदतर बात यह है कि एकाधिकारवादी उद्देश्यों के लिए इतिहास की पुनर्रचना करती है ।

गहन अध्ययन के लिए संदर्भ—

ढाकी, एम.ए., 'मारु-गुर्जर वस्तुशास्त्रो-माँ मस्जिद- विधि,' *स्वाध्याय,* 7 (1969), पृ. 64-79.

नाथ, आर., 'आन दि स्टडी आफ इंडो-मुस्लिम आर्किटेक्चर', *इंडिका,* 42, पृ.29-57.

प्रकाश, वेद, 'दि कुतुबमीनार फ्राम कंटेम्पोरेरी एंड नियर-कंटेम्पोरेरी सोर्सेज', *प्रोसीडिंग्स आफ दि इंडियन हिस्ट्री कांग्रेस,* राँची सत्र, भाग 2 (1967), पृ. 52-57.

पेज, जे.ए., *ऐन हिस्टारिकल मेमायर आन दि कुतुब : देहली (मेमायर्स आफ दि आर्कियोलोजिकल सर्वे आफ इंडिया, 22),* दिल्ली, 1924 (पुनर्मुद्रित :1970).

बनारसीदास, *अर्धकथानक* (अनु. : मुकुंद लाठ), जयपुर, 1981.

ब्राउन, पर्सी, *इंडियन आर्किटेक्चर (इस्लामिक पीरियड),* तीसरा संस्करण, बंबई, 1956.

माइस्टर, माइकेल डब्ल्यू., 'दि टू-एंड-ए-हाफ-डे-मास्क', ओरिएंटल आर्ट, 18 (1972), पृ. 57-63.

माइस्टर, माइकेल डब्ल्यू., 'शिवाज फोर्ट्स इन सेंट्रल इंडिया : टेम्पल्स इन दक्षिण कोशल एंड देयर डायमोनिक प्लान्स' , माइकेल डब्ल्यू. माइस्टर द्वारा संपादित *डिस्कोर्सेज आन शिवा,* (फिलाडेल्फिया और बंबई, 1984, पृ. 119-42) में उद्धृत ।

लेह्मान, फ्रिट्ज, 'दि नेम एंड ओरिजिन आफ दि अटाला मस्जिद, जौनपुर',*इस्लामिक कल्चर,* 52 (1978), पृ. 19-27.

वेल्च, एंथनी, 'कुरआन एंड टोम्ब : दि रिलिजस एपीग्राफ्स आफ टू अर्ली सल्तनत टोम्ब्स इन देहली', फ्रेडरिक एम. ऐशेर और जी.एच. गई द्वारा संपादित *इंडियन एपीग्राफी, इट्स बियरिंग आन दि हिस्ट्री आफ आर्ट* (नई दिल्ली, 1985, पृ. 257-67) में संकलित ।

शिकोही, मेह्रदाद और शिकोही, नताली एच., 'दि आर्किटेक्चर आफ बहाउद्दीन तुगरुल इन दि रीजन आफ बयाना, राजस्थान', *मुकरनस,* 4 (1987), पृ. 114-32.

शिकोही, मेह्रदाद, *भद्रेश्वर, दि ओल्डेस्ट इस्लामिक मान्यूमेंट्स इन इंडिया,* लाइडेन, 1988.

ताज का मकबरा

आर. नाथ

विश्वप्रसिद्ध ताजमहल गौरवशाली मुगल काल का एक स्मृति-चिह्न और भारत की जनता को मध्यकाल की एक अनोखी भेंट है। यह आगरा में यमुना के दाहिनी ओर, दक्षिणी किनारे पर स्थित है। इसका निर्माण जहाँगीर (1605-27) के पुत्र और अकबर महान (1556-1605) के पौत्र पाँचवें मुगल शाहजहाँ (1628-58) द्वारा कराया गया था। शाहजहाँ का जन्म 1592 में लाहौर में हुआ था। शाहजहाँ की माता जोधपुर घराने की राजपूत राजकुमारी थीं। 15 वर्ष की उम्र में उसकी सगाई यशस्वी एतमादुद्दौला की पौत्री आर्जुमंद बानो बेगम के साथ हुई। 1612 में शाहजहाँ ने उससे विवाह किया। हालाँकि उसकी कई पत्नियाँ थीं, लेकिन वह आर्जुमंद के प्रति पूरी तरह समर्पित था जिसके बारे में कहा जाता है कि वह असाधारण खूबसूरत और सुसंस्कृत ईरानी महिला थी। वह सैनिक अभियानों में उसके साथ रहती, और तब भी शाहजहाँ के साथ रही जब उसने करीब पाँच वर्षों (1622-27) तक अपने पिता के खिलाफ विद्रोह का झंडा उठाए रखा। उस समय उसने धैर्यपूर्वक शाहजहाँ के साथ घोर मुसीबतें झेली थीं।

शाहजहाँ 1628 में गद्दीनशीन हुआ। 1631 में विद्रोही खानजहाँ का पीछा करते समय उसने बुरहानपुर में डेरा डाला। वहाँ आर्जुमंद बानो ने, जिसे मुमताजमहल भी कहा जाता था, अपनी चौदहवीं संतान को जन्म दिया जो एक बच्ची थी। लेकिन किसी कारण से वह गंभीर रूप से बीमार पड़ी और उसकी मृत्यु हो गई। गहरे सदमे के कारण शाहजहाँ बुरी तरह रोया और उसने मन-बहलाव के सारे साधनों से किनारा कर लिया। उस समय उसकी उम्र 39 वर्ष की थी। पहले उसकी दाढ़ी में मुश्किल से 20 पके बाल थे, लेकिन उस दुर्घटना के बाद उसकी लगभग सारी दाढ़ी सफेद हो गई। ऐसा दरबार के इतिहासकार अब्दुल हमीद लाहौरी का कहना है। शाहजहाँ के शासन के पहले बीस वर्षों (1628-47) के बारे में अपने इतिहास-ग्रंथ *बादशाहनामा,* में उन्होंने इस घटना को विस्तार से लिखा है। ताजमहल के निर्माण से संबंधित विस्तृत जानकारी उनसे और अनेक फारसी पांडुलिपियों से मिलती है जो कि शाही लेखापाल

लाला रुद्रदास द्वारा संचित मूल सरकारी दस्तावेजों की प्रतियाँ हैं ।[1] इनकी सत्यता की पुष्टि जीवनचरित्रों से, और पीटर मुंडी, तैवर्नियर, निकोलाई मैन्युसी और फ्रांसिस बर्नियर जैसे विदेशी यात्रियों के वर्णनों से होती है जो उस वक्त आगरा गए थे ।

फारसी इतिहास-ग्रंथों में सर्वसम्मति से यह बात मानी गई है कि अपनी मृत्युशय्या पर मुमताजमहल ने अपने पति से दो वादे करने को कहा था—पहला, अब कोई और विवाह न करने का क्योंकि मुमताजमहल से पहले ही उसके चार पुत्र और चार पुत्रियाँ थीं; और दूसरा, अपने लिए एक बहुत अधिक खूबसूरत और अनोखा मकबरा बनवाने का जिसके समान पूरी पृथ्वी पर कोई भी मकबरा न हो ।

हमचूनी मकाँ तामीर यावद कि बर मुनस्सये-ज़ुहूर
नायाबो-कमाले-लतीफो अजीबो-गरीब गरदद ।

यह बात ध्यान में रखें कि शाहजहाँ खुद भी शिल्पकला में बहुत अधिक रुचि रखता था । लाहौरी ने उन किलों, महलों, बागों, मस्जिदों, मकबरों और दूसरे भवनों का वर्णन किया है जो उसने आगरा, दिल्ली, लाहौर, कश्मीर, काबुल, कंधार, अहमदाबाद और अजमेर में बनवाए थे । किसी की याद में मकबरे बनाना केवल एक मुगल परंपरा ही नहीं थी, बल्कि यह राजकीय ताम-झाम का एक हिस्सा था । इसका प्रयोग भव्य यादगार पीछे छोड़ जाने के शाही तरीकों के रूप में होता था—"वास्तव में हमारी कहानी हमारे स्मृति-चिह्न कहेंगे" की अभ्युक्ति के अनुसार । शाहजहाँ के लिए अब यह करीब-करीब एक पवित्र कर्तव्य हो चुका था ।

अतः अपनी प्यारी मलिका की याद में एक विशाल मकबरा बनवाने का निर्णय लेना उसके लिए एकदम स्वाभाविक था । उसने शिल्पियों की सलाह माँगी, और उनसे प्रस्तावित मकबरे के नमूने पेश करने को कहा । अनेक प्राप्त योजनाओं में से एक पारित हुई और उसके अनुसार लकड़ी का एक प्रतिरूप तैयार किया गया ।

काग़ज़ नक्शए-मकबरा हेरक उस्ताद मिन आवर्दद, व मिन दादंद चुन
यके नक्शा पसंद अली हज़रत आमद, बमूजिब आँ नक्शए-लतीफ़ा
रौज़ए-चोबी तैयार शुद ।

निश्चित रूप से इस लकड़ी के प्रतिरूप द्वारा ही ताजमहल का अनोखा आयाम विकसित हुआ ।

यह एक व्यापक परियोजना थी और मुख्य मकबरे के अलावा इसमें बाग, प्रवेशद्वार, चौक,

---

1. इस संदर्भ में देखें, आर. नाथ, *दि ताजमहल एंड इट्स इनकार्नेशन* (ऐतिहासिक अनुसंधान-प्रलेखन कार्यक्रम, जयपुर, 1985), जिसमें ताजमहल के निर्माताओं, सामग्री, लागत, मापों आदि के बारे में मूल फारसी पांडुलिपियों में प्राप्य आँकड़े दिए गए हैं ।

बाजार और दूसरी सहायक संरचनाएँ शामिल थीं। यमुना नदी के किनारे, शहर से दक्षिण कुछ दूरी पर, किले से नदी के बहाव की दिशा में एक स्थान चुना गया। नदी ने इस स्थान पर एक तेज मोड़ लेकर जलसंभर बना रखा था जहाँ उसकी धारा की तीव्रता सबसे कम थी। इस कारण यह नदी के किनारे का सबसे सुरक्षित, शहर के शोरगुल से दूर एक शांत और खूबसूरत स्थान था। वास्तव में यह कंकरीली कछारी मिट्टी का एक विशाल ढलान था जो दक्षिण से उत्तर की ओर धीरे-धीरे उतरता हुआ नदी में समा जाता था। इस स्थिति के कारण ताज की परियोजना के अभिन्न अंग के रूप में एक मस्जिद को भी शामिल किया जा सका। स्थान के चुनाव में ये बातें निणार्यक सिद्ध हुईं।

लाहौरी ने लिखा है कि यह भूमि मूल रूप से आमेर-अंबर के कछवाह राजा मानसिंह की थी, और उस समय इसके मालिक उनके पौत्र मिर्जा राजा जयसिंह थे जिन्होंने इसे निःशुल्क भेंट किया था। लेकिन धार्मिक आदेश ऐसे अधिग्रहण में बाधक था। अतः इस भूमि के बदले चार 'हवेलियों' के रूप में उचित मुआवजा दिया गया।

व ज़मीने दर-निहायत रफ़अत व नुज़हत कि जुनूब रुया आँ मिसर
जमअ़-अस्त, व पेश-अज़ीं मंज़िल राजा मानसिंह बूद, वदर ईं वक़्त
ब-राजा जैसिंह नबीराय ओ तअल्लुक़ दाश्त, अगर्चे राजा जैसिंह हुसूल
ईं दौलत रा फ़ौज़े-अज़ीम दानिस्त, इम्मा अज़-रुए-एहतियात कि दर
जमा शेवाँ ख़ुसूसा उमूरे-दीनिया न गुज़ीरस्त, दर एवज़ आँ
आली-मंज़िले अज़ खालसा शरीफ़ा ब ओ मराहमत फर्मूदंद।

लाहौरी के कथन का समर्थन और अनुमोदन जयपुर के भूतपूर्व महाराजा की तहवील में मौजूद दो फरमानों से होता है। ये दोनों फरमान मुगल दरबार द्वारा मिर्जा राजा जयसिंह के पक्ष में, एक ही तिथि (26 जमादी-उल-सानी हिजरी 1043 अर्थात् 18 दिसंबर, 1633 ईसवी) को जारी किए गए थे। यह शाहजहाँ के शासन-काल का छठा वर्ष था। पहला फरमान दोनों पक्षों के बीच हुए एक समझौते का दस्तावेज है जिसमें दरबार ने राजा को मकबरे के लिए ली गई जमीन के बदले खालसा (राजकीय संपत्ति) में से संपत्ति देना स्वीकार किया है। दूसरा फरमान मुख्य पाठ में कुछ बदलाव के साथ, वास्तविक हस्तांतरण का दस्तावेज है जिसमें इन संपत्तियों अर्थात् चार 'हवेलियों' का विवरण है। ये दस्तावेज इस बात की पुष्टि करते हैं कि यह वह जमीन थी जो मुमताजमहल के मकबरे के लिए अर्जित की गई थी, कि इस जमीन के बदले में पर्याप्त संपत्ति दे दी गई थी, और सबसे बड़ी बात यह कि यह सब गुप्त रूप से नहीं किया गया था बल्कि खुलेआम, दिन के उजाले में, सभी तत्कालीन मुगलों और राजपूतों के सामने हुआ था, इसमें कुछ भी संदिग्ध नहीं था और यह हर ढंग से एक उचित लेन-देन था।

लाहौरी के *बादशाहनामा*, में 'नींव खोदना' *(तरह अफ़गनदंद)* और 'कार्य नींव से शुरू हुआ' *(तासीस ई बिनाए रफ़ीउल बुनियान)* के हवालों और बार-बार 'जमीन' शब्द के प्रयोग से पता चलता है कि यह मूल रूप से वह भूमि थी जो कि अर्जित की गई थी, और यह कि निर्माण- कार्य नींव से ही शुरू हुआ था। लाहौरी ने यह बार-बार दोहराया है कि मजबूत हाथोंवाले मजदूर जमीन में गहराई तक नींव की खुदाई तब तक करते रहे जब तक कि वे पानी के स्तर तक नहीं पहुँच गए *(व पस-अजाँ कि बेलदाराँ अहाने-दस्त क़वी-बाज़ू बजदकारी तमाम ब-आब रसानीदंद)*। कुशल भवन-निर्माताओं ने नींव को कुशलतापूर्वक पत्थरों और चूने-गारे से भरा और उसे भूमि के स्तर तक ला दिया।

> *बिनायान बदीकार व मेअ़मारान शगरफ असर असास-रा ब-संग व सरोज दर कमाल मतानत व रसानत बर आवुर्दा ब-सतह ज़मीन बराबर सख्तंद।*

यह वास्तव में बुनियाद रखने की एक कारगर प्रणाली थी जो विशालकाय मेहराबों से अंतःसंबंधित थी, और इस पर ऐसा ठोस चबूतरा तामीर किया गया कि जिस पर एक विशालकाय मकबरा सुरक्षित रूप से खड़ा किया जा सके।

सारे साम्राज्य के भवन-निर्माता काम पर लगाए गए। यमुना-चंबल क्षेत्र के स्थानीय शिल्पी-संगठनों के अलावा राजस्थान, मालवा, गुजरात और पंजाब के कारीगरों ने इस काम में भाग लिया। एक मोटे अनुमान के अनुसार लगभग 20,000 कुशल और अकुशल मजदूर 17 वर्षों (1632-48) तक इस व्यापक परियोजना पर काम करते रहे। लगभग चालीस कुशल मजदूरों—नक्शानवीसों, राज-मिस्तरियों, संगतराशों, नक्काशों, जड़ाऊ काम करनेवालों, गुम्बद-निर्माताओं, कलश बनानेवालों, खत्तातों, बढ़इयों, और बाग लगानेवालों—के नाम पारंपरिक फारसी स्रोतों से हमें प्राप्त हुए हैं। इससे यह एक प्रश्न उठता है कि क्या पाँच राज-मिस्तरी और पाँच नक्काश, जिनके नाम, उदाहरण के लिए, लिए गए हैं, करीब 20,000 अकुशल श्रमिकों की सहायता से सफेद संगमरमर के इस विशाल मकबरे का निर्माण कर सकते थे। इसके मात्र आकार और कार्य की विविधता से ही यह परिकल्पना असंभव सिद्ध होती है। हमें पता है कि बाबर ने आगरा, फतेहपुर सीकरी, बयाना, धौलपुर और ग्वालियर में अपने भवनों के निर्माण के लिए 1491 कुशल संगतराशों को और सिर्फ आगरा के भवनों के लिए 680 को काम पर लगाया था, जबकि ये ताजमहल की तुलना में काफी मामूली काम थे।

विभिन्न फारसी सूचियों में उनके नामों के साथ उनकी विशेषताएँ, उनके जन्मस्थान और मासिक वेतन जैसे विस्तृत ब्यौरे भी दिए गए हैं। उदाहरण के लिए, बुखारा के अता मुहम्मद संगतराश, बुखारा के शाकिर मुहम्मद गुलतराश, मुल्तान के मेमार (राज-मिस्तरी)

मुहम्मद सज्जाद, और लाहौर के पच्चीकार चिरंजीलाल को क्रमश: 500, 400, 590 और 800 रुपए महीने का वेतन मिलता था। इससे भी कुछ गंभीर प्रश्न उठते हैं। भारत पत्थर-कला की भूमि है और प्राचीन काल से ही यहाँ पत्थर-मजदूर आसानी से उपलब्ध रहे हैं। यहाँ तक कि तैमूरलंग भी उनकी कुशलता से प्रभावित हुआ था और वह उनमें से कइयों को अपने साथ एक विशाल मस्जिद बनवाने के लिए समरकंद ले गया था। यह कैसे हुआ कि संगतराश और गुलतराश बुखारा से आए जोकि पत्थर के काम के लिए प्रसिद्ध नहीं हैं ? तो क्या यह संभव है कि उन्हें इतने अधिक ऊँचे वेतन पर उस युग में रखा गया था जब सोना 15 रुपए तोला बिकता था ? ये वेतन तो कभी-कभी 50 तोला सोना प्रतिमाह से भी अधिक होते थे। भवन-निर्माताओं और कलाकारों को जो मासिक वेतन मिलते थे वह दो तोले सोने की कीमत से आगे कभी नहीं बढ़े।

वास्तव में यह काम के आवंटन की एक प्रणाली थी जिसमें मीर-इमारत (परियोजना-प्रबंधक) एक मुखिया या शिल्पी-संगठन के नेता को, या शिल्पियों को काम पर लगानेवाले व्यक्ति को एक करार के आधार पर काम सौंपता था। इससे कोई फर्क नहीं पड़ता था कि वह खुद काम करता था या नहीं। उसे अपने आदमियों से काम करवाना पड़ता था। वह सरकारी खजाने से जो रकम पाता था वह उसका निजी वेतन नहीं होता था, बल्कि पूरे ठेके की रकम होती थी जिसे वह अपने अधीनस्थ कारीगरों में बाँटता था। मीर-इमारत का संपर्क सिर्फ इन मुखियों से होता था, और इसीलिए सिर्फ उनका नाम रिकॉर्ड में आ पाता था, जबकि हजारों कुशल शिल्पी जो उनके अधीन कार्य करते थे, गुमनाम रह जाते थे। अतः अता मुहम्मद और शाकिर मुहम्मद सिर्फ ठेकेदार थे जो कि संगतराशों और गुलतराशों को काम पर लगाते थे और नियत काम उनसे करवाते थे। बुखारा उनका जन्मस्थान था, न कि उन शिल्पकारों का जो उनके अधीन कार्य करते थे।

उस्ताद ईसा आफंदी जो कि शीराज से आए थे, नक्शानवीस विभाग के मुखिया थे। उन्हें 1,000 रुपए प्रतिमाह उन लोगों के लिए मिलते थे जो उनके अधीन काम करते थे। अब्दुल हक़, जिन्हें अमानत खान शिराजी की उपाधि मिली थी, खुद एक सिद्धहस्त कलाकार थे और खत्ताती विभाग के अध्यक्ष थे। कश्मीर के रणमल बगीचों के नक्शे तैयार करते थे। दिल्ली के पीरा एक कुशल काष्ठकार थे। गुंबद बनानेवाले इसमाइल खान रूमी के अधीन कार्य करते थे। इसी तरह कलश-निर्माताओं, नक्काशों और जड़ाऊ काम करनेवालों के नाम भी दर्ज हैं। कादिर ज़मान खान का ज़िक्र 'दर-हरेक-फन-उस्तादे-कामिल', अर्थात् निर्माण संबंधी तमाम तकनीकों के विशेषज्ञ के रूप में हुआ है जिनमें नींव की खुदाई और भराई, चिनाई का काम, पत्थरों को बिछाना, रस्सियों और घिर्रियों की सहायता से भारी-भारी टुकड़ों को उठाना, तल बनाए रखने की जिम्मेदारी, पानी के निकास की देखभाल और दूसरी अनेक तकनीकें

शामिल थीं। सबके ऊपर मीर-इमारत मुहम्मद हनीफ थे जो संपूर्ण निर्माण-कार्य के व्यवस्थापक थे। वे खरीदारी और भंडारण के काम देखते थे, शिल्पकारों और मजदूरों की भरती करते थे और उन्हें मजदूरी देते थे। वे सारे कार्यों का समन्वय करते थे।

ताजमहल में तीन तरह के पत्थरों का इस्तेमाल हुआ है। अकीक, यमनी, फ़िरोज़ा, लाजवर्द, मूँगा, सुलैमानी, लहसुनिया, तमरा, यशब और पितुनिया जैसे अल्प-मूल्यवान पत्थर जड़ाई के काम में लगाए गए। तिलाई, पै-ज़हर, अजूबा, अबरी, खट्टू, नखोद और मकतानीस जैसे दुर्लभ और असाधारण पत्थर मुख्यतः फर्श की बाहरी डाड़ों और कंगूरों की मोटी जड़ाई और मौजैक में इस्तेमाल किए गए। संग-ए-ग्वालियारी (धूसर और पीले बलुआ पत्थर), संग-ए-सुर्ख (लाल बलुआ पत्थर), संग-ए-मूसा (काली स्लेट) और संग-ए-रुखम (संगमरमर, सफेद मरमर) जैसे साधारण पत्थर नींव और चिनाई में और बाहरी सतह को परिष्कृत करने में इस्तेमाल हुए। लाल पत्थर पड़ोस के फतेहपुर सीकरी, ताँतपुर और पहाड़पुर से लाए गए थे। सफेद संगमरमर मकराना (राजस्थान) से, तीन उपलब्ध फरमानों के अनुसार समुचित भुगतान के बाद, मँगवाए गए थे। अल्प-मूल्यवान और दुर्लभ पत्थर दूरस्थ स्थानों—ऊपरी तिब्बत, कुमाऊँ, जैसलमेर, कैम्बे और श्रीलंका—से मँगाए गए थे।

फारसी सूचियों में पत्थरों के नामों के साथ कुछ आँकड़े दिए गए हैं—उदाहरण के लिए, अकीक 340, लाजवर्द 240, मूँगा 147, सुलैमानी 559, लहसुनिया 52, तमरा 398, अजूबा 850, यशब 54, पितुनिया 542 और मकनातीस 77। ये आँकड़े पत्थरों की संख्याएँ नहीं हैं क्योंकि ये इतनी बड़ी परियोजना के लिए बहुत कम हैं। वास्तव में प्रत्येक संख्या एक 'फड़ी' या 'ढेरी' की सूचक है, और प्रत्येक ढेरी एक घन-जीरा (=32") के बराबर है। कीमती पत्थरों के मामले में इनका अर्थ एक 'टाँक' से है। इन सूचियों में एक सैद्धांतिक गुणात्मक तालिका भी मुहैया की गई है जिसका उपयोग खरीदारी विभाग गुणवत्ता का स्तर बनाए रखने के लिए करता था।

यह ध्यान में रखना आवश्यक है कि इमारत का अंदरूनी ढाँचा ईंट की चिनाई करके बना है जिस पर सेरू और लंबक रद्दों की विधि से पत्थर बिठाए गए हैं। ये ईंटें स्थानीय स्तर पर निर्मित हैं, और शक्ति एवं स्थिरता के लिए रासायनिक रूप में संसाधित की हुई हैं। चाशनी, बताशे, बेलगिरि-जल, उरद की दाल, दही, जूट और कंकड़ जैसे अवयवों को चूने के गारे के साथ मिलाकर जुड़ाई का एक परिपूर्ण साधन तैयार किया गया है।

ताजमहल के निर्माण के लिए कोष बादशाह के शाही खजाने और आगरा प्रांत (सूबा अकबराबाद) के सरकारी खजाने से मिलता था, और आनों और पैसों में हिसाब-किताब लाल रुद्रदास द्वारा बड़ी सावधानी से रखा जाता था। खर्च की मुख्य मदें पत्थरों की कीमत

और मजदूरों को दिए जानेवाले वेतन थे। इमारत के प्रत्येक हिस्से की लागत का अलग-अलग हिसाब लगाया गया था। उदाहरण के लिए, चार मीनारों के साथ संगमरमर के छक्के की लागत 51,77,674 रुपए 7 आने 6 पाई दी गई है। मुख्य मकबरे की लागत 53,45,361 रुपए 10 आने; और झझरी (महजर या मुहज्जर) या मुख्य हाल के स्मारक के चारों तरफ सफेद संगमरमर के जड़ाऊ पर्दे की लागत 4,68,855 रुपए 2 आने 6 पाई थी। इस प्रकार लगभग 50 प्रविष्टियाँ दी गई हैं और ताजमहल की कुल लागत 4,18,48,426 रुपए 7 आने 6 पाई दी गई है। यह रकम शाही खजाने द्वारा दिए गए 40,000 तोले (466.55 किलोग्राम) सोने के अलावा है।

लकड़ी और पीतल के दरवाजों, मरम्मत के लिए पीतल की जंजीरों, सोने की पत्तर-वाले कलशे, और मृत शरीर को रखने के लिए संदल की लकड़ी के ताबूत की लागतें भी दी गई हैं। दिलचस्प बात यह है कि तीन प्रकार के मकबरे के पत्थर देखने में आते हैं। दो प्रकार के पत्थर तो दिखते हैं, मगर तीसरे प्रकार के पत्थर लगता है कि केंद्रीय भूमिगत कक्ष में समाए हुए हैं। यह कक्ष हमें पता नहीं कि किस कारण से अब हमेशा के लिए बंद किया जा चुका है। यह उन अनेक रहस्यों में से एक है जिनसे ताजमहल जुड़ा हुआ है।

ताजमहल का मुख्य सफेद संगमरमर का मकबरा 320 फीट चौड़ा और नदी की सतह से 285 फीट ऊँचा है। उसके भारी वजन का अंदाजा इस बात से लगाया जा सकता है कि अकेले इसके गुम्बद का ही वजन 12,000 टन है। इस प्रकार स्मारक-कक्ष की दीवारें 4 टन प्रति वर्गफुट की सुरक्षित सीमा से लगभग दुगुना (7.9 टन प्रति वर्गफुट) वजन सँभाले हुए हैं। इस प्रकार पार्श्विक दबावों और क्षतिकारी तनन-बलों को संतुलित करने के लिए इस भारी वजन का समान रूप से वितरण किया जाना आवश्यक था। इसका पूर्वानुमान करते हुए संपूर्ण ढाँचा ऐसे कूपों पर आधारित किया गया था जो चबूतरे पर बनी बृहदाकार मेहराबों से आपस में जुड़े हुए थे।

लेकिन इन सावधानियों के बावजूद, बनने के चार वर्ष बाद ही, 1652 ईसवी में निचले ढाँचे में दरार पैदा हो गया, और राजकुमार औरंगजेब को इनकी मरम्मत करवाने के लिए अधिकृत किया गया। शायद इसी समय के आसपास भूमिगत मुर्दाघर, जिसमें मकबरे के तीसरी तरह के पत्थर (वास्तविक कब्र के ऊपर) लगे थे, हमेशा के लिए कुछ संरचनात्मक कारणों से बंद कर दिया गया। ऐसी दरारें फिर 1810, 1874 और 1937 में देखी गईं। आखिरकार ताजमहल की मरम्मत और संरक्षण के लिए एक सलाहकार समिति गठित की गई। 1941 में इसने अपनी रिपोर्ट पेश की। इस कीर्ति-स्तंभ का बड़े पैमाने पर सर्वेक्षण किया गया। प्रत्येक वर्ष जाँच को सरल बनाने के लिए मुख्य इमारत के चारों तरफ 104 स्थानों पर स्थायी निशान अंकित किए गए। इस सर्वेक्षण ने दरारों के अलावा एक बहुत खतरनाक सच्चाई यह

सामने रखी कि मकबरे की क्षैतिज धुरी नदी की तरफ 1-11/25 इंच झुक गई थी। इसके साथ ही, चारों मीनारें भी साहुल से बाहर निकल गई और झुक गई थीं। 1940 में दक्षिण-पूर्व, उत्तर-पूर्व, उत्तर-पश्चिम और दक्षिण-पश्चिम की मीनारों में क्रमशः 4.5, 1.9, 1.4, और 8.5 इंच झुकाव पाए गए।

तब हो सकता है यह मान लिया गया हो कि वास्तुकार ने हवा के प्रभाव को, जो कि मीनारों पर तीव्रतम हो सकता था, ध्यान में रखते हुए, जान-बूझकर प्रत्येक मीनार को उसकी दिशात्मक स्थिति के अनुसार झुका दिया हो। लेकिन 1965 में (वास्तविक सर्वेक्षण के पच्चीस वर्षों बाद) जमा किए गए आँकड़ों ने इस अनुमान को गलत करार दे दिया क्योंकि तब झुकाव बढ़कर क्रमशः 5.0, 2.0, 1.5 और 8.6 इंच हो गए थे। ऊर्ध्व आधार का विस्थापन इससे भी अधिक था। मकबरे के दक्षिणी हिस्से की मीनारें पहले ही 5.0, और 6.6 इंच झुक चुकी हैं, और परिणामी दबाव किसी भी क्षण केंद्र से बाहर जा सकता है।

जैसाकि होता है, मकबरे का अत्यधिक भार एक तरह का भूमिगत विस्थापन उत्पन्न कर रहा है। और चूँकि पूरी इमारत चबूतरे के एक छोर पर खड़ी है, इसलिए यह कहा जा सकता है कि समूची इमारत आहिस्ता-आहिस्ता नदी की तरफ झुक रही है, बल्कि *धँस* रही है। यही कारण है कि मकबरे में कुल मिलाकर 1-11/25 इंच झुकाव दर्ज किया गया है। दरारें इस प्रक्रिया का सिर्फ एक गौण प्रभाव हैं।

1940 के सर्वेक्षण ने मकबरे के मूल खाके में अपना पूरा विश्वास व्यक्त किया था, जबकि उसकी एक बुनियादी शर्त को हमने नष्ट कर दिया है। जब इसका निर्माण हुआ था, तब यमुना नदी हमेशा ताजा, स्वच्छ और गहरे पानी से भरी रहती थी जो पूरी तरह पीने योग्य था। बड़ी संख्या में नावें इलाहाबाद और आगरा तथा आगरा और दिल्ली के बीच हरदम चला करती थीं। नदी इमारत के एक तरफ बहा करती थी, सिर्फ इसे छूते हुए। लेकिन यह स्थिति अब नहीं है। अब नदी सिर्फ बदबू देती है—काला, मोटा और गंदा कीचड़, बहते हुए की जगह ठहरा हुआ जल, इमारत की उत्तरी दीवार से कोई 30 फीट की दूरी पर। गहरा पानी विशाल इमारत को उसके खुले हिस्से की ओर एक स्वाभाविक सहारा देता था। यह इसके मूल खाके की एक बुनियादी शर्त थी।

यह सहारा इसे अब उपलब्ध नहीं है। यह वह स्थिति है जिसकी कल्पना इसके निर्माताओं ने कभी नहीं की थी। ऐसे ढलान पर खड़ी इमारत की अधिक खुले भाग की तरफ बढ़ने की स्वाभाविक प्रवृत्ति होगी। यह प्रवृत्ति मूल रूप से नदी के बहते पानी द्वारा नियंत्रित रहती थी। जैसे ही एक शून्य का निर्माण हुआ, यह दबाव मुक्त हो गया जिसके परिणामस्वरूप इमारत नदी की ओर धीरे- धीरे सरकने या धँसने लगी। इसके फलस्वरूप मकबरा इस ओर झुक गया पाया गया है, और लगता है ऐसा इस कारण से हुआ है कि चबूतरे की क्षैतिज

धुरी झुक गई है, मीनारें साहुल से बाहर हो गई हैं और तहखाने एवं मेहराबों में दरारें पैदा हो गई हैं।

अगर हम वास्तव में चिंतित हैं तो हमें सबसे पहले इसकी मूल योजना और रूपरेखा की बुनियादी शर्त को बहाल करना चाहिए, और बहाव की ओर आगे चलकर, मिसाल के लिए लालमहल के पास, किसी जगह एक बाँध बनाकर इसकी उत्तरी दीवार को सिर्फ छूते हुए पानी के लगातार प्रवाह की व्यवस्था करनी चाहिए। अगर पानी तीस फीट गहरा होगा तो वह इसे उसी तरह सहारा देगा जैसा यह मकबरे के निर्माण के समय देता था।

कुछ छद्म- इतिहासकार यह दावा कर रहे हैं कि ताज वास्तव में राजा मानसिंह द्वारा निर्मित एक राजपूत महल था जिसे शाहजहाँ ने जबर्दस्ती हथियाया और एक मकबरे में बदल दिया। उन्होंने लाहौरी के उल्लेख 'व पेश अर्जी मंज़िल राजा मानसिंह बूद' को उसके प्रसंग से बाहर लेकर अपने विचारों के समर्थन के लिए उसके अर्थ को विकृत किया है। जैसाकि पहले ही कहा जा चुका है, लाहौरी और सभी दूसरे फारसी विद्वानों ने सर्वसम्मति एवं असंदिग्ध रूप से इस बात की पुष्टि की है कि यह मूल रूप से जमीन थी जिसे शाहजहाँ ने चार 'हवेलियों' के बदले प्राप्त किया था और यह कि इसका निर्माण-कार्य नींव से शुरू हुआ था।

सूचना के दूसरे स्रोत तत्कालीन विदेशी पर्यटकों के वृत्तांत हैं और उनकी जाँच अवश्य की जानी चाहिए। यह बात विचारणीय है कि जो यूरोपीय यात्री—विलियम हाकिंस (1608-13), विलियम फिंच (1608-11), निकोलस विथिंगटन (1612-16), थामस कार्यट (1612-17), थामस रो (1615-18), एडवर्ड टेरी (1616-19) और फ्रांसिस पेल्सेयर (1620- 27)—जहाँगीर के शासनकाल (1605-27) में आगरा आए थे, उनमें से किसी ने भी ताज की तरह की किसी इमारत का उल्लेख नहीं किया है। पेल्सेयर ने विशेष रूप से लिखा है : "कुलीनों की अनेक खूबसूरत महल इस सरिता (यमुना नदी) के किनारे हैं और नदी के तट का दृश्य, जो 6 कोस या इससे भी अधिक लंबा है, वास्तव में बहुत खूबसूरत है।"

हालाँकि उन्होंने नदी के दोनों किनारों के महलों का विस्तृत वर्णन किया है, मगर ताजमहल के आयाम और बनावटवाली किसी सफेद संगमरमर की इमारत का उल्लेख नहीं किया है। अगर ताजमहल उस वक़्त मौजूद होता तो ऐसा संभव नहीं कि उस पर उनका ध्यान नहीं जाता। जो अंग्रेज आढ़तिये आगरा में 1600-27 के बीच रहे थे, उन्होंने भी ऐसी किसी इमारत का हल्का सा इशारा भी नहीं किया है। ताजमहल का निर्माण-कार्य उस समय तक शुरू नहीं हुआ था, और जो पर्यटक जहाँगीर के शासनकाल में आगरा गए थे उनके द्वारा उसे देखे जाने का प्रश्न सचमुच नहीं उठता था।

ज्यों ही निर्माण-कार्य प्रारंभ हुआ, इसे उन यूरोपीय पर्यटकों ने देखा जो शाहजहाँ के शासन-काल (1628-58) में आगरा गए थे। पीटर मुंडी (1631-32) ने, मिसाल के लिए, लिखा है :

"यह बाश्शा अपनी दिवंगत बेगम तेग मेहल(ताजमहल) के लिए, जिस्से वो बहोत प्यार करते थे, अब एक मकबरा बनो रहे हैं···वो चाहता वो सबसे शुंदर हो···काम शुरू हो चुका है और वो बहोत ज्यादा मजदूरों और लागत के साथ जारी होता, जिसमें बेपनाह मेहनत, सोना और चाँदी जैस्सा कीमती आम धातु और संगमरमर को मामूली पथरों की तरे लगायो जा रिया है।"

उन्होंने पहले से मौजूद किसी इमारत के रूपांतरण के विषय में कुछ नहीं कहा है। वह काम उनकी आँखों के सामने जारी था और वे इस पर ध्यान देने से नहीं चूकते। न ही उनकी कोई मंशा इस जानकारी को छिपाने या दबाने की हो सकती है।

फ्रांसीसी जौहरी तैवर्नियर पहली बार 1640-41 में आगरा आया था जबकि ताज का निर्माण-कार्य जारी था। अगर पहले से मौजूद किसी इमारत का रूपांतरण हुआ होता तो वह भी इसे लिखना नहीं भूलता। इसके विपरीत, उसने इस बात की पुष्टि की कि शहंशाह शाहजहाँ अपनी प्रिय बेगम के लिए एक विशाल मकबरा बनवा रहा था, और इस योजना पर—

"बीस हजार आदमियों ने अनवरत काम किया। यह किसी को भी यह एहसास कराने के लिए पर्याप्त है कि इसकी लागत बहुत अधिक रही है। ऐसा कहा जाता है कि सिर्फ बाड़ की लागत ही संपूर्ण कार्य से अधिक रही है क्योंकि लकड़ी की कमी के कारण उसे तथा मेहराबों के आधार तक सभी कुछ को ईंटों से बनाना पड़ा था। इसमें बहुत श्रम लगा है और भारी खर्चा आया है।"

जब बीस हजार मजदूर इस योजना पर काम कर रहे थे, तो यह खबर निश्चित रूप से फैल सकती थी कि एक राजपूती महल या मंदिर को मकबरे में बदला जा रहा था, और अगर ऐसा हुआ होता तो तैवर्नियर को जरूर यह बात मालूम होती।

वेनिस का तोपची निकोलाई मैन्युसी 1656 से लेकर 1678 तक उत्तर भारत में रहा था और 1658 के सामगढ़ के अनर्थकारी युद्ध में शामिल भी हुआ था। उसने भी इस बात का उल्लेख नहीं किया कि ताज एक रूपांतरित महल या मंदिर था। इसके विपरीत उसने कहा है :

"शाहजहाँ ने आगरा के शाही महल (आगरा किला) के सामने अपनी बेगम का मकबरा भारी खर्चे के साथ बनाने का आदेश दिया।···यह (बेगम की मौत) शहंशाह शाहजहाँ द्वारा अपने सारे जीवन में झेले गए सबसे बड़े दुखों में से एक था, जैसा कि उसने अपने सरदारों

के सामने अनेक बार कहा था। यह सोचकर इस मकबरे को महल के सामने इसीलिए उसने बनवाया कि अपनी प्रिय पत्नी ताजमहल की मौत पर उसे जो दुख हुआ था वह उस मकबरे को देखकर कम होगा।"

फ्रांसीसी वैद्य फ्रांसिस बर्नियर (1656-68) मुगल दरबार से जुड़े रहे थे और उन्होंने अपने अनुभवों का एक विस्तृत और ब्योरेवार दस्तावेज पीछे छोड़ा है। वे उन दिनों प्रचलित बाजारू गप्पों और अफवाहों को लिखने में भी नहीं हिचके हैं। अतः उन्होंने बेगम साहिबा के खिताब से नवाजी गई जहाँआरा और उसके पिता शाहजहाँ के बीच के अवैध संबंधों का भी उल्लेख किया है। उन्होंने यह भी लिखा है कि जहाँआरा के कड़ी सुरक्षावाले महल के हरम में एक सुदर्शन युवक को घुसा दिया गया था, लेकिन वह बेचारा पकड़ा गया और जिंदा जला दिया गया था। ऐसा दो बार हुआ था। ये उल्लेख बताते हैं कि बर्नियर ऐसी घटिया अफवाहों से भी परिचित थे जो सही या गलत जो भी हों, लेकिन उस समय प्रचलित थीं, और उन्होंने अपने यात्रा-वृत्तांत में उनका वर्णन किया था। अगर ताज मूल रूप से एक महल या मंदिर था और उसे मकबरे में बदला गया था, जैसाकि दावा किया जा रहा है, तो वह अवश्य ही आम जानकारी की बात रही होती और बर्नियर उसे लिखने से नहीं चूके होते। इसके विपरीत उन्होंने लिखा है :

"दूसरा मकबरा शाहजहाँ ने(उसने एक मकबरा जो देखा था वह अकबर का मकबरा था, और दूसरा ताजमहल था) अपनी पत्नी 'तेगमहल' की याद में बनवाया जो कि असाधारण और प्रख्यात सुंदरी थी और जिसके प्रति उसका पति इतना आसक्त था कि यह कहा जाता है कि वह जीवन में उसके प्रति एकनिष्ठ था और उसके मरने से इतना प्रभावित हुआ कि उसके पीछे-पीछे कब्र तक जाने लगा था।"

ये पर्यटक जनसमूह के साथ स्वच्छंदता से मिलते-जुलते थे, और जो कुछ उनका ध्यान आकर्षित करता उसे वे लिखते थे। यह अत्यंत महत्वपूर्ण घटना अगर घटी होती तो उनसे बच नहीं सकती थी, और अगर ताज वास्तव में एक राजपूती महल या मंदिर होता और उसे मकबरे में बदला गया होता तो वे उसे लिखने से कभी नहीं चूकते। वे अपनी यात्रा के वर्णन सामान्यतः अपने देश लौटने पर लिखते थे और उन मुगल बादशाहों से डरने का उनके पास कोई कारण नहीं था जिनके खिलाफ वास्तव में उन्होंने कई अनोखी बातें लिखी थीं। इस सूचना को दबाने की उन्हें कोई जरूरत नहीं थी और वे निडर होकर सच्चाई का बयान कर सकते थे। आज स्थिति यह है कि एक भी पर्यटक का यात्रा-वृत्तांत नहीं है जो इस विचार का समर्थन करता हो कि ताज वास्तव में एक महल या मंदिर था।

रूपांतरण के सिद्धांत के समर्थक एक ओर तो लाहौरी के उल्लेख के आधार पर इसके निर्माण का श्रेय राजा मानसिंह को देते हैं, तो दूसरी तरफ वे यह दावा करते हैं कि मकबरे की

इमारत 650 वर्ष पुरानी है। यह दावा ताज के एक दरवाजे से कथित रूप से लिए गए लकड़ी के टुकड़े की रेडियो-कार्बन जाँच पर आधारित है। यह बहुत हैरानी की बात है। फारसी इतिहासकारों के अनुसार ताज के मूल दरवाजे संदल की लकड़ी और आबनूस के थे और ये सभी ढीले-ढाले साज-सामान, जो कि स्पष्टतः कीमती कलाकृतियाँ थे, बाद के वर्षों में लूट लिए गए थे। इस मकबरे में आज के दिन एक भी मूल दरवाजा नहीं बचा है। फिर इन लोगों ने यह नमूना कहाँ से प्राप्त किया ? कैसे इस टुकड़े को ताजमहल के मूल दरवाजे के टुकड़े के रूप में अभिप्रमाणित किया गया ? और यह जाँच किसके तत्वावधान में की गई ? इस प्रक्रिया की प्रामाणिकता के बारे में हमें कुछ नहीं मालूम है, और यह सब एक पूरी तरह गढ़ी गई कहानी के समान प्रतीत होता है।

आगे रेडियो-कार्बन जाँच के लिए लकड़ी के एक रहस्यमय टुकड़े का चुनाव क्यों किया गया ? इसके बदले इमारत के अंदरूनी ढाँचे में से प्रामाणिक और आधिकारिक रूप से एक ईंट ही क्यों नहीं ले ली गई ? लकड़ी ढीले साज-सामानों और फर्नीचरों में इस्तेमाल की जाती है जिसका आसानी से निर्माण और पुनर्निर्माण किया तथा रखा और हटाया जा सकता है। क्या एक नया दरवाजा बनाने के लिए लकड़ी के एक पुराने टुकड़े का प्रयोग नहीं किया जा सकता ? दरवाजे की तरह का एक ढीला साज-सामान एक इमारत के इतिहास के स्रोत का काम कहाँ तक कर सकता है ? क्या हम एक आदमी की उम्र का निर्णय उसके द्वारा पहनी गई कमीज से करते हैं ? यह तर्क दिया जाता है कि कार्बन काल-निर्धारण कार्बनिक तत्वों अर्थात् सजीव पेड़-पौधों और जानवरों के अंग और अवयव बनानेवाले तत्वों पर लागू होता है और ईंट की ऐसी जाँच नहीं हो सकती। लेकिन अगर ऐसा है तो उन्हें अवश्य ही ऐसा कोई नमूना प्राप्त करना चाहिए था जो कि ताज में प्रामाणिक रूप से और आधिकारिक रूप से इस्तेमाल किया गया हो। लेकिन चूँकि ऐसा कोई ढीला साज-सामान उपलब्ध नहीं है, इसलिए ताजमहल की उम्र जानने के लिए कार्बन काल-निर्धारण पद्धति स्पष्टतः कपटपूर्ण है।

ये छद्म-इतिहासकार ताजमहल की मूल तिथि के संबंध में भी सुसंगत नहीं हैं। जब वे इसके निर्माण के लिए राजा मानसिंह (1550-1614) को उत्तरदायी ठहराते हैं तो वे इसे 16वीं शताब्दी में पहुँचा देते हैं। मगर रेडियो-कार्बन काल-निर्धारण के तर्क के अनुसार वे इसके 650 वर्ष पुराने होने का दावा करते हैं और इस प्रकार इसे 14वीं शताब्दी में ले जाते हैं। इससे भी संतुष्ट न होकर, कभी-कभी इसे और भी अधिक पुरातन मानते हुए वे कहते हैं कि यह कम-से-कम 800 वर्ष पुराना है, और इस प्रकार वे इसे 12वीं शताब्दी में ले जाते हैं। आगरा का 12वीं या 14वीं शताब्दी के किसी भी ऐतिहासिक, साहित्यिक , पुरालेखीय या मुद्राशास्त्रीय वृत्तांत में उल्लेख नहीं है, और अप्रत्यक्ष रूप से भी यह बतलानेवाला कोई भी

प्रमाण नहीं है कि ताजमहल के आयाम वाली, सफेद संगमरमर के किसी महल या मंदिर की विशाल इमारत का निर्माण 12वीं या 14वीं शताब्दी में आगरा में हुआ था। आगरा न तो हिंदुओं का एक तीर्थस्थान था, न ही एक महत्वपूर्ण हिंदू नगर, जैसेकि अजमेर, सिद्धपुर और धार निश्चित रूप से थे। 12वीं या 14वीं शताब्दी में कछवाहों का आगरा पर कोई प्रभाव नहीं था। रूपांतरण के सिद्धांत के समर्थक इस फैसले पर कैसे पहुँचे और उनकी सूचना का स्रोत क्या था, यह मालूम नहीं है, और यह सबकुछ उनकी मनमानी धारणा ही लगती है।

अगर यह "कम-से-कम 800 वर्ष पुराना" है और अगर रेडियो-कार्बन काल-निर्धारण यह सिद्ध करता है कि यह 650 वर्ष पुराना है, तब यह राजा मानसिंह (1550-1614) से कैसे संबद्ध हो सकता है ? यहाँ तक कि लाहौरी के उल्लेखों की निर्लज्ज और भ्रांतिपूर्ण व्याख्या भी दुरुस्त नहीं बैठती। अगर राजा मानसिंह ने आगरा में सफेद संगमरमर का ऐसा खूबसूरत महल बनवाया होता तो इस तथ्य का निश्चित रूप से कहीं उल्लेख होता। हम उनके द्वारा वैद्यनाथ धाम, मानभूम, तेलकुपी, वाराणसी और बैकटपुर में बनवाए गए मंदिरों के अलावा दो सबसे विख्यात मंदिरों—वृंदावन के गोविंददेव मंदिर और आमेर (अंबर), जयपुर के जगत-शिरोमणि मंदिर—और आमेर, राजमहल और रोहतासगढ़ के महलों के निर्माण के बारे में निश्चित रूप से जानते हैं। जबकि उनकी वास्तुशिल्पीय योजनाओं के विवरण उपलब्ध हैं, तो ऐसा कैसे हो सकता है कि आगरा के उनके कथित महल का अप्रत्यक्ष रूप से भी कोई ज़िक्र नहीं मिलता ?

इसके बाद में उन्होंने यह तर्क दिया है कि यह एक पहले की इमारत थी जिसे राजा मानसिंह ने खरीदा था और यह 16वीं शताब्दी में उनके अधिकार में थी। यह तर्क रूपांतरण के सिद्धांत को और भी हास्यास्पद बना देता है। यह दर्शानेवाला कोई विवरण नहीं है कि आगरा में नदी के किनारे सफेद संगमरमर का ऐसा कोई भव्य महल विद्यमान था। अगर यह वहाँ होता तो बाबर, जिसने ठीक सामने नदी के दूसरी ओर एक बाग लगवाया था, इसे देखने और अपने संस्मरणों में लिखने से नहीं चूक सकता था। उसने किले में स्थित एक साधारण सी लोदी मस्जिद का भी उल्लेख किया है। जब अकबर ने आगरा को अपनी राजधानी बनाया था, उस समय अगर ताज वहाँ पर था तो उसके इतिहासकार इसे देखे बगैर नहीं रह सकते थे। अकबर खुद भी इतने खूबसूरत महल को नहीं छोड़ सकता था और उसने निश्चित रूप से इस पर अधिकार कर लिया होता।

वे इस बारे में भी निश्चित नहीं हैं कि यह महल था या मंदिर। कभी-कभी वे यह दावा करते हैं कि यह मूल रूप से एक महल था। लेकिन जब यह तर्क असफल हो जाता है या वैसी गर्मी पैदा नहीं करता जो ऐसे प्रचार के जोर पकड़ने के लिए आवश्यक है, तब वे दावा

करते हैं कि यह मूल रूप से मंदिर था। लेकिन किसका मंदिर ? वे कहते हैं कि 'तेजो-महालय' का, क्योंकि यह नाम ताजमहल से मिलता है और रूपांतरण के सिद्धांत के अनुकूल है। लेकिन नाम की समानता कोई तर्क नहीं है। मगर जैक्सन जयकिशन के समान लगता है तो इसका अर्थ यह नहीं है कि यूरोप में रहनेवाले हजारों जैक्सन मूल रूप से हिंदू जयकिशन थे। प्रतिमाशास्त्र की कृतियों में हमें शिव के 12वें अर्थात् सदाशिव रूप के अलावा ग्यारह शास्त्रीय नाम मिलते हैं—सद्योजत, वामदेव, अघोर, तत्पुरुष, ईसान, मृत्युंजय, विजय, किरणाक्ष, अघोराश्र, श्रीकंठ और महादेव। तेजो-महालय इस सूची में कहीं नहीं है। हिंदू देवकुल में ऐसे कोई देवता या देवी नहीं हैं।

रूपांतरण के सिद्धांत के समर्थक दावा करते हैं कि यह वास्तव में शिव का एक मंदिर था जिस पर बाद में, लाहौरी के उल्लेख के अनुसार, राजा मानसिंह द्वारा कब्जा कर लिया गया था। लेकिन अगर यह एक पहले से मौजूद इमारत थी, तो भी राजा मानसिंह ने एक मंदिर पर क्यों कब्जा किया ? वे एक वैष्णव थे और शिव की पूजा नहीं करते थे। किसी भी परिस्थिति में वे इस पर जबर्दस्ती कब्जा नहीं रख सकते थे। क्या उन्होंने इसे खरीदा था ? लेकिन किससे ? एक मंदिर का स्वामित्व देवता में निहित होता है, और किसी भी परिस्थिति में भगवान शिव अपने सफेद संगमरमर के मंदिर को नहीं बेच सकते थे और वह भी एक वैष्णव को। अगर ताज वास्तव में शिव-मंदिर था तो कैसे यह शिव-मंदिर राजा मानसिंह के अधिकार में आया ? फिर क्या इसका स्वामित्व उनके पोते मिर्ज़ा राजा जयसिंह के पास निजी संपत्ति के एक टुकड़े की तरह चला गया जिनसे शाहजहाँ ने कथित रूप अपने अधिकार में ले लिया ?[2]

रूपांतरण का सिद्धांत वास्तुकला के अनुसार भी गलत है। दिल्ली के फिरोजशाह तुग़लक (1351-88), ग्वालियर के राजा मानसिंह तोमर (1486-1516) और आमेर के राजा मानसिंह (1500-1614) के महल हमारे सामने गिर चुके हैं, और इनमें से किसी में भी सफेद संगमरमर का प्रयोग नहीं हुआ था। अगर मानसिंह आगरा के अपने कथित महल में इतने बड़े पैमाने पर मकराना के सफेद संगमरमर का इस्तेमाल कर सकते थे तो वे इसका प्रयोग आमेर (जयपुर) के अपने महल में भी कर सकते थे जिस पर उनका स्वामित्व सिद्ध है और जो कि मकराना के अपेक्षाकृत अधिक नजदीक भी है। लेकिन ऐसा नहीं हुआ है। वास्तव में महलों की वास्तुकला में उस समय तक सफेद संगमरमर का इस्तेमाल नहीं होता था। यहाँ तक कि अकबर ने भी आगरा और फतेहपुर सीकरी के अपने महलों का निर्माण लाल बलुआ पत्थरों से करवाया था।

---

2. यह विवाद *इंडियन एक्सप्रेस* (नई दिल्ली) के स्तंभ 'संपादक के नाम पत्र' में दिसंबर 1987 से अप्रैल 1988 तक चला, और इस संबंध में दोनों पक्षों की ओर से कम-से-कम 11 पत्रों का आदान-प्रदान हुआ।

हमारे पास ऐसे तीन फरमानों के विवरण हैं जो मुगल दरबार द्वारा मिर्ज़ा राजा जयसिंह को मकराना से आगरा तक सफेद संगमरमर की नियमित आपूर्ति के संबंध में जारी किए गए थे। यह क्रम कई वर्षों तक जारी रहा और इसी तरीके से ताजमहल के निर्माण के लिए ये पत्थर इकट्ठा किए गए। ये फरमान दिखलाते हैं कि इसके पहले सफेद संगमरमर की कोई भी इमारत विद्यमान नहीं थी। फिर मानसिंह के आमेर के महल की एक विशेष चतुश्शाला योजना और एक संगत रूपरेखा हैं जो ताजमहल की योजना और रूपरेखा से बिलकुल भी नहीं मिलतीं, जिनमें एक केंद्रीय खुले सहन के बजाय केंद्र में एक अष्टभुजाकार गुंबदीय कक्ष है। दोनों इमारतें पूरी तरह भिन्न धारणाओं पर आधारित हैं, और किसी भी परिस्थिति में एक को दूसरे में रूपांतरित नहीं किया जा सकता।

दुर्भाग्य से रूपांतरण के सिद्धांत के समर्थक जो यह दावा करते हैं कि यह मूलतः एक मंदिर था, हिंदू मंदिरों की संरचना के बारे में कुछ भी नहीं जानते जो कि क्षैतिज धुरी (तलछंद) के आधार पर गर्भगृह, प्रदक्षिणा (अंधारिका) अंतराल, साल, मंडप, परसावलिंदस, अर्धमंडप और मुख-चतुष्की, और ऊर्ध्वधुरी (ऊर्ध्वच्छंद) पर पीठ, मंडोवर और शिखर जैसे आधारभूत घटकों में फैले होते हैं। खजुराहो के कंदरीय महादेव जैसे आकार वाले किसी मंदिर को भी ताजमहल जैसी रचना और आयामों वाली एक इमारत में परिवर्तित कर सकना बस संभव ही नहीं है।

जैसाकि ग्रंथों की एक बड़ी संख्या से पता चलता है, चौथी शताब्दी ईसवी से ही हिंदू मंदिर अनिवार्यतः एक बंद भवन होते थे, जिनके अंदर के भाग हल्के अँधेरे में घिरे होते थे। ये व्यक्तिपरक भक्ति के लिए बनाए जाते थे। इनमें ऐवानों की तरह चारों दीवारों की विस्तृत और विस्मयकारी विशेषताएँ नहीं होती थीं जिनमें बीच-बीच में दो मंजिलों तक बड़ी संख्या में शयनकक्ष, बड़े-बड़े हाल और कमरे, और केंद्र में एक लंबे-चौड़े हाल के ऊपर एक ऊँचा और दोहरा गुंबद हों। ताज में कोई खंभा या सरदल नहीं है। मूर्तिकला से अलंकृत हिंदू खंभे और सरदल दिल्ली की कुव्वतुल-इस्लाम मस्जिद और अजमेर की अढ़ाई-दिन-का-झोंपड़ा मस्जिद में आज तक विद्यमान हैं जो कि मूलतः मंदिरों के स्थान थे और जिनकी वास्तुकला यह दर्शाती है कि ये रूपांतरित इमारतें हैं। ताजमहल में उनका कोई निशान तक नहीं है।

यह बहु-प्रचारित तर्क कि ताज की रूपरेखा और रूपांकन हिंदू हैं, उन लोगों द्वारा दिया जाता है जो यह नहीं समझते कि कोई कला कैसे उपजती और विकसित होती है और कैसे यह समय के साथ उत्सर्जित होती है। कला एक अभिवृद्धि है जो अपनी उद्विकास की प्रक्रिया में अनेक संरचनात्मक युक्तियों एवं आलंकारिक विषयों को ग्रहण करती है। देशी चीजों की ताज में उपस्थिति सिर्फ यह सच्चाई साबित करती है कि मुगल वास्तुकला एक

विदेशी वस्तु, ईरान या दूसरे किसी मुस्लिम देश से लाकर भारत में एक गमले में लगाया गया पौधा नहीं थी, बल्कि किसी भी दूसरी भारतीय कला की तरह इसी मिट्टी में उपजा और विकसित एक भरा-पूरा पेड़ थी। यही कारण है कि यह कला किसी दूसरी, ठेठ इस्लामी कला से स्पष्ट रूप से भिन्न है।

ऐसे तीन आधारभूत प्रश्न हैं जिनका उत्तर रूपांतरण के सिद्धांत के समर्थकों को सुसंगत और स्पष्ट रूप से देना है। वे हैं—

1. अगर शाहजहाँ ने एक पहले से मौजूद इमारत पर कब्जा किया था और इसे सिर्फ मकबरे में रूपांतरित किया था तो वह इमारत मूल रूप से क्या थी—एक महल या एक मंदिर? यह एक ही साथ महल और मंदिर दोनों नहीं हो सकती थी। आवश्यक है कि वे स्पष्ट रूप से बतलाएँ कि यह एक महल था और मंदिर नहीं था, या मंदिर था और महल नहीं था। वे इस निश्चित सूचना के स्रोत के बारे में भी अवश्य बताएँ।
2. इसका निर्माण कब हुआ था—12वीं, 14वीं, या 16वीं शताब्दी में? उन्हें सुसंगत होना चाहिए और निश्चयपूर्वक यह बताना चाहिए कि इसका निर्माण इस-इस समय में हुआ था। वे यह भी जरूर बताएँ कि वे इस तिथि पर कैसे पहुँचे।
3. वास्तव में इसका निर्माण किसने करवाया और राजा मानसिंह का नाम इसके साथ कैसे संबद्ध हुआ? आगे, इस बारे में उनकी सूचना का स्रोत क्या है?

वास्तव में, उनके पास इन प्रश्नों का कोई सकारात्मक उत्तर नहीं है, और इस बात को किसी दूसरे की अपेक्षा वे बेहतर जानते हैं। यही कारण है कि वे अनेक परिवर्तनीय विचार एक साथ रखते हैं, और एक बहुत ही लचकीला सिद्धांत प्रस्तुत करते हैं। असंगत बातें बोलना, इसे एक ही साथ महल और मंदिर बतलाना, इसके निर्माण का उत्तरदायी राजा मानसिंह को मानना और साथ ही इसके 800 वर्ष पुराने होने का दावा करना, आदि बातें उनके दाँव-पेंच के हिस्से हैं। इस प्रकार ये आम लोगों को दिग्भ्रमित कर रहे हैं जिनकी भावनाओं को यह सिद्धांत भड़काता है, और स्पष्ट रूप से उनके पूर्वाग्रहों और उनकी अनभिज्ञता का फायदा उठाने का प्रयास करता है। स्वयं इस सिद्धांत में कोई भी ऐतिहासिक तत्व नहीं है।

गहन अध्ययन के लिए संदर्भ—

नाथ, आर., 'ताज : ए ड्रीम इन मार्बल,' *मार्ग,* बंबई, खंड 22, अंक 3, जून 1969.

नाथ, आर., 'दि इम्मार्टल ताजमहल', डी.बी.टी. बंबई, 1972.

नाथ, आर. 'दि ताज एंड इनकार्मेशन', एच.आर.डी., जयपुर, 1985.

फर्ग्यूसन, जेम्स, *हिस्ट्री आफ इंडिया एंड ईस्टर्न आर्किटेक्चर* (संशोधन : जे.बर्गेस), खंड 2, दिल्ली, पुनर्मुद्रण 1967.

ब्राउन, पर्सी, *इंडियन आर्किटेक्चर (इस्लामिक पीरियड),* चौथा संस्करण, बंबई, 1969.

मोइनुद्दीन, *ताज एंड इट्स इनवायरनमेंट्स,* आगरा, 1905.

लाहौरी, अब्दुल हमीद, *बादशाहनामा* (फारसी), दो खंडों में, *बिब्लियोथिका इंडिका,* कलकत्ता, 1866-68.

हावेल, ई.बी., *ए हैंडबुक टू आगरा एंड दि ताज,* कलकत्ता, 1912.

औरंगजेब का पुनर्मूल्यांकन

सतीशचंद्र

औरंगजेब भारतीय इतिहास में काफी लंबे समय से एक उलझन का कारण रहा है और उसके इरादों, उसकी नीतियों के वास्तविक अभिप्राय, तथा साम्राज्य और बृहत्तर समाज पर उनके प्रभाव के बारे में परस्पर-विरोधी और तीखे मतभेदों से भरपूर विचार प्रस्तुत किए जाते रहे हैं। पहले के एक शासक मोहम्मद बिन तुगलक ने भी औरंगजेब की तरह अपने साम्राज्य की सीमा को भारत की प्राकृतिक, भौगोलिक सरहदों तक बढ़ाने की कोशिश की थी। परंतु उसके विपरीत, औरंगजेब के व्यक्तिगत चरित्र—उद्देश्य के प्रति उसकी एकनिष्ठा, एक शासक के रूप में लक्ष्य के प्रति समर्पण, एक सैन्य नायक के तौर पर व्यक्तिगत दिलेरी एवं कुशलता, दिखावे के प्रति विमुखता, और तपस्या की हद तक सादगी के प्रति झुकाव—के संबंध में करीब-करीब समान मत हैं।

मतभेद का मुद्दा उसके इरादे हैं। क्या उसका मुख्य उद्देश्य भारत में एक सच्चे इस्लामी राज्य (दारुल- इस्लाम) की स्थापना का था जिसका मतलब "संपूर्ण जनसंख्या द्वारा इस्लाम का ग्रहण और हर प्रकार के विरोध का दमन" था, जैसाकि सर जदुनाथ सरकार ने कहा है? (सरकार, *हिस्ट्री ऑफ औरंगजेब,* 1928, खंड 3 पृ. 249-50)। अगर ऐसा है तो औरंगजेब की उद्देश्य के प्रति समर्पण और एकनिष्ठा जैसी व्यक्तिगत विशेषताएँ भी गुण न रहकर नकारात्मक विशेषताएँ हो जाती हैं।

दूसरी ओर, इश्तियाक हुसैन कुरैशी (पहले सेंट स्टीफेंस कॉलेज, दिल्ली में कार्यरत) जैसे कुछ पाकिस्तानी इतिहासकार तर्क देते हैं कि एक मुस्लिम साम्राज्य में शक्ति निश्चित रूप से मुसलमानों के हाथों में केंद्रित होनी चाहिए थी, और यह कि मुसलमानों पर ही साम्राज्य की सुरक्षा का अंतिम उत्तरदायित्व था, इसलिए धर्ममत (शरीयत) का कड़ाई से पालन कराके उनकी एकता बनाए रखी जानी चाहिए थी। कुरैशी आगे कहते हैं कि "मुसलमानों को बहला-फुसलाकर यह विश्वास दिलाना कि साम्राज्य की देखभाल उनका प्रमुख दायित्व नहीं था, एक अपराध था। इससे भी अनर्थकारी इस भावना को बढ़ावा देना था कि सहिष्णुता का अर्थ सभी धर्मों की नाममात्र की भिन्नता, उनकी एकसमान अच्छाई और उनके एक ही ईश्वर तक पहुँचने के साधन होने का विश्वास है" (*हिस्ट्री ऑफ द फ्रीडम मूवमेंट,* खंड 1, पृ. 34)।

इस तरह, सर जदुनाथ सरकार के अनुसार, मुगल साम्राज्य के पतन का सबसे अधिक दायित्व औरंगजेब पर था क्योंकि उसने हिंदुओं को अपना दुश्मन बनाया और साम्राज्य का तब तक विस्तार करता रहा जब तक कि वह अपने खुद के बोझ से चरमराकर नहीं गिर पड़ा। कुरैशी के अनुसार, अकबर की उदार नीतियों और उच्च पदों पर हिंदुओं की नियुक्तिके कारण साम्राज्य को जो नुकसान हुआ था, उसे पूरा करने का असफल प्रयास औरंगजेब ने किया। कुरैशी के दुर्भाग्य से, शोध-अध्ययनों ने औरंगजेब के इरादों के प्रति उनके विचारों की धज्जियाँ उड़ा दी हैं, और यह दिखाया है कि औरंगजेब के शासन-काल के उत्तरार्ध में उच्च पदों पर आसीन हिंदुओं की संख्या पहले के किसी भी समय की तुलना में अधिक थी : यह संख्या अगर शाहजहाँ के शासन के दौरान 24 प्रतिशत थी तो 1689 में 33 प्रतिशत तक पहुँच चुकी थी। इस तरह यह स्पष्ट है कि डॉ. कुरैशी का सरोकार औरंगजेब की नीतियों और उसके वास्तविक इरादों की विवेचना करने से अधिक पाकिस्तान के शासक वर्ग की नीतियों का समर्थन करना रहा है।

डॉ. आर.पी. त्रिपाठी जैसे राष्ट्रवादी इतिहासकारों का मत है कि औरंगजेब के सारे कर्म राजनीतिक सरोकारों पर आधारित रहे हैं, और इस भय पर कि हिंदू राजद्रोही हो गए थे, और औरंगजेब दकन और साथ ही मराठों के प्रभाववाले क्षेत्रों को अपने साम्राज्य में मिलाकर अखिल-भारतीय एकता स्थापित करने और उसे मजबूत बनाने का जो प्रयास कर रहा था उसका वे विरोध कर रहे थे। यह दृष्टिकोण औरंगजेब की असहिष्णुता एवं धर्मांधता के विभिन्न कार्यों पर पर्दा डालने के समान है।

हाल ही में, 17वीं शताब्दी के दौरान देश में मुस्लिम और हिंदू सामुदायिक गुटों के उभार की और राजनीति पर उनके प्रभाव की व्याख्या करने के लिए सामाजिक एवं आर्थिक मुद्दों पर अधिक जोर देने के कुछ प्रयास किए गए हैं। खासतौर पर, मुस्लिम पुरोहित-वर्ग की व्यापक बेरोजगारी, सरकारी नौकरियों और निजी व्यापार, दोनों में बेहतर अवसरों और खास तरजीह की इच्छा रखनेवाले एक मुस्लिम मध्यवर्ग के उदय, और राज्य की आय के आशा या आवश्यकता से कम रहने के फलस्वरूप उत्पन्न जागीरदारी के संकट, आदि बातों पर जोर दिया गया है। दूसरे शब्दों में, धार्मिक प्रतिक्रिया गहरे सामाजिक-आर्थिक और प्रशासनिक संकट का एक अभिन्न अंग समझी जाती है।

इस प्रकार धीरे-धीरे यह महसूस किया गया है कि औरंगजेब को मात्र अच्छे या बुरे की सीमाओं में नहीं बाँधा जा सकता क्योंकि उसका चरित्र बहुत ही पेचीदा था। उसने अशोक के पश्चात् भारत के सबसे बड़े साम्राज्य पर करीब-करीब पचास वर्षों तक शासन किया था। इतने बड़े भौगोलिक शासन-क्षेत्र और इतने लंबे शासन-काल के कारण ऐसी नीतियाँ अपनाई गई जो अकसर परस्पर-विरोधी थीं, और बदलती स्थितियों के अनुसार

जिनमें परिवर्तन भी होते रहते थे। औरंगजेब की नीतियों के वे पहलू जिनके बारे में इतिहासकारों ने भिन्न-भिन्न विचार व्यक्त किए हैं, इस प्रकार हैं :

—मंदिरों के प्रति, जजिया करों को फिर से लागू करने के प्रति, और सामान्यतः हिंदुओं के प्रति उसकी नीति।

—राजपूतों से उसका मनमुटाव।

—मराठों, विशेष रूप से शिवाजी, के प्रति उसकी नीति।

—दकन के राज्यों पर अधिकार करने का उसका फैसला।

पर इन मुद्दों के विस्तार में जाने का प्रयास किए बिना हम सिर्फ वर्तमान अकादमिक स्थिति पर ही ध्यान देंगे।

मंदिर

यह आम जानकारी की बात है कि अपने शासन के प्रारंभ में औरंगजेब ने शरीयत द्वारा निर्धारित सीमित उदारता के दृष्टिकोण को ही मान्यता दी थी, जिसके अनुसार इस्लाम के विरोध में नए गिरजाघरों, यहूदी प्रार्थनाघरों, मंदिरों और दूसरे इसी तरह के स्थानों के निर्माण की इजाजत तो नहीं दी जा सकती, लेकिन उपासना के विद्यमान स्थानों की मरम्मत की जा सकती है क्योंकि "भवन तो हमेशा खड़े नहीं रह सकते।" इस बात के बहुत मामूली साक्ष्य हैं कि इसके फलस्वरूप मंदिरों को ध्वस्त करने की कोई लहर चली थी। वास्तव में अपने शासन के केवल आठवें वर्ष (1665) में ही औरंगजेब ने गुजरात के उन मंदिरों को तोड़ने का आदेश दिया था जिनको तोड़ने का आदेश पहले उसने, शाहजादे की हैसियत से, तब दिया था जब वह उस सूबे का सूबेदार था, लेकिन जिनमें से सोमनाथ के मंदिर सहित बहुत से मंदिर बाद में फिर से बनवा लिए गए थे।

सरकार और उनके बाद एस.आर. शर्मा की यह दलील नहीं मानी गई है कि औरंगजेब ने इसी समय के आसपास आमतौर पर मंदिरों को गिराने का आदेश जारी किया था। कारण यह कि इस तरह के किसी आदेश की कोई प्रतिलिपि नहीं पाई गई है, और शाकी मुश्तैद खान के अलावा किसी भी तत्कालीन प्रेक्षक द्वारा इसका जिक्र नहीं किया गया है; और खान ने भी अपना बयान औरंगजेब की मृत्यु के कोई छः एक साल *बाद* लिखा था। दूसरी ओर, इस बात को दर्शानेवाले प्रमाण दिए गए हैं कि औरंगजेब ने गैर-मुस्लिम धार्मिक स्थानों को जमीन और दूसरी सुविधाएँ देना जारी रखा था (उदाहरण के लिए, वृंदावन के मशहूर मंदिर, देहरादून का सिख गुरुद्वारा)।

फिर बनारस के विश्वनाथ मंदिर, और मथुरा, थतिया, आदि के कुछ मंदिरों के विध्वंस का स्पष्टीकरण कैसे किया जाए ? एक आसान स्पष्टीकरण यह दिया जा सकता है कि यह

मात्र रूढ़िवाद का एक नमूना था : शासक की जानकारी में यह बात लाई गई थी कि हिंदू और मुसलमान दूर-दराज के क्षेत्रों से इन स्थानों के ब्राह्मणों से शिक्षा ग्रहण करने आया करते थे। आर.पी. त्रिपाठी की इस दलील को कि ये स्थान राजद्रोह के केंद्र हो गए थे, कोई तत्कालीन समर्थक नहीं मिला है।

दूसरी तरफ, ऐसा प्रतीत होता है कि औरंगजेब ने प्रमुख मंदिरों की सुरक्षा को संबद्ध क्षेत्र के हिंदुओं के अच्छे व्यवहार की एक तरह की जमानत मानना शुरू कर दिया था। इस कारण धार्मिक स्थान दुराचार या विद्रोह के मामलों में प्रतिशोध के उपयुक्त लक्ष्य समझे जाने लगे थे। इस नीति का व्यवहार मथुरा के बीरसिंहदेव बुंदेल मंदिर के सिलसिले में हुआ जब उस क्षेत्र के जाट विद्रोह में उठ खड़े हुए, और मारवाड़ में हुआ जब महाराजा जसवंतसिंह की मृत्यु के पश्चात् टकराव होने लगे। लेकिन 1687 में बीजापुर और गोलकुंडा की फतह के बाद लगता है कि इस नीति में संशोधन किया गया था। मराठों से टकराव जारी रहने के बावजूद दक्षिण में हिंदुओं ने शायद ही कोई विद्रोह किया हो।

जजिया

जजिया (पोल टैक्स) को 1564 में अकबर ने समाप्त कर दिया था। इसे औरंगजेब ने अपने शासन के बाईसवें साल (1679) में इस आधार पर दोबारा लागू किया कि यह शरीयत के अनुसार वाजिब था। सरकार के इस सिद्धांत को अब कोई नहीं मानता कि औरंगजेब का उद्देश्य इस कार्यवाही के द्वारा हिंदुओं का जबरन धर्म-परिवर्तन कराना था, क्योंकि असहायों, औरतों एवं बच्चों, विकलांगों और सरकारी सेवकों को इससे छूट दी गई थी। यह गरीबों के लिए तो बोझ था लेकिन मध्य और उच्च वर्गों के लिए इसका आर्थिक भार बहुत ही हल्का था। वास्तव में, इसका विरोध भेदभाव के प्रतीक के रूप में अधिक हुआ।

प्रश्न यह है कि यदि यह सिर्फ एक रूढ़िवादी कार्यवाही थी तो, रूढ़िवादी तत्वों द्वारा लगातार माँग किए जाने के बावजूद, औरंगजेब ने इसे फिर से लागू करने के लिए बाईस वर्षों तक इंतजार क्यों किया ? न ही यह मात्र एक आर्थिक कार्यवाही थी क्योंकि औरंगजेब ने पहले से लगे अनेक करों में राहत दी थी, और जजिया से आनेवाली आमदनी को राहत कार्य के लिए रख छोड़ा था। मैंने अन्यत्र[1] यह बात कही है कि इस कार्यवाही की प्रकृति राजनीतिक और वैचारिक, दोनों ही थी। यह वैचारिक इस अर्थ में थी कि इसने औरंगजेब की एक परंपरावादी मुस्लिम बादशाह की छवि बनाई। इससे मुल्लाओं को जजिया वसूलनेवालों

1. सतीशचंद्र, 'जजिया एंड दि स्टेट इन इंडिया, ड्यूरिंग दि सेविंटींथ सेंचुरी', *जर्नल ऑफ दि इकोनॉमिक एंड सोशल हिस्ट्री ऑफ दि ओरिएंट*, 1968.

(अमीन) का काम और इस प्रक्रिया में गैरकानूनी फायदे उठाने का (अनचाहा) अवसर मिला, और वे औरंगजेब के तरफदार हो गए। राजनीतिक रूप से, औरंगजेब ने यह उम्मीद की थी कि इससे मुस्लिम जनमत न सिर्फ राजपूतों और मराठों के साथ टकराव में, बल्कि उससे भी बढ़कर दकन के मुस्लिम राज्यों से उसके स्पष्ट दिखते टकराव में भी उसके साथ खड़ा होगा।

1705 में औरंगजेब ने दकन क्षेत्र में युद्ध और अकाल के कारण जजिया की वसूली 'स्थगित' कर दी। लेकिन युद्ध और अकाल तो एक लंबे समय से दक्षिण की समस्या रहे थे। क्या यह औरंगजेब द्वारा अपनी असफलता की स्वीकृति थी ? या इसे उस काल में शिवाजी के 'स्वराज्य' को स्वीकार करके और उसे दकन की सरदेशमुखी (न कि चानिब) देकर मराठों से संबंध सुधारने के औरंगजेब के प्रयास से जोड़कर देखा जा सकता है ? इस मुद्दे पर अभी तक पर्याप्त बहस सरकार द्वारा प्रचारित इस विश्वास के कारण नहीं हो पाई है कि औरंगजेब की धार्मिक नीति, जो 1679 के आसपास स्पष्ट हो चुकी थी, कठोर और अपरिवर्तनीय थी। इसी तरह औरंगजेब की अनेकों तथाकथित 'शुद्धतावादी' कार्यवाहियों को एक जटिल सामाजिक-आर्थिक वास्तविकता की एक साम्प्रदायिक प्रतिक्रिया के परिप्रेक्ष्य में रखकर देखा जा रहा है।

राजपूतों से अनबन

हाल के अध्ययनों ने इस विचार का खंडन किया है कि दारा अपने उदार धार्मिक विचारों के कारण राजपूतों का मित्र था और औरंगजेब अपने रूढ़िवादी रवैये के कारण उनका विरोधी था। वास्तव में औरंगजेब राजपूतों के महत्व से पूरी तरह परिचित था, और शाहजहाँ की मौत के बाद अवश्यंभावी गृह-युद्ध को दृष्टि में रखते हुए उसने अग्रणी राजपूत राजाओं, विशेषतौर पर उदयपुर और अंबर के शासकों, के साथ अपने संबंधों को काफी सावधानी से घनिष्ठ बनाया था। जैसाकि आगे चलकर हुआ था, सिर्फ मारवाड़ के महाराजा जसवंतसिंह और हाड़ाओं ने औरंगजेब के खिलाफ युद्ध किया था और वह भी दारा से अधिक शाहजहाँ के कारण।

औरंगजेब ने जसवंतसिंह को उनके दोहरे विश्वासघात के लिए क्षमा कर दिया था, और अपने शासन-काल के प्रारंभ में राजपूतों के साथ उसके मधुर संबंध रहे थे। मिर्ज़ा राजा जयसिंह उसके एक प्रमुख सलाहकार बनकर उभरे थे। राजा राजसिंह के साथ उसके संबंधों में दरार पड़ी तो औरंगजेब की रूढ़िवादिता या चारुमती प्रकरण के कारण नहीं, बल्कि राजपूतों के मामलों में अधिक महत्वपूर्ण भूमिका निभाने की राणा की इच्छा के कारण। इसके पीछे थी—मेवाड़ की कभी की प्रभावशाली स्थिति में होनेवाली लगातार गिरावट, और जिन दूसरे राजपूत राज्यों—राठौरों, कछवाहों, हाड़ाओं—को मेवाड़ के सिसौदिया हीन या

अपना अधीन समझते थे, उनके प्रभाव में होनेवाली वृद्धि।

श्री सरकार ने मेवाड़ के जसवंतसिंह की मौत और औरंगजेब द्वारा उसके राज्य पर अधिकार की यह व्याख्या की है कि हिंदुओं के जबरन धर्म-परिवर्तन की और हिंदुओं को उसकी इस नीति का विरोध करनेवाले एक कुशल नेता से वंचित कर देने की नीति का अंग था। हाल के शोध[2] यह बताते हैं कि उत्तराधिकार के संबंध में जहाँ कहीं भी विवाद था वहाँ राज्य का अधिग्रहण एक प्रचलित नीति थी।

जसवंतसिंह द्वारा अपने पीछे राज्य पर छोड़े गए भारी कर्ज की उगाही एक और वजह थी। जसवंतसिंह के मरणोपरांत उसके पुत्रों और जसवंतसिंह के बड़े भाई राव अमरसिंह के पौत्र इंद्रसिंह (जिसके अधिकार को पहले शाहजहाँ द्वारा नकार दिया गया था) के बीच गद्दी के अधिकार संबंधी विवाद ने दरबार को बाँट दिया था और इससे एक बुरी स्थिति उत्पन्न हो गई थी। औरंगजेब, शाहजहाँ द्वारा बूँदी और कोटा के विभाजन की तर्ज पर, राज्य को दो दावेदारों के बीच विभाजित करने की संभावना पर विचार कर रहा था। यह समाधान वैमनस्यकारी हो सकता था, और मेवाड़ के राजसिंह चुपके से विभाजन का विरोध और जसवंतसिंह के पुत्रों का समर्थन करने लगे थे। उसके बाद के संघर्ष का इतिहास—दुर्गादास का भागना, अजितसिंह की विजय और तदनंतर युद्ध—इतना जाना-सुना है कि उसे दोहराने की कोई जरूरत नहीं है।

औरंगजेब ने, झूठी शान की खातिर ही सही, इन्द्रसिंह का समर्थन करना बंद कर दिया और अजितसिंह के दावे को मानने से इनकार कर दिया जिसके परिणामस्वरूप एक घातक गृह-युद्ध शुरू हो गया। इसके अविवेकपूर्ण होने की बात को सहज ही स्वीकारा जा सकता है। लेकिन यह पूरी तरह स्पष्ट नहीं है कि विवाद का अगर शीघ्र समाधान हुआ होता तो उसका मराठों के विरुद्ध संघर्ष पर या दकन में होनेवाले युद्ध पर कोई प्रभाव पड़ा होता या नहीं।

मराठे और दकन की समस्या

मराठों और दकन की समस्याएँ हालाँकि दो अलग-अलग समस्याएँ थीं, लेकिन औरंगजेब के राज्याभिषेक तक वे एकमेक हो चुकी थीं और इसलिए उन्हें करीब-करीब एक मानकर उनकी जाँच आवश्यक है। ये समस्याएँ एक होकर एक ऐसी दुर्दमनीय, लंबी और पेचीदा समस्या बन गईं जिसके अनेक भौगोलिक, सामाजिक, सांस्कृतिक-उपसांस्कृतिक और राजनीतिक पहलू थे जिनका केंद्र-बिंदु बदलता रहता था। सरकार के इस सिद्धांत को नहीं माना जा सकता कि दकन पर अधिकार करना मुगलों की नींद हराम कर देनेवाली महत्वाकांक्षा थी। हालाँकि ऐतिहासिक एवं सांस्कृतिक परंपराओं ने मुगलों का ध्यान दकन

2. उदाहरण के लिए, देखें, *जोधपुर हुकूमत री बही*, मीनाक्षी, दिल्ली, 1976.

की ओर खींचा था, फिर भी, संपूर्ण देश पर प्रभुसत्ता का दावा करने के बावजूद, वे दक्षिण में अपनी सीमाओं के विस्तार पर रोक लगाने के सचेत प्रयास करते रहते थे।

स्थिति मराठों के उदय के साथ जटिल हो गई थी, और उनका यह उदय सत्रहवीं शताब्दी के उत्तरार्द्ध में स्पष्ट हो गया था। जहाँगीर और शाहजहाँ दोनों ने दकन में मराठों के महत्व को स्वीकार किया था और उन्हें मुगल सेवाओं में भर्ती करने का प्रयास किया था, हालाँकि उन्हें इसमें सीमित सफलता ही मिली थी। दकनी राज्यों के कमजोर पड़ने के साथ ही अनेक हब्बी, दकनी और (शिवाजी के पिता शाहजी सहित) मराठा सरदारों ने अपने प्रभाव-क्षेत्र के विस्तार का प्रयास किया था। (स्वतंत्रता शब्द का उन दिनों कोई मतलब नहीं था, और अधिकार का आकलन सीधे-सीधे व्यक्ति की तलवार की लंबाई के हिसाब से किया जाता था।) शिवाजी के आगमन की राजनीतिक पृष्ठभूमि यही थी। औरंगजेब के आगमन से परिस्थिति में शायद ही कोई बदलाव आया हो। फिर भी, शिवाजी के नेतृत्व में मराठों के उदय की व्याख्या के प्रयास औरंगजेब की नीतियों की धार्मिक प्रतिक्रिया (सरकार, सरदेसाई), मराठों की जातीय भावना के दावे (रानाडे, सरदेसाई), लूटपाट के प्रति किसानों के रुझान (इरफान हबीब), और वर्ण-व्यवस्था में ऊपर उठने की चाह सहित, अनेक सामाजिक कारणों (इरावती कर्वे, सतीशचंद्र) के रूप में किए गए हैं।

जिस पहले मुगल सरदार ने मराठों और दकन की समस्याओं को एकीकृत रूप में देखने का प्रयास किया था वे थे मिर्ज़ा राजा जयसिंह जिन्होंने दकन में आगे बढ़ने की नीति के सिलसिले में मराठों से दोस्ती करके उन्हें अलग-थलग कर देने की नीति की वकालत की थी। औरंगजेब जब शाहजादा था तब उसने दकन में आगे बढ़ने की एक जोरदार नीति का समर्थन किया था, मगर अब वह मिर्ज़ा राजा के साथ सहमत नहीं हुआ। सिर्फ इसलिए नहीं कि वह शिवाजी पर अविश्वास करता था (वह पाली बदलने का पुराना उस्ताद था) और उसके साथ गठबंधन को महत्व नहीं देता था (बाद में जहाँआरा ने उसे 'एक क्षुद्र भुमिया' कहा था), बल्कि इस कारण भी कि उसे भय था कि एक बहुत बड़ी फौज को मोर्चे पर लगाए बिना दकन को नहीं जीता जा सकता था, और यह फौज एक शाहजादे की बात ही क्या, एक सरदार के अधीन भी नहीं की जा सकती थी। (शाहजहाँ के विरुद्ध उसके खुद के विद्रोह की मिसाल सामने थी।) न ही शाहजहाँ के जीवित रहते, और सीमा पर ईरान का खतरा बने रहते, वह खुद दकन जाने की स्थिति में था।

औरंगजेब का तर्क ठोस और मुगल परंपरा के अनुरूप था। तो फिर क्यों एकाएक उसने जिन्जी तक दकन पर अधिकार करने की नीति अपनानी शुरू कर दी, और वह भी मराठों के समर्थन से नहीं, जैसाकि जयसिंह का विचार था, बल्कि उनके बगैर ? क्या उसे भय था

कि यदि मुगल समय गँवाते रहे तो संपूर्ण दकन मराठों के प्रभाव में आ जाएगा ? 1680 में शिवाजी की मृत्यु और गोलकुंडा में मदन्ना और अकन्ना बंधुओं के उदय के बाद इसकी शायद ही कोई संभावना दिखती थी, सिवा इसके कि आपस में लड़ते हुए भी दकनी राज्य और मराठे एक मजबूत मुगल-विरोधी गठबंधन बना लेते।

दकन की फतह जागीरों की कमी के कारण थी, यह विचार भी निराधार है। वास्तव में अगर हम समकालीन मामूरी की बात मानें (जिसे बाद में खफी खान द्वारा भी दोहराया गया) तो हम पाएँगे कि दकन की विजय ने जागीरदारी प्रथा के संकट को और भी गहराया था, और बड़ी संख्या में दकनी सरदारों और मराठों की आमद ने वृद्ध मुगल सरदारों की संतानों ('खानाज़ादों') के बीच भीषण बेरोजगारी पैदा कर दी थी। क्या औरंगजेब सिर्फ अधिक से अधिक क्षेत्र (समकालीन भीमसेन के शब्दों में 'पत्थरों के ढेर') हड़पना चाहता था ? अगर ऐसा था तो यह अपने-आपमें एक परिवर्तन था, क्योंकि इससे पहले औरंगजेब दकन में इस तरह का कोई जोखिम उठाने से इनकार कर चुका था।

क्या औरंगजेब यूरोपियनों को नियंत्रित करने की इच्छा से प्रेरित हुआ था, जो कमजोर दकनी राज्यों से शस्त्रों के कारखाने स्थापित करने सहित अनेक रियायतें लेकर उनका शोषण कर रहे थे ? अथवा औरंगजेब सिर्फ उन क्षेत्रों को अपने अधिकार-क्षेत्र में लाना चाहता था जहाँ गुजरी अर्धशताब्दी में दस्तकारियों के उत्पादन एवं निर्यात का अधिकतम प्रसार हुआ था ? एक आसान स्पष्टीकरण यह दिया जाता रहा है कि सामंतवादी-फौजी शासन में, यदि कोई बराबर की शक्ति प्रतिरोध में न खड़ी हो तो, विस्तार एक आम बात होती है।

जो भी हो, इन अटकलबाजियों में से किसी में भी धर्म या औरंगजेब का रूढ़िवाद कहीं नहीं झलकता। इस कारण औरंगजेब की धार्मिक नीतियों की अपेक्षा सामाजिक-आर्थिक, बौद्धिक, सांस्कृतिक, भौगोलिक (क्षेत्रीय) एवं राजनीतिक कारणों के गहनतर अध्ययन पर धीरे-धीरे अब अधिक जोर दिया जाने लगा है। ये अध्ययन उसे न तो नायक और न ही खलनायक के रूप में पेश करते हैं, बल्कि इनके अनुसार वह एक जिद्दी और अदूरदर्शी राजनीतिज्ञ था जो कि देश की सामाजिक समस्याओं को समझने में असफल रहा, और अकसर जटिल सामाजिक-आर्थिक एवं राजनीतिक समस्याओं का सामना करने के लिए धार्मिक नारों का सहारा लेता रहा।

इसके विपरीत, यह भी कहा जाता रहा है कि दकन को अधिकार में लेने का मुगलों का फैसला खुद ही साम्राज्य में एक गहरे संकट के अस्तित्व का सूचक था। इस संकट की प्रकृति के संबंध में काफी बहस होती रही है, लेकिन यह बहस अभी भी अपर्याप्त ही है। क्या ये (संरचनात्मक, वर्ग-संबंध, शासक वर्ग और राज्य की प्रकृति जैसे) आंतरिक कारण थे जो सर्वाधिक महत्वपूर्ण भूमिका अदा कर रहे थे ? या कि ये संकट बाह्य कारणों (चाँदी

के आगमन, अर्थव्यवस्था के बढ़ते मौद्रीकरण, आंतरिक और विदेशी बाजार के विस्तार, बढ़ती मुद्रास्फीति, इत्यादि) से गहरा रहे थे ?

इस प्रकार औरंगजेब अब न तो भारत में अपनी समझ में एक सच्चे इस्लामी राज्य की स्थापना का इच्छुक रूढ़िवादी और तत्ववादी रहा है, और न एक सांप्रदायिक व्यक्ति जिसके दकियानूसी और अनुदार विचारों ने मुगल साम्राज्य के पतन की प्रक्रिया को तेज किया। वह एक अखिल-भारतीय साम्राज्य की स्थापना की मुहिम में बहादुरी से जुटा ऐसा व्यक्ति भी नहीं रह गया है जिसने विघटनकारी शक्तियों के खिलाफ अनवरत संघर्ष किया। अब उसे, अधिकाधिक, उस प्राचीन व्यवस्था के प्रतिनिधि के रूप में देखा जा रहा है जो एक नवीन सामाजिक-आर्थिक व्यवस्था की हलचलों और उसके प्रारंभिक विकास का सामना करना तो दूर, उसे स्वीकार करने में भी असमर्थ और अनिच्छुक थी।

गहन अध्ययन के लिए संदर्भ—

पुस्तकें :

अली, एम. अतहर, *दि मुगल नोबिलिटी अंडर औरंगजेब,* बंबई, 1966.

आलम, मुजफ्फर, *दि क्राइसिस ऑफ एम्पायर इन मुगल नॉर्थ इंडिया : अवध एंड दि पंजाब, 1707-48,* दिल्ली, 1986.

कानूनगो, के., *दारा शिकोह,* कलकत्ता, 1952.

कुरैशी, आई.एच., *दि मुस्लिम कम्युनिटी ऑफ दि हिंद-पाकिस्तान सब-कॉन्टीनेंट, कराची, 1947.*

चंद्र, सतीश, *पार्टीज एंड पॉलिटिक्स ऐट दि मुगल कोर्ट (1707-40),* अलीगढ़, 1959, तीसरा संस्करण, दिल्ली, 1979.

चंद्र, सतीश, सिंह, आर., और शर्मा जी.डी., (संपादक), *मारवाड़ अंडर जसवंतसिंह,* मेरठ-दिल्ली, 1976.

फारूकी, ज़हीरुद्दीन, *औरंगजेब एंड हिज टाइम्स,* बंबई, 1935, पुनर्मुद्रित, इदार-ए-अदबियाते-दिल्ली, दिल्ली, 1972-80.

फ्रीडमान, योनान, *शेख अहमद सरहिंदी : एन ऑउटलाइन ऑफ हिज थॉट एंड ए स्टडी ऑफ हिज इमेज इन दि आइज़ ऑफ पोस्टेरिटी,* मांट्रियल, 1971.

रिचर्ड्स, जे.एफ., *मुगल एडमिनिस्ट्रेशन इन गोलकुंडा,* ऑक्सफोर्ड, 1975.

रिज़वी, एस.ए.ए., *मुस्लिम रिवाइवलिस्ट मूवमेंट्स इन नॉर्दर्न इंडिया इन दि सिक्सटींथ एंड*

सेविंटींथ सेंचुरीज, आगरा, 1965.

शर्मा, एस.आर., *दि रिलिजस पॉलिसी ऑफ दि मुगल एम्परर्स,* 1940, दूसरा संस्करण, बंबई, 1962.

शर्मा, जी.डी., *राजपूत पॉलिटी,* दिल्ली, 1977.

सरकार, सर जदुनाथ, *हिस्ट्री ऑफ औरंगजेब* (5 खंडों मे), कलकत्ता, 1912-30, दूसरा संशोधित और विस्तारित संस्करण, 1928-52.

(सामान्य पाठ्यपुस्तकों अथवा विशेष पक्षों या क्षेत्रों से संबंधित पुस्तकों को, जब तक कि व्यापक बहस से उनका संबंध न हो, शामिल नहीं किया गया है।)

लेख :

अली, एम. अतहर, 'कॉलेज ऑफ दि राठौर रेबेलियन ऑफ 1679' *पी.आई.एच.सी.,* 1961.

अली, एम. अतहर 'दि पासिंग ऑफ एम्पायर : दि मुगल केस', *मॉडर्न एशियन स्टडीज,* खंड 9, अंक 3, 1975.

अली, एम. अतहर, 'रिलिजस इशूज इन दि वार ऑफ सक्सेशन', *पी.आई.एच.सी.,* 1960.

आलम, मुज़फ्फर 'सम एस्पेक्ट्स ऑफ दि चेन्जेज़ इन दि पोजीशन ऑफ दि मददे-मआश होल्डर्स इन अवध, 1676-1722', *पी.आई.एच.सी.,* 1974.

चंद्र, सतीश, 'जजिया एंड दि स्टेट इन इंडिया ड्यूरिंग दि सेवेंटींथ सेंचुरी', *जर्नल ऑफ इकोनॉमिक एंड सोशल हिस्ट्री ऑफ दि ओरिएंट,* खंड 12, अंक 3, 1969.

चंद्र, सतीश, 'दि डेकन पॉलिसी ऑफ दि मुगल्स : ए रिएप्रेज़ल (ii),' *इंडियन हिस्टॉरिकल रिव्यू (आई.एच.आर.),* खंड 9, अंक 2-2, 1979.

चंद्र, सतीश 'रिलिजस पॉलिसी ऑफ औरंगजेब ड्यूरिंग दि लेटर पार्ट ऑफ हिज रेन : सम कंसीडरेशंस', *आई.एच.आर.,* खंड 13, अंक 1-2, 1987.

चंद्र, सतीश, 'सम फैक्टर्स लीडिंग टू दि ब्रेक बिटविन औरंगजेब एंड राणा राजसिंह', *प्रोसीडिंग्स ऑफ दि इंडियन हिस्ट्री कांग्रेस (पी.आई.एच.सी.),* 1965.

मूसवी, शीरीं 'दि डेकन एंड दि एकोनॉमी ऑफ दि मुगल एम्पायर', *पी.आई.एच.सी.,* 1982.

हबीब, इरफ़ान, 'एग्रैरियन कॉजेज़ ऑफ दि फाल ऑफ दि मुगल एम्पायर, *इंक्वायरी,* अंक 2 और 3, 1960.

हार्डी, पी, पियर्सन, एम.एन., और रिचर्डस, जे.एफ., 'आर्टिकल्स ऑन दि डिक्लाइन ऑफ दि मुगल एम्पायर', *जर्नल ऑफ एशियन स्टडीज,* खंड 35, अंक 2, 1976.

अयोध्या और राजसत्ता*

ज्ञानेंद्र पांडेय

रामजन्मभूमि-बाबरी मस्जिद समस्या के संबंध में तीन मामूली बातें हैं जिन पर मैं प्रकाश डालना, बल्कि दोहराना चाहता हूँ, क्योंकि ये सभी बातें पहले कही जा चुकी हैं ।[1] पहली बात यह है कि जहाँ हिंदुओं के देवता राम का जन्म हुआ था उस स्थान की तरह के कहीं भी, किसी भी विशेष स्थान की पहचान व्यावहारिक रूप से असंभव है । दूसरी बात यह है कि एक रूढ़िवादी हिंदू की विचारधारा के अनुसार ऐसा करना न केवल अनावश्यक है बल्कि हास्यास्पद भी है, क्योंकि जिस देवता के बारे में समझा जाता है कि उन्होंने त्रेता युग में मानव-रूप धारण किया था, उनका ऐसा ऐतिहासिक और भौगोलिक स्थापन एक गंभीर धार्मिक कथा का सिर्फ मजाक ही उड़ा सकता है । इतिहास की ही तरह भूगोल भी यहाँ एक रूपक की हैसियत रखता है । इस भूगोल को वास्तविक स्थानों तक सीमित करना इसे अर्थहीन ही बना सकता है ।

इस विशेष मुद्दे पर महात्मा गाँधी का उदाहरण सामने रखना ही शायद पर्याप्त होगा । निश्चित रूप से गाँधीजी बहुत अधिक धर्मपरायण और इस देश के महानतम हिंदुओं में से एक थे । एक बार महादेव देसाई ने *गीता* के *मूल पाठ* की खोज की *अप्रासंगिकता* पर गाँधीजी के विचारों को प्रस्तुत किया था । ये विचार इस प्रकार थे : "उनका विचार है कि अंतिम विश्लेषण में यह वह संदेश है जो स्थायी है, और उन्हें विश्वास है कि किसी भी पाठ की खोज इस संदेश के सार या उसकी सर्वव्यापकता को रत्ती भर भी प्रभावित नहीं कर सकती । यही बात ऐतिहासिक कृष्ण के प्रश्न पर और कृष्ण-वासुदेव-भक्ति की उत्पत्ति और इतिहास के बारे में भी कही जा सकती है ।"

गाँधीजी ने खुद लिखा है : "1888-89 में भी जब मैंने पहली बार *गीता* का अध्ययन किया था, मैंने महसूस किया था कि यह कोई ऐतिहासिक कृति नहीं थी, बल्कि यह भौतिक

---

*प्रस्तुत लेख (अक्टूबर- नवंबर 1989) की घटनाओं से पहले लिखा गया था ।

1. दिए गए संदर्भ वे हैं जिनका मैंने अधिकतम उपयोग किया है । पाठ में न्यूनतम संख्या में ही संदर्भ दिए गए हैं ताकि लेख बोझल न होने पाए ।

संघर्ष के बहाने मानवजाति के हृदय में निरंतर चल रहे द्वंद्व का वर्णन करती है, और शारीरिक संघर्ष सिर्फ आंतरिक द्वंद्व के वर्णन को अधिक मोहक बनाने के लिए दिखाया गया है। यह प्रारंभिक अंतर्दृष्टि धर्म और *गीता* के करीबी अध्ययन से और अधिक पक्की हो गई। *महाभारत* के अध्ययन से इसकी और अधिक पुष्टि हुई। स्वीकृत अर्थों में, मैं *महाभारत* को एक ऐतिहासिक कृति नहीं समझता। आदिपर्व में मेरे विचारों के समर्थन में प्रभावशाली प्रमाण हैं। मुख्य पात्रों को परामानवीय या अधोमानवीय मूल वाले मानकर महात्मा व्यास ने राजाओं और उनके लोगों के इतिहास को छोटा बना दिया है। *इसमें वर्णित व्यक्ति ऐतिहासिक हो सकते हैं, लेकिन* महाभारत *के रचयिता ने उनका उपयोग सिर्फ अपनी धार्मिक विषय-वस्तु के वर्णन के लिए किया है।"*

यह तो हुआ राम और कृष्ण की ऐतिहासिकता, उनकी उत्पत्ति और उनके जन्मस्थानों के बारे में। राम और कृष्ण अभी तक के किसी भी ऐतिहासिक व्यक्तित्व की तुलना में महान हैं, और प्रत्येक हिंदू के लिए तो निश्चित रूप से। वे एक संदेश, एक धार्मिक विषय-वस्तु का प्रतिनिधित्व करते हैं, न कि एक तथ्यात्मक इतिहास का। इससे इनकार करना हिंदू धर्म को बदनाम करना है।

अंतिम मुद्दा जिसे मैं उठाना चाहता हूँ, राज्य से संबंधित है। रामजन्मभूमि-बाबरी मस्जिद विवाद जैसे किसी मुद्दे पर धर्मनिरपेक्षता के दावे करनेवाला कोई आधुनिक राज्य पुराने जमाने के हिंदू या मुसलमान राजाओं की तरह व्यवहार करने की स्थिति में नहीं है। लेकिन आज के भारत में यह खतरनाक ढंग से ऐसा करने के करीब है, और इसके परिणाम हिंदुओं और मुसलमानों के बीच के भयानक तनाव, बार-बार होनेवाले दंगों और बार-बार के कर्फ्यू के रूप में स्पष्ट रूप से हमारे सामने हैं। इस मुद्दे को और इसके साथ ही रामजन्मभूमि जैसे किसी विशेष स्थान की असंभव पहचान जैसे पूर्वोक्त मुद्दे को अधिक स्पष्टता के साथ रखने में, वर्तमान अयोध्या के प्राचीन इतिहास के बारे में जो कुछ भी मालूम है उसकी एक संक्षिप्त कालक्रम-सूची, और मौजूदा आग को भड़कानेवाली कुछ हालिया घटनाओं की सूची से हमें मदद मिल सकती है।

प्राचीन काल से आज तक अयोध्या के इतिहास की संक्षिप्त कालक्रम-सूची :

1. *दशरथ और राम की अयोध्या,* जिसके बारे में माना जाता है कि वह हिंदू पंचांग के त्रेता युग में फली-फूली थी।
2. ऐसे समय में जब ब्राह्मणवादी पुनरुत्थान के आगे स्पष्ट रूप से बौद्ध धर्म का पराभव होने लगा था, विक्रमादित्य द्वारा ऐतिहासिक काल में *अयोध्या की 'फिर से खोज'*। (अनेक विद्वानों ने विक्रमादित्य को स्कंदगुप्त माना है जो पाँचवीं शताब्दी ईसवी के मध्य में हुआ था।)

3. *तथाकथित 'मुस्लिम' आधिपत्य* और 1528 ईसवी के आसपास एक मंदिर का विध्वंस, और उसके स्थान पर बाबर के सरदार मीर बाक़ी द्वारा *एक मस्जिद का निर्माण।*
4. *18 वीं शताब्दी*: अवध के (मुस्लिम) नवाबों की छत्रछाया में अयोध्या एक महत्वपूर्ण हिंदू तीर्थ बना।
5. *1855 में हुए व्यापक दंगे,* जिनकी शुरुआत अयोध्या की हनुमानगढ़ी से हुई लेकिन जिसके परिणामस्वरूप बाबरी मस्जिद-रामजन्मभूमि पर आक्रमण हुए। यह सब उन अशांतिपूर्ण स्थितियों के कारण हुआ जो नवाब की शक्ति में कमी और अंग्रेजी प्रभाव में वृद्धि के कारण पैदा हुई थीं। दंगे के फैलाव को रोकने के लिए अंग्रेजी सेना ने हस्तक्षेप किया।

1856 में अवध पर अंग्रेजों के कब्जे के बाद मुस्लिमों के नमाज पढ़ने की जगह की सुरक्षा के लिए मस्जिद के चारों तरफ एक बाड़ खड़ी कर दी गई, और उस इमारत के अहाते में ही लेकिन बाड़ के बाहर हिंदुओं के पूजा करने के स्थान पर एक चबूतरा बना दिया गया।

(1912, 1934 और संभवतः 1893 में भी अयोध्या-फैजाबाद में दंगे हुए। लेकिन जैसाकि इस नगर के एक इतिहासकार ने बताया है, ये दंगे आमतौर पर सारे उत्तरी भारत में हिन्दुओं और मुसलमानों के बिगड़ते राजनीतिक संबंधों के कारण हुए थे। इनका संबंध सीधेतौर पर मंदिर-मस्जिद विवाद से नहीं था। देखिए, वान डेर वीर।)

6. *22 दिसंबर, 1949 की रात*: कुछ लोगों ने मस्जिद में प्रवेश किया और वहाँ मूर्तियों की स्थापना कर दी। इमारत की कुर्की हो गई और उसमें प्रशासन द्वारा ताला लगा दिया गया। ऐसा करने का कारण यह बतलाया गया कि यदि हिंदुओं या मुसलमानों में से किसी को भी अंदर जाने दिया जाता तो शांति भंग होने की संभावना थी।
7. *अक्तूबर 1984* : विश्व हिंदू परिषद ने अपनी रामजन्मभूमि मुक्ति योजना के तहत मंदिर-मस्जिद विवाद को एक राष्ट्रीय मुद्दा बनाने का प्रयास किया।
8. *फरवरी 1986* : जिला न्यायाधीश के आदेशानुसार ताले हटा लिए गए। न्यायाधीश ने अपने आदेश में कहा कि "कानून और व्यवस्था बनाए रखने के लिए या मूर्तियों की सुरक्षा के लिए प्रवेशद्वार पर ताला लगाना आवश्यक है।"
9. *1989 के संसदीय चुनावों की पहले की प्रक्रिया*: विवादास्पद स्थान पर मस्जिद को गिराकर रामजन्मभूमि मंदिर बनाने की योजना का व्यापक रूप से प्रचारित प्रस्ताव। इसके लिए आरंभिक कदम पहले ही उठाए जा चुके थे। सारे देश और विदेशों से भी इस काम के लिए विशेष रूप से ईटें मँगाई गई।

हाल के समय और हाल के महीनों के लिए इस कालक्रम-सूची को काफी अधिक

विस्तार से सामने रखा जा सकता है। लेकिन वर्तमान विवेचना के लिए उपरोक्त संक्षिप्त रूपरेखा ही पर्याप्त है।

यह देखा जा सकता है कि इस कालक्रम के प्रारंभिक हिस्सों में बहुत अधिक अंतर है। प्राचीन स्थानों का हमारा ज्ञान हमेशा ही कुछ-कुछ अनुमानों पर आधारित होता है। शायद इस देश में ऐसा कुछ अधिक ही है, क्योंकि विश्व के दूसरे भागों की तुलना में यहाँ लिखित इतिहास का आरंभ पहले हो चुका था। लेकिन दरबारों और धार्मिक संस्थाओं के पर्याप्त विवरण शेष नहीं रहे हैं कि वे पुरातत्व और प्रचलित मान्यताओं के प्रमाणों के पूरक का काम कर सकें। अयोध्या इस सिलसिले में भारत के अनेक दूसरे प्राचीन स्थानों से अलग नहीं है।

अयोध्या के प्रारंभिक इतिहास के बारे में अभी भी बहुत अनिश्चितता है। अगर हम राम को एक स्थानीय उत्तर भारतीय राजा मानते हैं जिनकी राजधानी अयोध्या में थी तो क्या आज की अयोध्या और राम की अयोध्या एक ही है ? और क्या इस ऐतिहासिक शासक राम के जन्मस्थान के रूप में किसी विशेष स्थान की निश्चित रूप से पहचान की जा सकती है ? इन प्रश्नों के बारे में भी काफी कुछ अनिश्चितता है।

जहाँ तक त्रेता युग में विष्णु के अवतार राम का प्रश्न है, जो इतिहासकार और भूगोलविद् चाहें वे उनके जीवन से संबंधित पावन स्थानों की खोज हमेशा करते रहें, लेकिन इस कार्य में सफलता मिलने की बहुत कम आशा है। कारण कि उन्हीं के अनुसार कलियुग की ऐतिहासिक एवं भौगोलिक सच्चाइयों के नियम त्रेता युग की प्रतीकात्मक सच्चाइयों पर शायद ही लागू हो सकें।

किसी भी स्थिति में, जहाँ तक मैं जानता हूँ, किसी भी इतिहासकार ने यह दावा नहीं किया है कि राम के जन्म के इस पौराणिक शहर का त्रेता युग से आज तक निरंतर अस्तित्व बना रहा है। हिंदू इतिहासकारों और लोक-परंपरा ने समान रूप से स्वीकार किया है कि अयोध्या नगरी कई बार उजड़ी और कई बार बसी है। 'अयोध्या' पर लिखनेवाले इस पर भी सहमत लगते हैं कि जब 'विक्रमादित्य' ने इसका 'पुनरान्वेषण' किया था तब यह स्थान खंडहरों से भरा, 'बयाबान', 'वन अवध' था।

अब इसके 'पुनरान्वेषण' के संबंध में कुछ शब्द। इतिहासकार बहुत दिनों तक उस 'विक्रमादित्य' की पहचान के संबंध में अनिर्णय की स्थिति में रहे जिसने स्थानीय परंपरा के अनुसार अयोध्या का 'पुनरान्वेषण' किया था। फिलहाल उपलब्ध थोड़े से प्रमाणों के अनुसार, स्कंदगुप्त अब इस सम्मान के मुख्य उम्मीदवार के रूप में उभरा है। यह स्पष्ट है कि किसी समय गुप्त शासक अपनी राजधानी पाटलिपुत्र से साकेत ले गए थे, और यही साकेत तब

अयोध्या कहा गया। यह भी स्थापित हो चुका है कि स्कंदगुप्त को अपनी तुलना राम से करना पसंद था। वह इस बात का दावा करता था कि गुप्त शासक ही राम के राजवंश की परंपराओं को जारी रखे हुए हैं, और उन्होंने ही राम की राजधानी को फिर से उसका प्राचीन गौरव प्रदान किया है। लेकिन यह सच्चाई है कि स्कंदगुप्त से दो पुश्त पहले गुजर चुके चंद्रगुप्त द्वितीय के काल में रचित कालीदास-काव्य में साकेत और अयोध्या का प्रयोग एक ही शहर के लिए हुआ है, और इस बात ने स्कंदगुप्त के दावों पर प्रश्नचिह्न लगा दिया है। हमें यह भी बताया गया है कि चंद्रगुप्त द्वितीय पाटलिपुत्र से संबंध रखनेवाला अंतिम गुप्त शासक था। इससे संकेत मिलता है कि पाटलिपुत्र से साकेत या अयोध्या की तरफ प्रस्थान चंद्रगुप्त द्वितीय के समय या उसके तत्काल बाद ही हुआ होगा।

यह स्थान-परिवर्तन (अयोध्या का 'पुनरान्वेषण') चाहे जिस किसी ने किया हो, यह बिलकुल स्पष्ट नहीं है कि इस 'पुनरान्वेषण' का मतलब किसी दशरथ या किसी राम द्वारा वास्तव में कभी बसाए गए किसी स्थान का पुनरुत्थान था। अयोध्या के एक इतिहासकार राधेश्याम शुक्ल के तर्कों पर विचार कीजिए जिनका सरोकार स्थानों की हूबहू यही पहचान दर्शाने से रहा है। उन्होंने लिखा है : "साकेत ही निश्चित रूप से अयोध्या है, *यह बात सबसे पहले किसने और कब स्वीकार की थी, यह पता नहीं है।* लेकिन इतना निश्चित है कि महाकवि कालिदास के समय साकेत और अयोध्या एक ही शहर के दो नाम थे। अपने महान ग्रंथ *रघुवंश* में कालिदास ने साकेत और अयोध्या, दोनों नामों का प्रयोग अदल-बदलकर किया है। कालिदास की स्थिति के एक विद्वान द्वारा 1500 वर्ष पूर्व की गई इस पहचान को चुनौती देना⋯व्यर्थ है" (शुक्ल, पृ.2)। लेखक ने एक पाद-टिप्पणी में यह भी जोड़ा है कि "एक लंबे समय तक विद्वानों के बीच इस बात पर मतभेद था कि साकेत ही अयोध्या था या नहीं, लेकिन अब कोई मतभेद नहीं है।"

वास्तव में *रघुवंश,* का प्रमाण साकेत और किसी प्राचीनतर अयोध्या में कोई संबंध स्थापित नहीं करता। यह हमें सिर्फ यह बताता है कि साकेत और अयोध्या कालिदास के समय में एक ही स्थान के दो नाम थे। ऐसा निश्चित रूप से था क्योंकि गुप्त शासकों ने साकेत का नाम (कुछ ही पहले ?) अयोध्या रखा था। यह पुनर्नामांकन, स्कंदगुप्त के राम-समान होने और इसी तरह के दूसरे दावों की तरह, अपनी गरिमा और दीर्घायु की इच्छा करनेवाले एक राजवंश द्वारा एक पवित्र प्राचीन राजधानी के 'पुनरान्वेषण' का प्रयास कम और एक उत्तर-भारतीय दंतकथा के रूप में विद्यमान एक अद्वितीय रामराज्य की शक्तिशाली परंपरा के उपयोग का सूचक अधिक लगता है।

अयोध्या में 19वीं शताब्दी में स्थानीय मान्यता यह थी कि इस प्राचीन नगरी की खोज में विक्रमादित्य को मिले सबसे महत्वपूर्ण सुराग थे—पवित्र नदी सरयू की धारा, और उसके

बाद महादेव को समर्पित एक मंदिर जिसे नागेश्वरनाथ के नाम से जाना जाता था (कार्नेगी, पृ. 6)। यहाँ नदी की धारा और शिव को समर्पित मंदिर ध्यान देनेवाली बातें हैं; इनमें विष्णु की भक्ति, राम की परंपरा और उनसे संबंधित स्थानों का कोई उल्लेख नहीं है। इस प्रकार ज्ञात स्थान को जब अपने को विष्णु-भक्त माननेवाले गुप्तवंशियों ने अपनी नई राजधानी बनाया तो वहाँ उन्होंने राम, सीता, लक्ष्मण और हनुमान सहित अनेक हिंदू देवताओं के सैकड़ों मंदिर बनवाए।

इन मंदिरों में से एक के बारे में राधेश्याम शुक्ल लिखते हैं : "मंदिर के अंदर एक शिलालेख के अनुसार स्कंदगुप्त ने उस मंदिर को शारंगी विष्णु के सम्मान में बनवाया था। शारंगी विष्णु, या धनुर्धारी विष्णु, राम के पर्याय भी हो सकते हैं। यह संभव है कि यही श्रीरामजन्मभूमि मंदिर था" (शुक्ल, पृ.6)। "—भी हो सकते हैं" और "यह संभव है" ! इसमें मैं इस एक संभावना को भी जोड़ना चाहूँगा जो मेरे विचार में ऐतिहासिक दृष्टि से अधिक अर्थपूर्ण है।

गुप्त शासकों की इस नई राजधानी में राम, सीता, लक्ष्मण आदि के जीवन के महत्वपूर्ण क्षणों से संबद्ध स्थानों पर मंदिर के निर्माण को एक रूपांतरण-कार्य के रूप में ही, अर्थात् धरातल पर एक काल्पनिक भूगोल की पुनर्रचना के रूप में ही, संभवतः सबसे अच्छी तरह समझा जा सकता है। हमारे पास भारत के सैकड़ों स्थानों पर आज भी ऐसी रचनाओं के जीवंत उदाहरण हैं। उदाहरण के लिए, बनारस के निकट रामनगर में रामलीला के महत्वपूर्ण वार्षिक उत्सव में एक खास इलाका लंका के रूप में चिह्नित है और रामेश्वरम् से समुद्र लाँघने का अभिनय एक छोटे जलरहित तालाब के ऊपर प्रदर्शित किया जाता है। मैं यह बात जोर देकर कहूँगा कि यह सच्चाई का एक काल्पनिक भूगोल है जिसकी प्रतीकात्मक पुनर्रचना की जाती है, लेकिन इस तथ्य से इसके प्रति श्रद्धा में कोई कमी नहीं आती। बल्कि गाँधीजी के बयान को दोहराते हुए कहें तो इसकी पवित्रता व्यापकतर धार्मिक विषय-वस्तु से आती है, न कि ऐसे विशेष संयोजनों के शाब्दिक यथार्थ से कि रामनगर या और कहीं स्थित यह छोटा टीला ही वह पहाड़ है जिसे संजीवनी बूटी के लिए हनुमान उठा लाए थे, और वह हल्की सी छाया वह स्थान है जहाँ राम और सीता ने 'विश्राम' किया था।

अब हम वापस अयोध्या में ऐतिहासिक निरंतरता के अभाव के विषय पर आते हैं। उत्तरी भारत में किसी मुस्लिम शासक के आगमन के *पूर्व* और गुप्त शासन के बाद की शताब्दी में इस स्थान की स्थिति काफी खराब हुई। शुक्ल लिखते हैं : "(इस प्रमाण) का यह अर्थ है कि भगवान राम की पूजा की शुरुआत कुमारगुप्त और स्कंदगुप्त के समय में हुई थी। यह सच्चाई कुछ कम आश्चर्यजनक नहीं है कि *गुप्त साम्राज्य के बाद,* तीन या चार शताब्दियों तक *पुनः राम की पूजा स्थगित रही* " (शुक्ल, पृ.7, जोर हमारा)।

19वीं शताब्दी में स्थानीय धारणा यह थी कि जब मुस्लिम शासकों ने इस क्षेत्र में अपना शासन स्थापित किया तब अयोध्या में मात्र तीन महत्वपूर्ण हिंदू मंदिर थे, लेकिन 'बहुत कम भक्त उनमें जाते थे' और यह कि वह स्थान बयाबान से शायद ही बेहतर था। आरंभिक मुस्लिम शासकों के अधीन स्थिति के कुछ बेहतर होने के संकेत मिलते हैं, लेकिन उपलब्ध मामूली प्रमाणों के अनुसार, नगर उस समय भी पर्याप्त उपेक्षित था जब बाबर वहाँ आया और उसने वह मंदिर, जिसे अब जन्मस्थान कहा जाने लगा था, तोड़ डाला और उसके स्थान पर एक मस्जिद बना डाली।

इस कृत्य के विषय में, जो हिंदुओं के दृष्टिकोण से वर्तमान विवाद का मुख्य मुद्दा बन चुका है, यह कहना आवश्यक होगा कि अपने शत्रुओं और पूर्ववर्तियों के सांस्कृतिक प्रतीकों का विध्वंस आधुनिक युग से पूर्व, भारत में और विदेश में भी, संप्रभुता की घोषणा का एक स्वीकृत कृत्य था। स्वयं अयोध्या में इसके कुछ प्रमाण हैं कि बाबर के समय गिराया गया जन्मस्थान मंदिर पहले के एक बौद्ध मंदिर को (अनुमान है कि गुप्त शासकों द्वारा) गिराकर बनवाया गया था। 1860 के दशक में कार्नेगी ने पहले की इमारत के अच्छी तरह सुरक्षित स्तंभों के बारे में लिखा है जो तब भी बाबरी मस्जिद में मौजूद थे : "ये मजबूत, ठोस प्रकृति के, गहरे स्लेटी रंग के या काले पत्थर हैं जिन्हें स्थानीय लोग कसौटी कहते हैं और जिनके ऊपर विभिन्न चिह्नों की नक्काशी की हुई है। मेरे विचार में ये उन बौद्ध स्तंभों से मिलते हैं जिन्हें मैंने बनारस और दूसरे स्थानों पर देखा है" (उपरोक्त, पृ.21)।

एक बिलकुल ही अलग उदाहरण इस प्रकार है। गुजरात के दांग जिले के मचाली नामक स्थान पर एक शिव-मंदिर के अवशेष देखे जा सकते हैं जिसका विध्वंस, स्थानीय मान्यता के अनुसार, गाधवी के एक प्रमुख भील राजा द्वारा किया गया था, जो भील राज से पहले के 'ग्वाली' या यादव राज (1216-1312 ईसवी) के सभी प्रतीकों को मिटा देना चाहता था।

पीटर वान डेर वीर ने कहा है कि मध्यकाल में एक मुस्लिम शासक के लिए धर्म की पुकार न सुनना असंभव था—खासतौर पर तब जब (जैसाकि बाबर के बारे में कहा जाता है) उस पर मुस्लिम नेताओं द्वारा निरंतर यह दबाव डाला जाता रहा हो कि वह अपनी धार्मिक आस्था के प्रमाण के रूप में मंदिर गिराकर एक मस्जिद बनवाए। लेकिन उसी विद्वान का विचार है कि अयोध्या में उस समय या उसके बाद हिंदुत्व के सामान्य दमन का कोई प्रमाण नहीं मिलता। उत्तरी भारत में ऐसा कोई प्रयास मुस्लिम शासकों के लिए राजनीतिक रूप से आत्मघाती होता, और हमें यह बात समझनी चाहिए कि अतीत और वर्तमान के करीब-करीब सभी शासक अपनी राजनीतिक शक्ति की स्थापना एवं उसके स्थायित्व के लिए समान रूप से चिंतित रहे हैं। साफतौर पर, यह इस देश के अनेक मुस्लिम शासकों

के रुझान के भी खिलाफ था। कारण कि विभिन्न मुस्लिम शासकों ने अलग-अलग तरीके से 'धर्म की पुकार' और हिंदू और मुसलमान नागरिक आबादी की आवश्यकताओं के प्रति अपनी प्रतिक्रिया व्यक्त की थी।

खुद बाबर ने भी हिंदू मंदिरों और हिंदू धार्मिक व्यक्तियों को संरक्षण दिया था। अयोध्या में जिस समय बाबरी मस्जिद बनाने का आदेश दिया गया, उसी समय के आसपास उसने स्थानीय दंतधावन कुंड के स्वामी शत्रुघ्न को 500 बीघा लगानमुक्त जमीन दान में दी थी। अयोध्या में यह 'पवित्र' मैदान और दान से संबंधित कागजात अभी भी देखे जा सकते हैं (शुक्ल, पृ.16 की टिप्पणी)।

यहाँ तक कि भारतीय इतिहास की हिंदू पुनर्रचना (मैं इसमें अंग्रेजी औपनिवेशिक पुनर्रचना को भी जोड़ना चाहूँगा) के मुख्य खलनायक औरंगजेब ने भी अपने राज्य के हिंदू नागरिकों की सुरक्षा पर कुछ ध्यान दिया था। उसकी दूसरी नीतियों के साथ, उसके दमन और उसकी शालीनता का प्रमाण हिजरी 1069 (1658-59 ईसवी) में जारी एक फरमान में मिलता है जिसमें कहा गया है : "अबुल हसन...को मालूम हो कि...मुकद्दस कानून के तहत हमने यह निर्णय लिया है कि प्राचीन मंदिरों को गिराया नहीं जाएगा, लेकिन नए मंदिर भी नहीं बनाए जाएँगे...हमारे आलातरीन और मुकद्दस दरबार में खबर पहुँची है कि विद्वेष और दुर्भावना से प्रेरित कुछ लोगों ने बनारस और आसपास के कुछ स्थानों पर हिंदू नागरिकों (फरमान के भारत कला भवन, बनारस हिन्दू विश्वविद्यालय द्वारा किए गए हिंदी अनुवाद के अनुसार, कुछ ब्राह्मणों) को और मंदिरों के रखवाले कुछ ब्राह्मणों को, जिनके नियंत्रण में वे प्राचीन मंदिर हैं, सताया है। आगे उनका इरादा यह भी है कि इन ब्राह्मणों को उनके परंपरागत पद से हटाया जाए, और उनके इस इरादे ने इस समुदाय को व्यथित किया है। हमारा शाही आदेश है कि इस (फरमान) के मिलने के बाद आप यह आदेश दें कि भविष्य में कोई भी व्यक्ति गैरकानूनी तरीके से उन स्थानों के ब्राह्मणों और दूसरे हिंदुओं के मामले में दखल न दे या उन्हें परेशान न करे ताकि वे शांतिपूर्ण तरीके से अपना व्यवसाय (धंधा) चला सकें और हमारे ईश्वर-प्रदत्त शासन में, जिसका हमेशा बने रहना यकीनी है, अपनी प्रार्थना और पूजा जारी रख सकें।"

मुस्लिम शासकों की प्रतिक्रियाओं की विविधता से संबंधित मुद्दा और इनके पीछे छिपी राजनीतिक मजबूरियों के दर्शन फिर 18वीं और 19वीं शताब्दी में अयोध्या के इतिहास में होते हैं जब इसे अवध के नवाबों का अमूल्य संरक्षण और समर्थन मिला। अवध के राजवंश का शासन, स्पष्ट रूप से, पूरी तरह हिंदुओं और मुसलमानों के आपसी सहयोग पर निर्भर था। इसलिए इस अवधि के दौरान अनेक हिंदू समूहों को व्यापक सामाजिक एवं राजनीतिक महत्व प्राप्त था, और अयोध्या में इस दौरान काफी संपन्नता आई। सफदरजंग के दीवान,

कायस्थ जाति के नवलराय ने नगर के अनेक मंदिरों को बनवाया और कइयों का पुनरुत्थान कराया। खुद सफदरजंग ने निर्वाणी अखाड़ा के अभयरामदास को हनुमान पहाड़ी पर मंदिर बनवाने के लिए जमीन दी थी। आसफुद्दौला के दीवान, कायस्थ जाति के टिकैतराय ने हनुमानगढ़ी के किलेनुमा मंदिर के स्थान पर मंदिर बनवाने में मदद दी थी जहाँ से 1855 में दंगों की शुरुआत हुई थी (वान डेर वीर, पृ. 288)।

जिन बातों को हमारी 'शाश्वत' आवश्यकताएँ कहा जाता है, उनमें से बहुतों के चरित्र की जाँच बहुत सावधानी से की जानी चाहिए। तुलसीदास ने 16वीं शताब्दी के उत्तरार्द्ध में एक असाधारण और बेहद सुंदर ग्रंथ *रामचरितमानस*, लिखा। राम की वीरगाथा इतनी समृद्धि एवं विस्तार के साथ देशी बोली में पहली बार उपलब्ध हुई। इसके बाद ही राम का संप्रदाय उत्तरी भारत के हिंदुओं के बीच सबसे लोकप्रिय धार्मिक संप्रदाय के रूप में स्थापित हुआ। जहाँ तक हम ऐतिहासिक प्रमाणों के आधार पर कह सकते हैं, 18वीं शताब्दी में नवाबी शासन के अंतर्गत अयोध्या सर्वाधिक महत्वपूर्ण हिंदू तीर्थ के रूप में उभरा। रामानंदी साधु, जिनका आज अयोध्या के मंदिरों पर वर्चस्व है, अपनी यह स्थिति वर्तमान शताब्दी के दौरान "एक लंबी प्रक्रिया के फलस्वरूप ही प्राप्त कर सके जिसके अंतर्गत वे अपनी भ्रमणशील जीवन-पद्धति को छोड़कर तीर्थस्थानों पर 'अभ्रमणशील' जीवन गुजारने आए थे" (उपरोक्त, पृ. 285)। अयोध्या की (और 'रामजन्मभूमि' की) स्थायी केंद्रीयता के तर्क देनेवालों को इन कुछ सच्चाइयों को ध्यान में रखना चाहिए।

इसी अनिश्चित धरती पर अंग्रेजी शासन के प्रारंभ, प्रक्रिया और अंत के कारण पैदा होनेवाली नई अनिश्चितताओं और चिंताओं ने हाल के दिनों में सांप्रदायिक शक्तियों को भारी बल पहुँचाया है। सिर्फ पाँच वर्षों पूर्व, 1984 में, विश्व हिंदू परिषद ने रामजन्मभूमि-बाबरी मस्जिद विवाद को राष्ट्रीय मुद्दा बनाने के लिए संगठित प्रयास शुरू किया था, और उसने ऐसा किया तो कुछ हद तक स्थानीय हिंदू नेताओं की इच्छा के विरुद्ध किया। हाल में निर्मित इस दबाव और तनाव का सामना 'धर्मनिरपेक्ष' भारतीय राजसत्ता ने कैसे किया—यही वह अंतिम प्रश्न है जिस पर मेरी कुछ कहने की इच्छा है। यह शायद इस दुखमय कथा का सबसे दुखमय अध्याय है।

पिछले कुछ वर्षों और महीनों में बिगड़ती परिस्थिति के जवाब में भारतीय राजसत्ता ने क्या किया है, यह पहले प्रस्तुत संक्षिप्त कालक्रम-सूची में दी गई घटनाओं से स्पष्ट हो जाएगा। उसके संरक्षकों ने चुनावी फायदे के लिए उन अनेक उत्तम आदर्शों की तिलांजलि दे दी जिनके लिए पहले की पीढ़ी के राष्ट्रवादियों ने संघर्ष किया था। अतीत के हिंदू शासकों या मुस्लिम शासकों या दूसरे धार्मिक संप्रदाय के शासकों के लिए अपने धर्म को प्रोत्साहन देकर और दूसरे धर्मों और संस्कृतियों के प्रतीकों को नष्ट करके अपनी सत्ता की घोषणा करना उचित लग

सकता है। लेकिन जो राजसत्ता आधुनिक और धर्मनिरपेक्ष होने का दावा करती है, इस तरह के कार्य करने की स्थिति में नहीं है। मगर अयोध्या में हाल में क्या हुआ है ?

1949 में सरकार ने कुछ 'अज्ञात लोगों' द्वारा रात के साये में छिपकर मस्जिद के अंदर मूर्तियों की स्थापना को चुपचाप स्वीकार कर लिया। इस गैरकानूनी हरकत को रोकने के लिए पहरे पर तैनात पुलिस चौकीदार या तो कुछ नहीं कर सका या उसने कुछ भी करने से इनकार कर दिया। संभव है, तत्कालीन जिलाधिकारी और उनके निजी सहायक (दोनों हिंदू) का इस मौन स्वीकृति में हाथ हो। बहरहाल, इसके तत्काल बाद हुए दंगों में उनके खुलेआम हिंदू-समर्थक रुख के कारण दोनों को सेवानिवृत्त कर दिया गया था। उच्च न्यायालय ने अभी तक उन मुकद्दमों के फैसले नहीं सुनाए हैं जो स्थानीय हिंदुओं और मुसलमानों ने अपने अधिकारों की सुरक्षा के संबंध में दायर किए थे। प्रशासनिक आदेश के तहत मंदिर/मस्जिद के प्रवेशद्वार पर ताले लगा दिए गए, और हिंदुओं और मुसलमानों, दोनों का प्रवेश रोक दिया गया ताकि आगे शांति भंग न हो।

फरवरी 1986 में, स्थानीय जिला एवं सत्र न्यायाधीश ने फैसला दिया कि फाटक खोल दिए जाएँ ताकि भक्त अंदर जा सकें। उनका तर्क था कि कानून और व्यवस्था बनाए रखने के लिए या 'मूर्तियों की सुरक्षा' के लिए ताला लगाना अब आवश्यक नहीं रह गया था। यह ध्यान देने योग्य बात है कि ये मूर्तियाँ गैरकानूनी तरीके से स्थापित की गई थीं। लेकिन अब एक फैसले ने, जिसने राज्य को हिंदू खेमे के एक कदम और करीब ला दिया था, इस गैरकानूनी कब्जे की सुरक्षा को प्रशासन का एक प्रथम उत्तरदायित्व बना दिया था। इस घटना में, न केवल स्थानीय अधिकारियों ने बल्कि प्रांतीय और राष्ट्रीय सरकारों ने भी उच्चतम स्तर पर अपनी मौन स्वीकृति दी या, और भी सटीक ढंग से कहें तो, इस नई 'हिंदू' विजय को सुनिश्चित किया।

चमत्कार की बात यह है कि दूरदर्शन के कैमरे मौके पर मौजूद थे और 'मंदिर' के फाटक खोले जाने का दृश्य फैसले के कुछ ही घंटों बाद राष्ट्रीय समाचार में प्रसारित कर दिया गया। यह उस चुनावी लेन-देन में हिंदुओं का हिस्सा था जिसके अंतर्गत मुसलमानों को कुख्यात मुस्लिम महिला सुरक्षा अधिनियम के रूप में एक 'तोहफा' दिया जा चुका था। धर्मनिरपेक्ष सरकारों की तो बात ही क्या, बहुत कम 'जिम्मेदार' सरकारों ने भी अल्पकालीन फायदे के लिए इस तरह से (शर्मनाक तरीके से नहीं कहें तो गैरजिम्मेदारी से) काम लिया होगा। मानव-जीवन की हानि, संपत्ति का नाश, शत्रुता में वृद्धि, और पड़ोसियों तथा स्त्री-पुरुष देशवासियों के बीच आतंक जैसे दीर्घकालीन परिणाम अभी सामने आने बाकी हैं।

आज, इन शर्मनाक घटनाओं के साढ़े-तीन साल बाद, भारत सरकार अभी भी इसके महत्व

की समझ दिखाकर इस विनाशकारी विवाद को सुलझाने की दिशा में बढ़ने के संकेत नहीं दे रही है। इसने अयोध्या के हिंदुओं और मुसलमानों के अधिकारों से संबंधित मुकद्दमों के बारे में, जो 1949 से उच्च न्यायालय में लटके हुए हैं, जल्द फैसला करवाने के लिए निश्चित ही कुछ नहीं किया है। इसने इस प्रश्न पर सार्वजनिक बहसों के फलस्वरूप उभरे इस स्पष्टतः समझदारी-भरे प्रस्ताव पर कोशिश करके समझौता कराने की दिशा में कोई कदम नहीं उठाया है कि मस्जिद को पुरातत्व-सर्वेक्षण के नियंत्रण में एक संरक्षित राष्ट्रीय स्मारक घोषित कर दिया जाए। सरकार ने (और सिर्फ दोनों कम्युनिस्ट पार्टियों को छोड़कर सारे विपक्ष ने भी) विवादास्पद स्थान पर एक विशाल मंदिर-प्रांगण बनवाने की धमकी भरे प्रस्ताव के विषय में सीधेतौर पर कुछ भी नहीं किया है। इस प्रस्ताव के समर्थन का मतलब है मुस्लिम वोट खोना, और विरोध का अर्थ है हिंदू समर्थन में कमी। सबसे अच्छा यह है कि जब तक हो सके, कुछ न किया जाए। इस बीच अगर भारत जलता है तो जलता रहे।

गहन अध्ययन के लिए संदर्भ—

इकोनामिक एंड पोलिटिकल वीकली, 1986-89.

इंडिया टुडे, 31 अगस्त, 1989.

कपूर, ए., *एक्टर्स, पिलग्रिम्स, किंग्स एंड गाड्स / दि रामलीला ऐट रामनगर,* (प्रकाशनाधीन)।

कार्नेगी, पी., *हिस्टारिकल स्केच आफ तहसील फैजाबाद, जिला फैजाबाद, इनक्लूडिंग हवेली-अवध एंड पच्छिमरथ, विद दि ओल्ड कैपिटल्स अजोध्या एंड फैजाबाद,* लखनऊ, 1870.

चटर्जी, पी., *नेशनलिस्ट थॉट इन दी कोलोनियल वर्ल्ड— ए डेरिवेटिव डिस्कोर्स ?,* दिल्ली 1986.

नूरानी, ए.जी., 'दि बाबरी मस्जिद केस,' *इकोनामिक एंड पोलिटिकल वीकली,* 17 जनवरी, 1987.

नेविल, एच.आर., *डिस्ट्रिक्ट गजेटियर आफ फैजाबाद,* इलाहाबाद, 1905.

फ्रंटलाइन, 5-18 अगस्त, 1989.

बेक्कर ए., *अयोध्या,* ग्रोनिंगेन, 1984.

वान डेर वीर, पी. 'गाड मस्ट बी लिबरेटेड ! ए हिंदू लिबरेशन मूवमेंट इन अयोध्या' *माडर्न एशियन स्टडीज,* 1987.

शुक्ल, राधेश्याम, *श्रीरामजन्मभूमि : सचित्र प्रामाणिक इतिहास,* अयोध्या, 1986.

हार्डीमैन, डी., 'फाईट फार दि फारेस्ट : डाँगी भील्स, 1820-1920', अप्रकाशित आलेख।

सांप्रदायिकता और भारतीय इतिहास-लेखन

अनुवाद

बद्रीनाथ तिवारी

साम्प्रदायिकता और प्राचीन भारतीय इतिहास-लेखन

रोमिला थापर

भारतीय इतिहास की व्याख्या के प्रसंग में जब कभी साम्प्रदायिक झुकाव का उल्लेख किया जाता है, तब यह आमतौर पर मान लिया जाता है कि भारतीय इतिहास के प्राचीन काल पर लिखनेवाले इतिहासकारों में यह झुकाव होता ही नहीं या अगर होता भी है तो वह बहुत प्रासंगिक नहीं है। बहरहाल, भारतीय इतिहास की व्याख्या और समझदारी के प्रति साम्प्रदायिक दृष्टिकोण इतिहास के सिर्फ मध्य और आधुनिक कालों तक सीमित नहीं है, क्योंकि दृष्टिकोण के बुनियादी तौर पर साम्प्रदायिक होने पर प्राचीन भारतीय इतिहास की व्याख्या और समझदारी भी विकृत हो सकती है। आधुनिक साम्प्रदायिकता की निचारधारा की परीक्षा करने पर यह बात बिल्कुल साफ हो जाती है कि वह ऐतिहासिक अतीत का सहारा लेकर बौद्धिक स्तर पर अपना औचित्य सिद्ध करने की कोशिश करता है। इसलिए हिन्दू सम्प्रदायवादी प्राचीन काल में आदर्श हिन्दू समाज के अस्तित्व का चित्र पेश करने की कोशिश करते हैं और पेश करते हैं, और भारत के सारे दुर्गुणों का कारण 'मुसलमानों' के आगमन के माथे मढ़ते हैं। इसी तरह मुस्लिम सम्प्रदायवादी यह साबित करने की कोशिश करते हैं और साबित करते हैं कि अलगाव की जड़ें मध्यकाल के शुरू, यानी 11वीं या 13वीं शताब्दी ईसवी से लेकर आगे, पनपती गयी हैं।

यह बात अक्सर भुला दी जाती है कि ऐतिहासिक व्याख्या समसामयिक विचारधारा की उपज हो सकती है। अभी बिल्कुल हाल तक इतिहास घटनाओं का वृत्तान्त-भर हुआ करता था, जिसमें विश्लेषण की खास कोशिश नहीं की जाती थी (जैसा कि अब भी अनेक मामलों में चलता जा रहा है) और इस दौर के इतिहासकारों द्वारा पेश किये गये सिद्धान्तों में यह बात खासतौर पर लागू होती है। घटनाओं को चुनने का आधार इतिहासकार की पसन्द हुआ करती थी और इस काम में ही इतिहासकार की आत्मनिष्ठता देखी जा सकती है। इतिहासकार अपने स्रोतों को जिस तरह प्राथमिकता देता है और इन स्रोतों के प्रति वह जिस हद तक आलोचनात्मक और विश्लेषणात्मक रुख अपनाने को तैयार होता है, उससे

भी उसकी व्याख्या प्रभावित होती है।

प्राचीन भारतीय इतिहास लिखने के सिलसिले में साम्प्रदायिकता के सवाल को समझने की कोशिश करते वक्त शायद यह सबसे अच्छा होगा कि हाल की शताब्दियों में भारतीय इतिहास-लेखन पर पड़े समसामयिक विचारों के प्रभाव की परीक्षा की जाये। प्राचीन भारतीय इतिहास का आधुनिक लेखन और प्राचीन भारतीय संस्कृति का अध्ययन अठारहवीं शताब्दी से शुरू हुआ और तब से बीसवीं शताब्दी के आरंभिक काल तक चिन्तन की तीन प्रमुख प्रवृत्तियाँ देखने में आती हैं। इन्हें प्राच्यविदों, उपयोगितावादियों और राष्ट्रवादियों की विचारधारा कहा जा सकता है।

यूरोप और एशिया के बीच 15वीं शताब्दी से व्यापारिक सम्पर्क बढ़ते गये और उसके फलस्वरूप एशिया की संस्कृति के बारे में विभिन्न यूरोपीय विद्वानों और मिशनरियों में धीरे-धीरे दिलचस्पी पैदा होती गयी। जहाँ तक भारत का सवाल है, यह दिलचस्पी भाषाओं, खासतौर पर संस्कृत और फारसी, के अध्ययन के साथ पैदा हुई। अठारहवीं शताब्दी के अन्त में रायल एशियाटिक सोसायटी के स्थापित किये जाने और भारत की मान्य क्लासिकी परम्परा पर किये गये काम को व्यवस्थित तरीके से लिखित रूप दिये जाने के साथ इन अध्ययन-कार्यों में तेजी आ गयी। इस तरह का ज्यादातर काम उन विद्वानों ने किया जिन्हें प्राच्यविद् या भारतविद् कहा जाता है। उनमें से जिन लोगों ने संस्कृत का अध्ययन किया, वे आर्य भाषाभाषी जनगण की संस्कृति के उत्साही प्रतिपादक बन गये। उन लोगों ने भारत-यूरोपीय मूलस्थान तथा संस्कृत और यूनानी संस्कृतियों की समान पूर्वज परम्परा का सिद्धांत विकसित किया। आर्यों को सम्बद्ध भाषाएँ बोलनेवाले लोगों के समूह के स्थान पर एक जातीय इकाई के रूप में देखा गया, और भारत की आर्य संस्कृति तथा यूरोप की यूनानी संस्कृति के गतिविज्ञान को सम्बद्ध करने की कोशिश की गयी। वैदिक युग को बढ़ा-चढ़ाकर आँका गया और प्राच्यविदों ने प्राचीन भारतीयों को खुशहाल ग्राम्य समाज के लोगों के रूप में देखा। तनाव-भरी बातों को नजरअन्दाज कर दिया गया और गौरव के पक्ष पर जोर दिया गया। यह उन कट्टरपन्थी हिन्दुओं के विचारों से मेल खाता था जो जैसे-तैसे वेदों और वैदिक साहित्य से जुड़ी हर चीज की महानता में विश्वास करते थे।

बाद में जिन इतिहासकारों ने चिन्तन के इस सिलसिले को अपनाया, वे उन हेतुओं को नजरअन्दाज कर देते रहे जिनसे प्रेरित होकर प्राच्यविदों ने प्राचीन भारतीय समाज को गौरव-मंडित रूप में आँका था। इन प्रेरक हेतुओं में सबसे प्रकट हेतु यह है कि बहुत से प्राच्यविद् ऐसे लोग थे जो खुद अपने समाज से बेगाने पड़ गये थे और खासतौर पर औद्योगीकरण के फलस्वरूप यूरोप में जो ऐतिहासिक परिवर्तन हो रहे थे, उनके बारे में उनके मन में संशय की गहरी भावना भरी थी। इसलिए वे आदर्श लोक की कहीं और तलाश करते थे, और उनमें से अनेक यह समझते थे कि ऐसे आदर्श लोक प्राच्य जगत की प्राचीन

संस्कृतियों में मौजूद हैं। पुरातन भारतीय संस्कृति को आदर्श के साँचे में ढालकर उसके साथ तादात्म्य स्थापित करने की जो कोशिशें की गयीं, उसका एक उदाहरण है मैक्समूलर, जिसने अपने लिए संस्कृत नाम मोक्षमूल गढ़ लिया था। आदर्शीकरण का इस्तेमाल अक्सर आधुनिक भारत के संदर्भ में भी किया गया। अगर मैक्समूलर ने अपने जीवन काल में ही उन्नीसवीं शताब्दी में भारत की यात्रा की होती, तो भारत के प्रति उसकी वास्तविक प्रतिक्रियाएँ क्या होतीं, इस बारे में सोचना बड़ा दिलचस्प है। ऐसे प्राच्यविदों की रचनाओं का सिर्फ भारतीय हलकों पर प्रभाव नहीं पड़ा, जिसके कारण उन्नीसवीं शताब्दी के अनेक धार्मिक और सामाजिक सुधार आन्दोलन, मिसाल के लिए आर्यसमाज, वैदिक संस्कृति को भारतीय परम्परा का मूल मानने लगे थे और उसी पर जोर देते थे और उसी को आदर्श मान बैठे थे; बल्कि उनका प्रभाव यूरोपीय चिन्तन के कुछ पहलुओं पर भी पड़ा जैसा कि यूरोपीय साहित्य के रोमांटिक आन्दोलन से लेकर उन्नीसवीं शताब्दी में यूरोप के नस्लवादी सिद्धान्तों तक विविध आन्दोलनों से जाहिर है। सबसे ऊँचे पैराये के नस्लवादी दार्शनिक गोबिनो ने 'आर्य जाति' के सिद्धान्त तथा भारत की जाति-व्यवस्था सम्बन्धी अपनी समझ के आधार पर अपने बहुत-से विचारों का विकास किया था। बीसवीं शताब्दी में जर्मनी में हिटलरवाद का उदय इस प्रकार के चिन्तन की अन्तिम परिणति था।

प्राच्यविदों ने भारत की प्राचीन संस्कृति का जो समर्थन किया था, उसका एक दूसरा कारण यह था कि उपयोगितावादियों के साथ संघर्ष में वे मात खा रहे थे। उन्नीसवीं शताब्दी में ब्रिटिश दार्शनिकों के इस समूह का बोलबाला रहा। उनका यह पक्का विश्वास था कि भारत में अंग्रेजों का आगमन एक दैवी सुयोग है, क्योंकि ब्रिटिश प्रशासन और क़ानून से भारत का पिछड़ापन खत्म हो जायेगा। उससे अब तक के निरंकुश शासकों का अटूट सिलसिला समाप्त हो जायेगा और भारत के जनगण में राजनीतिक चेतना का संचार होगा। भारतीय ऐतिहासिक चिन्तन को प्रभावित करने की दृष्टि से उपयोगितावादियों में सबसे विशिष्ट नाम जेम्स मिल का है। मिल के, *ब्रिटिश भारत का इतिहास,* (हिस्ट्री ऑफ ब्रिटिश इण्डिया) का सबसे महत्वपूर्ण पहलू शायद यह था कि एक दृष्टि से उसने भारतीय इतिहास की साम्प्रदायिक व्याख्या की नींव डाली और इस तरह द्विराष्ट्र सिद्धान्त के लिए ऐतिहासिक औचित्य प्रस्तुत किया। वह पहला इतिहासकार था जिसने भारतीय इतिहास को तीन कालों में विभाजित करने की प्रस्थापना विकसित की और इन तीनों कालों को उसने नाम दिया हिंदू सभ्यता, मुस्लिम सभ्यता और ब्रिटिश सभ्यता (मजे की बात यह है कि इसके लिए ईसाई सभ्यता नाम नहीं दिया)।

उपयोगितावादी चिन्तन की बौद्धिक और राजनीतिक पृष्ठभूमि को देखते हुए यह बात समझ में आ जाती है कि मिल ने इस योजना का इतने मनमौजी तरीके से क्यों उपयोग किया। पर हैरतअंगेज बात तो यह है कि बाद के इतिहासकारों ने भी इस काल-विभाजन को अंगीकार कर लिया और अभी हाल के कुछ वर्षों पहले तक इसके औचित्य की जाँच-पड़ताल करने की

संजीदगी से कोई कोशिश मुश्किल से ही की गयी। मिल का इतिहास भारत का पहला मान्य इतिहास था और इसका ऐसा प्रभाव पड़ा कि उसकी मान्यताओं को अभी भी कुछ हलकों में स्वीकार किया जाता है। कुछ इतिहासकार भारतीय इतिहास का काल-विभाजन करने में प्राचीन, मध्यकालीन और आधुनिक पदों का इस्तेमाल करते हैं, लेकिन इस विभाजन का भी आधार वही है जो मिल का था, अर्थात् काल विशेष के प्रमुख राजवंशों के धर्म में परिवर्तन। मिल का इतिहास भारत के प्रशासकों के लिए मूल ग्रन्थ बन गया और अधिकतर प्रशासक ही उन्नीसवीं शताब्दी के ब्रिटिश इतिहासकार हुए थे। मिल के इतिहास का एक दूसरा पहलू यह था कि उसने हिन्दू संस्कृति की कटु आलोचना की थी और उसे पिछड़ी हुई, प्रगति के प्रति शत्रु-भाव रखनेवाली और विवेक-विरोधी बताया था। जिसे उसने 'मुस्लिम सभ्यता' नाम से पुकारा है, उसके प्रति वह ज्यादा हमदर्द था, हालाँकि जब-तब उसकी भी बेमुरौवती से आलोचना करने से वह बाज नहीं आया। इसका फल यह हुआ कि प्राच्यविदों का एक तबका, और बाद में चलकर भारतीय इतिहासकार, 'हिन्दू सभ्यता' का पक्ष-समर्थन करने लगे, फिर चाहे वह प्राचीन अतीत के अतिरंजित गुणगान का ही रूप क्यों न ले ले।

बीसवीं शताब्दी के शुरू के भारतीय इतिहासकार लाजिमी तौर से राष्ट्रीय आन्दोलन से प्रभावित होते थे। वे स्वयं को राष्ट्रवादी इतिहासकार तो नहीं कहते थे, पर भारतीय इतिहास की वे जो व्याख्या करते थे, वह आमतौर से राष्ट्रवादी दृष्टिकोण से ही होती थी। वे ज्यादातर प्राच्यविदों की रचनाओं का ही सहारा लेते थे। और, उन दिनों फिर से प्राचीन भारत का, जिसे तब प्रायः हिन्दू भारत पुकारा जाता था, काफी बढ़-चढ़कर गौरवगान होने लगा था। इस तरह प्राच्यविदों की भूमिका के दुहरे परिणाम हुए : एक तो उनके कारण भारत के अतीत की नये सिरे से खोज की गयी और अतीत के प्रति राष्ट्रवादी दिलचस्पी पैदा हो गयी; साथ ही उन्होंने भारतीय संस्कृति के अपने समर्थन से उन लोगों को, जिनका अतीत के प्रति दृष्टिकोण गैर-आलोचनात्मक था, अपने प्रचार-कार्य के लिए सैद्धान्तिक आधार प्रदान कर दिया।

सारे राष्ट्रीय आन्दोलनों के दौरान देशी परम्परा में ही अपनी पहचान की खोज की जाती है, जिससे एक हद तक प्राचीन अतीत का गुणगान इन आन्दोलनों का लाक्षणिक गुण बन जाता है और उस हद तक यह उचित भी था। पहचान में आ सकने योग्य प्राचीनतम ऐतिहासिक संस्कृति को ही देशी परम्परा समझा जाता है। जहाँ राष्ट्रवाद के साथ उपनिवेशवाद तथा एक साम्राज्यवाद-विरोधी स्थिति भी जुड़ी हो, वहाँ अतीत का गौरव-मंडन वर्तमान की अपमानजनक स्थिति में एक प्रकार की सांत्वना का भी काम करता है। इसलिए जो कोई अतीत के प्रति आलोचनात्मक दृष्टिकोण अपनाने का प्रयास करता है, उसे करीब-करीब ऐसी नजर से देखा जाता है जैसे वह राष्ट्रवादी ध्येय पर हमला कर रहा हो। गौरव-मंडन के आरंभिक काल में भारतीय समाज ने विरोधों और तनावों के अस्तित्व को, खासतौर पर सामाजिक, आर्थिक और धार्मिक प्रकृति के विरोधों के अस्तित्व को, स्वीकार करने के प्रति

एक प्रकार की झिझक का रूप ले लिया। धर्मशास्त्रों जैसी सैद्धान्तिक रचनाओं को प्राचीन भारतीय जीवन की वास्तविकता के विवरण के रूप में स्वीकार कर लिया गया और इसीलिए प्राचीन भारतीय जीवन को निर्बन्ध खुशहाली का जीवन मान लिया गया। आज के ऐतिहासिक विश्लेषण का एक मूल तत्व, किसी भी स्रोत के कृतिकार के उद्देश्यों की परीक्षा करना, एक ऐसी तकनीक है जिसका उपयोग पहले के इतिहासकार नहीं करते थे। पहले के अनेक इतिहासकार ब्राह्मण और कायस्थ परिवारों के थे क्योंकि उन दिनों संस्कृत के ज्ञान की सुविधाएँ अधिकतर इन्हीं जमातों तक सीमित थीं। इसलिए, इन क्लासिकी स्रोतों की परीक्षा करने के लिए विशेष तत्परता नहीं देखी जाती थी। विदेशी प्रभुत्व से स्वतंत्रता, जनवादी संस्थाओं, राजनीतिक प्रतिनिधित्व आदि जैसे मूल्य, जो राष्ट्रीय आन्दोलन के लिए आवश्यक थे, उनकी खोज की जाती थी और यह पहले ही मान लिया जाता था कि प्राचीन काल में उनका अस्तित्व मौजूद था। मिसाल के लिए, उत्तरी भारत के इतिहास में, जहाँ 600 ई. पू. से 500 ई.पू. के बीच के काल में बार-बार पश्चिमोत्तर से आक्रमणों और विजय-अभियानों के दौर आते रहे हैं, विदेशी प्रभुत्व के सवाल से कतरा सकना बहुत ही मुश्किल है।

राष्ट्रवादी इतिहासकारों की सबसे बड़ी कमजोरी यह थी कि उन्होंने मिल के काल-विभाजन को चुनौती नहीं दी। एक हद तक इसका कारण यह था कि राजनीतिक और राजवंशीय इतिहास का अध्ययन तो जारी रहा, लेकिन सामाजिक और आर्थिक इतिहास के अध्ययन को करीब-करीब त्याग दिया गया। राजवंशीय इतिहास की दृष्टि से देखा जाय तो तेरहवीं शताब्दी से आगे मुस्लिम राजवंशों की संख्या बढ़ती जाती है, जिससे यह लक्षित होगा कि यह मुस्लिम काल है। लेकिन इस काल-विभाजन के सन्दर्भ में प्राचीनतर काल के गौरव-मंडन का अर्थ बुनियादी तौर से हुआ—हिन्दू काल का गौरव-मंडन। इससे दोनों कालों के बीच भेद और भी गहरा हो गया।

इस शताब्दी के तीसरे दशक में भारत के राजनीतिक जीवन में मुस्लिम अलगाववाद जारी होने से यह विभाजन और भी मजबूत हो गया। मुसलमानों का आगमन हिन्दू सत्ता के पतन की व्याख्या करने के लिए सुगम आधार था और इसके लिए अधिक बौद्धिक श्रम की जरूरत नहीं थी। इस बात की व्याख्या करने के लिए कि तुर्कों के लिए इतनी जल्दी अपनी सत्ता कायम करना कैसे संभव हो सका, उस समय के समाज का विश्लेषण करने की मुश्किल से ही कोई कोशिश की गयी। इसके बाद यह मान लिया गया कि 'मुस्लिम काल' पतन का काल था जिसकी अपनी खामियों के लाजिमी नतीजे के तौर पर ब्रिटिश सत्ता का आगमन हुआ। इसी तरह यह दलील भी दी गयी कि मुस्लिम काल में 'दो राष्ट्रों'—हिन्दू और मुस्लिम—का विकास हुआ जिसकी आधुनिक राष्ट्रीय राज्यों के अनुरूप एकमात्र तर्कसिद्ध परिणति यही हो सकती थी कि यह उपमहाद्वीप एक हिन्दू-प्रधान और एक मुस्लिम-प्रधान राज्य में विभाजित हो जाये। धार्मिक जमातें अपने-आपमें राष्ट्र नहीं

होतीं, लेकिन इस दलील पर गंभीरता से विचार ही नहीं किया गया। चौथे और पाँचवें दशक की सांप्रदायिक राजनीति से उस दलील को और बल मिला और अलगाव में और तेजी आ गयी। बहरहाल, पाकिस्तान बनने से साम्प्रदायिक इतिहासकार की समस्या हल नहीं हुई। हिन्दू संप्रदायवादी को अभी भी मुस्लिम संस्कृति की वास्तविकता से जूझना पड़ता है। इसीलिए उसके महत्व को घटाकर आँकने या उसके विदेशीपन पर जोर देने की कोशिश की जाती है।

ऊपर के विश्लेषण में भारतीय इतिहास के काल-विभाजन के मूल स्रोतों की संक्षिप्त जाँच करने की कोशिश की गयी है। यहीं पर 'हिन्दू काल' और 'मुस्लिम काल' शब्दों के इस्तेमाल के औचित्य की जाँच कर लेना भी उचित होगा।

यह मान लिया जाता है कि लगभग 1000 ई.पूर्व से 1200 ई.पूर्व तक के काल को हिन्दू काल कहा जा सकता है, क्योंकि इस उपमहाद्वीप के उस काल के शासक-राजवंश हिन्दू धर्म को मानते थे। किन्तु, अकेले राजवंशीय इतिहास के आधार पर भी इस काल को हिन्दू काल कहना ठीक नहीं। कारण यह कि ऐसे कितने ही बड़े राजवंश—मौर्य, भारत-यूनानी, शक और कुषाण—थे, जिन्हें इस परिभाषा में बैठाया नहीं जा सकता। उनके अनेक राजा बौद्ध थे। वे हालाँकि हिन्दुओं के विरोधी नहीं थे पर उन्होंने जान-बूझकर अपने बौद्ध होने पर जोर दिया था। ऐसी हालत में क्या करीब 500 ई.पू. से 300 ई.पू. तक बौद्ध काल नाम का एक और काल होना चाहिए ? बहुत सम्भव है कि अगर आज भारत में खासी बड़ी बौद्ध आबादी होती, तो ऐसा काल माना जा चुका होता।

एक सवाल यह भी है कि खासतौर पर काल-विभाजन के सन्दर्भ में हिन्दू शब्द का अर्थ क्या है। यह शब्द भारत संबंधी इस्लाम-पूर्व स्रोतों में नहीं पाया जाता। पहले-पहल अरबों ने, और बाद में औरों ने, हिन्द (भारत) देश में रहनेवालों के लिए इसका प्रयोग किया। इसलिए हिन्दू की अवधारणा का विकास और प्रयोग हिन्दुओं की श्रेणी में आनेवालों ने नहीं किया, बल्कि यह एक विदेशी शब्द था जिसे 'हिन्दुओं' ने अपना लिया और वे इसे इस्तेमाल करने लगे। आज जिसे हम हिन्दू मानते हैं, उसे प्राचीन काल में हिन्दू के रूप में पहचान पाना मुश्किल होता। पहचान में आनेवाले हिन्दू का आविर्भाव पाँचवीं शताब्दी ईस्वी के बाद, गुप्त काल के बाद, शुरू हुआ। प्राचीन काल के स्रोतों में ऐसे बहुत से प्रमाण हैं जिनसे यह संकेत मिलता है कि इस्लाम-पूर्व भारत के धार्मिक संप्रदाय और समूह अपने को हिन्दू के रूप में, तथा एक एकीभूत धर्म के रूप में, नहीं मानते थे। बौद्ध धर्म के अनुयायियों के धार्मिक संगठन का तो स्वरूप ही हिन्दुओं से बिल्कुल उल्टा है। दरअसल, आधुनिक हिन्दू धर्म के लक्षणों, खासतौर पर भक्ति संप्रदायों, का पहचान में आने योग्य आरम्भ उस मध्य काल में ही होता है जिसे सांप्रदायिक इतिहासकार पतन का काल मानेंगे।

उस प्रारम्भिक काल में, अर्थात् सातवीं से तेरहवीं शताब्दी ईसवी में, मुसलमानों से

अपना फर्क दिखाने के लिए हिन्दू जिस शब्दावली का इस्तेमाल करते थे, उसका भी हमारे इस विचार-विमर्श में अपना खास महत्व है। यह उल्लेखनीय है कि आज जब हम इतिहास के इस काल के बारे में लिखते हैं, तो अरबों, तुर्कों और फारसियों को एक साथ नत्थी कर देते हैं और उन सबके लिए एक ही शब्द 'मुस्लिम' का प्रयोग करते हैं। पर तेरहवीं शताब्दी के पहले इन विविध जनगण के वर्णन के लिए स्रोत-साहित्य में मुस्लिम शब्द का बिरले ही इस्तेमाल हुआ है। उस काल के स्रोत, धार्मिक शब्दावली का प्रयोग नहीं करते बल्कि उनका उल्लेख शुद्ध राजनीतिक तरीके से करते हैं। तुर्कों को तुरुष्क और अरबों को यवन कहा गया है। यवन शब्द, परम्परा से, उन सभी के लिए इस्तेमाल किया जाता रहा था जो पश्चिम एशिया और भूमध्य सागर से आये थे, चाहे वे यूनानी हों या रोमन या अरब। खुद संस्कृत शब्द 'यवन', प्राकृत शब्द 'योन' की मूल सम्भावना है और मूलतः इसकी व्युत्पत्ति आयोनिया से—आयोनियाई ग्रीकों से—हुई है, जिनका पश्चिमी एशिया से प्राचीनतम और घनिष्ठतम संपर्क था।

तुर्कों, फारसियों और अरबों के लिए इस्तेमाल होनेवाला एक दूसरा शब्द था : 'म्लेच्छ'। इस शब्द का इतिहास भी पुराना है। पहले-पहल यह *ऋग्वेद* में मिलता है। शुरू-शुरू में इस शब्द का प्रयोग उन लोगों के लिए किया जाता था जो अनार्य भाषा बोलते थे और जिनका आर्य संस्कृति से कोई परिचय नहीं होता था। इस तरह, प्राचीनतम 'म्लेच्छ' वे कबीले थे जो मुख्यतः भारत के उत्तरी और मध्य भागों में बसे थे और जो एक अनार्य भाषा बोलते थे। बाद में चलकर और इसके अर्थ का विस्तार करके इस शब्द को विदेशियों के लिए इस्तेमाल किया जाने लगा। यहाँ भी, 'म्लेच्छ' धार्मिक शब्द नहीं, बल्कि अधिक अंशों में सांस्कृतिक भिन्नता बतानेवाला शब्द था। इसलिए अरबों और तुर्कों को 'म्लेच्छ' कहते समय यह अभिप्राय छिपा होता है कि वे विजातीय संस्कृतिवाले विदेशी हैं। वे कभी तो राजनीतिक मित्र समझे जाते हैं, कभी राजनीतिक शत्रु। युद्ध और व्यापार दोनों के ही जरिये भारतीय उपमहाद्वीप के लोगों तथा अरबों, फारसियों और तुर्कों के घनिष्ठ संपर्क को ध्यान में रखते हुए यह बात तय है कि अगर इनमें धार्मिक विरोध का भाव रहा होता, तो वह उस जमाने के स्रोतों में अवश्य प्रतिबिंबित हुआ होता। भारतीय उपमहाद्वीप में तुर्की राजसत्ता के कायम होने के बाद ही उन्हें अलग धर्म के रूप में मान्यता मिली। हिन्दू धर्म के संगठन का स्वरूप ही ऐसा है कि वह दूसरे धर्मों के अनुयायियों को शुद्ध धार्मिक पहचान नहीं प्रदान करता था।

और अन्त में अगर मिल का काल-विभाजन राजवंशों पर आधारित है तो भी क्या वह सही है ? अगर भारतीय इतिहास को गंगा की घाटी को केन्द्र मानकर मात्र राजवंशों की इतिवृत्ति के रूप में देखा जाय, तभी इस प्रकार का काल विभाजन लागू हो सकता है। यह सही है कि इस भूखण्ड के राजवंश व्यापक तौर पर आरम्भिक तेरहवीं शताब्दी तक हिन्दू धार्मिक विश्वासों के अनुयायी थे और उसके बाद अनेक मुस्लिम राजवंशों का दौर चला।

पर समूचे उपमहाद्वीप को दृष्टि में रखा जाय, तो इस प्रकार का काल-विभाजन अमान्य ही हो जायेगा। सतही तौर पर भी इस काल-विभाजन को स्वीकार करने में बुनियादी सवाल यह उठता है कि भारतीय उपमहाद्वीप के अलग-अलग प्रदेशों में मुस्लिम राजवंशों का आगमन अलग-अलग समय पर हुआ। सिन्ध को अरबों ने आठवीं शताब्दी ईसवी में जीता और वहाँ अपना शासन कायम किया। तुर्कों ने ग्यारहवीं शताब्दी में पंजाब के एक हिस्से पर अपना अधिकार जमा लिया। तेरहवीं शताब्दी में उन्होंने उत्तरी भारत के एक बड़े हिस्से में अपने नियंत्रण का विस्तार कर लिया। दक्षिण में मुस्लिम राजवंशों ने पहले-पहल अपनी सत्ता चौदहवीं शताब्दी में कायम की। सुदूर दक्षिण में मुस्लिम राजवंशों का शासन बहुत बाद तक नहीं कायम हो सका था। इस तरह मुस्लिम शासन की स्थापना की कोई एक जैसी तिथि नहीं है। अधिकांश शैक्षिक पाठ्यक्रमों में जो काल-विभाजन आमतौर पर स्वीकृत है, वह बिल्कुल मनमाना है क्योंकि वह या तो 1000 ई. या 1200 ई. है, जो कि सिर्फ उत्तरी भारत के एक हिस्से के इतिहास के बारे में लागू हो सकता है।

ऐतिहासिक व्याख्या जनता की अपनी संस्कृति और अपनी राष्ट्रीयता संबंधी धारणा से अखंड रूप से जुड़ी होती है। इसीलिए इतिहास लिखने का काम उन ऐसी सबसे नाजुक बौद्धिक क्रियाओं में से है, जिनका जनता की राष्ट्रीय भावना और राजनीतिक विश्वासों पर व्यापक प्रभाव पड़ता है। सांप्रदायिक दृष्टिकोण सदा खुलकर अथवा जान-बूझकर किसी खास जमात, संप्रदाय या धर्म के विरुद्ध किये गये विचार-प्रतिपादन के रूप में ही नहीं अभिव्यक्त होता। इससे भी ज्यादा नुकसानदेह है सांप्रदायिक या लगभग-सांप्रदायिक मान्यताओं पर आधारित इतिहास-लेखन। किन्तु, फिर भी आमतौर पर गैर-आलोचनात्मक ढाँचे में ऐसी मान्यताओं पर अब आपत्ति नहीं की जाती है या उन्हें चुनौती नहीं दी जाती है। ऐतिहासिक अध्यापन के क्षेत्र के ज्यादातर लोग इन मान्यताओं को ऐतिहासिक सत्य मान बैठे हैं और वे सत्य के रूप में, इन मान्यताओं की सच्चाई को नये सिरे से परखने के लिए वस्तुनिष्ठ विश्लेषण की कसौटियों का प्रयोग करने से कतराते हैं। कुछ तो इसका कारण यह है कि भारत के अधिकांश विश्वविद्यालयों में इतिहास के अध्यापन में ऐतिहासिक अनुशासन पर बिरले ही जोर दिया जाता है। इतिहास अब भी पहले से चुनी हुई घटनाओं का अटूट बयान बना हुआ है और उसमें न तो उन खास घटनाओं को चुनने के आधार की जाँच की जाती है और न ही उनकी प्रासंगिकता की। इसलिए विद्यार्थियों को महज सूचनाओं के एक ढेर को ग्रहण करने की शिक्षा दी जाती है। वे उसे रट लेते हैं और फिर खुद इतिहास के अध्यापक बनने पर, या इतिहास लिखने बैठने पर, उसी को अखंड रूप से दुहराते जाते हैं। इस अत्यंत असंतोषजनक स्थिति की एक और वजह यह है कि इतिहास के किसी भी खास क्षेत्र के नये अनुसंधान कार्य के नतीजों को मानक कृतियों और पाठ्य-पुस्तकों में बिरले ही शामिल किया जाता है। फलतः ज्यादातर स्कूलों और कालेजों

में आज भी इतिहास का विद्यार्थी विषय-वस्तु और तकनीक, दोनों की दृष्टि से, इस विषय को उसी रूप में पढ़ रहा है जिस रूप में (दो नहीं तो) एक पीढ़ी पहले पढ़ाया जाता था।

ज्यादा स्पष्टता के लिए हम मिसाल के बतौर प्राचीन भारतीय इतिहास की शायद सबसे पेचीदा समस्या—आर्यों की समस्या—को ले लें। जैसा कि हमने देखा है, इस समस्या का जन्म उन कुछेक प्राच्यविदों की कृतियों के साथ हुआ, जिन्होंने मुख्यतः भाषाशास्त्रीय साक्ष्य के आधार पर एक ऐसी आर्य जाति के अस्तित्व का विचार पेश किया था, जो उत्तरी भारत में आयी तथा पंजाब और गंगा की घाटी में बस गयी और उसने एक ऐसी संस्कृति को जन्म दिया, जिसका अध्ययन हम वैदिक साहित्य में कर सकते हैं। पिछले तीस वर्षों में बहुत-से ऐसे पुरातात्विक प्रमाण सामने आये हैं जो हमें आर्य संस्कृति संबंधी इस धारणा के बारे में नये सिरे से सोचने को मजबूर करते हैं। आर्यों की समस्या के दूसरे पहलुओं की भी आलोचनात्मक जाँच की जा चुकी है और इसके आधार पर इस समस्या संबंधी दृष्टिकोण को काफी बदलना आवश्यक हो गया है। मिसाल के लिए, एक स्पष्ट और पृथक आर्य जाति का अस्तित्व सिद्ध कर सकना निहायत मुश्किल है। साथ ही यह सिद्ध कर सकना भी उतना ही मुश्किल है कि आर्य संस्कृति अपने शुद्ध रूप में बनी रही और वह देशज संस्कृति पर ऊपर से थोप दी गयी। उपर्युक्त साक्ष्य उसी हालत में सार्थक हो सकता है जबकि यह मान लिया जाय कि आर्य का अर्थ है एक भाषाभाषी समूह, न कि एक जातीय इकाई और यदि आर्य और अनार्य संस्कृतियों का वास्तव में कभी बिल्कुल अलग अस्तित्व था, तो वैदिक संस्कृति उनके आपस में घुलने-मिलने का संकेत करती है।

आजकल जो मानक इतिहास लिखे जा रहे हैं, उनमें उस नवीन अनुसंधान का समावेश बिरले ही देखने को मिलता है। सच तो यह है कि उनमें से अनेक इसकी उल्टी धारा को ही पेश करते हैं और आर्य संस्कृति का गौरवगान चाहनेवाले इसका गलत इस्तेमाल कर रहे हैं। हड़प्पा संस्कृति को आर्य संस्कृति सिद्ध करने की कोशिश करके आर्य संस्कृति के महत्व का विस्तार करने की कोशिश की जा रही है, हालाँकि पुरातात्विक साक्ष्य इस सिद्धान्त के बिल्कुल विपरीत जाता है। भारत को आर्यों का मूल स्थान सिद्ध करने की कोशिश, चाहे इसकी ऐतिहासिक प्रामाणिकता जो भी हो, असल में राष्ट्रीय मिथ्याभिमान उभारने और इस बात का समर्थन करते रहने की कोशिश है कि आर्य संस्कृति, जिसे कुछ हलकों में भारतीय सभ्यता की धुरी समझा जाता है, सौ फीसदी स्वदेशज है। इसमें सन्देह नहीं कि ऐसे लोगों के लिए यह मान लेना कड़वा घूँट पीना है कि वैदिक संस्कृति हर तरह से और मूल रूप में भारतीय नहीं है। भारतीय इतिहास की हिन्दूवादी व्याख्या के प्रचार के साथ आर्य संस्कृति के गुणगान का सीधा संबंध है। यह कहना युक्तियुक्त हो सकता है कि वैदिक साहित्य जिस संस्कृति को प्रस्तुत करता है, वह ज्यादातर देशज थी। तर्कसंगत दृष्टिकोण यह होगा कि पुरावशेषों से प्राग्वैदिक संस्कृतियों का अध्ययन किया जाय और यह देखा जाय कि किस

हद तक वैदिक संस्कृति उनसे विकसित हुई। भारतीय इतिहास में आर्य संस्कृति की प्रधान भूमिका के प्रति यह आग्रह बिना विश्लेषण के साहित्यिक स्रोतों के उपयोग और पुरातात्विक साक्ष्य के लगभग पूरी तरह बहिष्कार का भी नतीजा है। और भी बदतर बात यह है कि आर्य जीवन-पद्धति का भी सही वर्णन नहीं किया जाता है। मिसाल के लिए, इस बात से इनकार करना कि कुछ खास अवसरों पर आर्य लोग गो-मांस खाते थे और मदिरा पीते थे, साहित्यिक और पुरातात्विक दोनों स्रोतों के साक्ष्य से इनकार करना है।

आर्यों की समस्या ही एक अकेली ऐसी समस्या नहीं है जिस पर फिर से विचार करने की आवश्यकता है। गुप्त शासकों का 'स्वर्ण युग' बहुत-से विरोधाभासों का युग है। उसे हिन्दू पुनर्जागरण का काल बताया जाता है। पर उस काल की मुख्य कलात्मक चीज़ें (मूर्तिकला और चित्रकला) बौद्ध थीं और वे विहारों से संबद्ध थीं। वैज्ञानिक सफलताएँ—जैसी कि वे चरक और सुश्रुत की, आर्यभट की, पुरानी परम्परा में और कुछ बाद की वराहमिहिर की परम्परा में सामने आती हैं—कुछ अंशों में स्वदेशज और कुछ अंशों में सर्वदिशीय थीं। इसके बावजूद कि अहिंसा पर जोर देना सर्वोत्तम हिंदू परम्परा का अंग है, समुद्रगुप्त का गुणगान ज्यादातर सैनिक विजेता के रूप में उनके पराक्रम के आधार पर किया जाता है। हिन्दू पुनर्जागरण का मुख्य साक्ष्य कालिदास की रचनाओं, आरम्भिक पुराणों की रचना और गुप्त राजाओं के सिक्कों और शिलालेखों में ढूँढ़ा जाता है, जिनसे यह संकेत मिलता है कि वे हिन्दू सम्प्रदायों के संरक्षक थे। इसलिए जिस रूप में भी हिन्दू पुनर्जागरण हुआ, क्या वह स्वर्ण युग का तात्विक अंग है?

प्राचीन भारतीय इतिहास से संबंधित बहुत-सी ऐसी मान्यताएँ हैं जो सीधे-सीधे सांप्रदायिक तो नहीं हैं, पर बड़ी आसानी से सांप्रदायिक दृष्टिकोण में घुल-मिल जाती हैं क्योंकि इन मान्यताओं को सही ऐतिहासिक सन्दर्भ में बिरले ही रखा जाता है। भारतीय संस्कृति के आध्यात्मिक होने के बारे में निर्विवाद विश्वास ऐसी ही एक मान्यता है। यह एक स्वीकृत सिद्धान्त बन चुका है कि भारतीयों को हमेशा तत्व मीमांसा और दार्शनिक चिन्तन की चिन्ता रहती थी, न कि रोजमर्रा के जीवन की ऐहिक वस्तुओं की। लेकिन यह सिद्धान्त ज्यादा पुराना नहीं है और इसे उन्नीसवीं शताब्दी में व्यापक तौर पर प्रतिपादित किया गया था। इसका पहले-पहल प्रतिपादन उन लोगों ने किया था जो प्राचीन भारतीय व्यवस्था में आदर्श लोक की खोज कर रहे थे और उन लोगों ने जो यह समझते थे कि यह औद्योगीकरण, शिल्प-वैज्ञानिक विकास और विदेशी शासन से स्वतंत्रता जैसी ऐहिक, लेकिन आवश्यक, वस्तुओं से भारतीय जनमानस को दूर रखने का कारगर साधन हो सकता है। भारतीय विद्वानों ने देखा कि विदेशी सत्ता की अधीनता में वे जिस अप्रतिष्ठा के शिकार हैं, इस धारणा से उसकी बड़े मजे से क्षति-पूर्ति हो जाती है। फलतः उन्होंने इसे बड़े चाव से अपना लिया। किसी ने ईमानदारी से सवाल को हल करने की कोशिश नहीं की।

आध्यात्मिकता का ठीक-ठीक अर्थ क्या है और सम्पूर्ण संस्कृति की दृष्टि से यह लक्षित क्या करती है ? ज्यादातर लोगों की दृष्टि में सारांश रूप में भारतीय संस्कृति की आध्यात्मिक अन्तर्वस्तु यह है कि अनादि-भावना के बारे में चिन्तन-मनन के लिए बहुत-सा समय प्राप्त था। पर आध्यात्मिक अन्तर्वस्तु पर भारतीय संस्कृति का एकाधिकार नहीं था। भारतीय आध्यात्मिकता में जो गुण बताये जाते हैं, वे दूसरी बहुत-सी पुरानी संस्कृतियों में पाये जा सकते हैं और पारम्परिक समाजों में अक्सर ही देखने को मिल जाते हैं। यह अचरज की बात नहीं कि प्राचीन भारतीयों ने खुद अपने को पास या दूर के देशों के अपने पड़ोसियों से ज्यादा आध्यात्मिक कभी नहीं महसूस किया। न ही अन्य समानतः महत्वपूर्ण संस्कृतियों के यात्रियों, जैसे यूनानियों, चीनियों और अरबों ने, कोई खास और उल्लेखनीय आध्यात्मिक लक्षण देखे थे। इससे भी ज्यादा प्रासंगिक सवाल तो यह है कि समाज के कौन-से तबके आध्यात्मिक क्रिया-कलाप में—अनादि-अनन्त के मनन में, रहस्यवाद में, दार्शनिक अनुचिन्तन में—रत रहते थे ? जाहिर है, सिर्फ एक छोटा तबका। उपनिषदों के उपदेश आर्य समुदाय के सिर्फ एक छोटे तबके में चलते थे। *ऋग्वेद* की ऋचाओं की भी रचना एक छोटी-सी जमात ने की थी। केवल यही साहित्य बच रहा है, पर इसका यह अर्थ नहीं कि सारा समाज पुरोहितों और ऋषियों का समाज था। स्वयं वैदिक साहित्य के साक्ष्य में एक ऐसे समुदाय का उल्लेख है जो सिर्फ दैनिक जीवन की ऐहिक वस्तुओं की ही चिन्ता करता है। ईसवी सन् की आरंभिक शताब्दियों में दर्शन की विभिन्न शाखाओं में तथा अनेक नये धार्मिक सम्प्रदायों में काफी क्रियाशीलता रही; फिर भी इस काल के सर्जनात्मक साहित्य में, उदाहरणार्थ कालिदास के नाटकों में, इस बात का मुश्किल से ही संकेत मिलता है कि राज-दरबारों में कोई विशेष आध्यात्मिकता विद्यमान थी। भारतीय आध्यात्मिकता पर शायद सबसे प्रामाणिक टिप्पणी स्वयं हिन्दू परंपरा में ही मिलती है जिसमें धर्म, अर्थ, काम और मोक्ष, मनुष्य के चार पुरुषार्थ या लक्ष्य बताये गये हैं। इनमें से केवल मोक्ष शुद्ध आध्यात्मिकता का द्योतक है। भौतिक उपलब्धि और सुख को उचित महत्व दिया गया है और चारों के सही सन्तुलन पर जोर दिया गया है।

भारतीय संस्कृति के आध्यात्मिक आधार का एक दूसरा पहलू है—अहिंसा। जब से अहिंसा सम्बन्धी गाँधीजी के विचार राष्ट्रीय आन्दोलन से संबद्ध हुए तब से इसे प्रसिद्धि मिल गयी है। भारतीय चिन्तन में अहिंसा की दार्शनिक धारणा का लम्बा इतिहास है तथा पहले-पहल बौद्ध और जैन दर्शन में प्रधान अभिप्राय के रूप में विकसित किया गया था। दार्शनिक विचार के रूप में यह अकेले भारत की विशेषता नहीं है। प्राचीन ईसाई धर्म में भी इसी विचार का उपदेश दिया जाता था, हालाँकि निश्चय ही ईसाई धर्मोपदेश की अपेक्षा बौद्ध धर्मोपदेश में इसे ज्यादा प्राधान्य प्राप्त है। पर बौद्ध धर्म भारत में जीवित नहीं रह सका। अहिंसा की दार्शनिक अवधारणा तथा अहिंसा के आचरण के बीच भेद करना जरूरी है। इस बात का संकेत

करनेवाले साक्ष्य बहुत ही कम हैं कि व्यवहार में अहिंसा को दूर रखा जाता था। आक्रमण बहुधा हिंसात्मक रूप ले लेता था। भारतीय परंपरा की कुछ मुख्य घटनाएँ हिंसा से जुड़ी हैं जिसका एक प्रासंगिक उदाहरण है *भगवद्गीता*, और महाभारत-युद्ध।

इसका एकमात्र विलक्षण अपवाद थे सम्राट अशोक (जिनका व्यक्तित्व केवल भारतीय सांस्कृतिक सन्दर्भ में ही अद्वितीय नहीं है)। वे निर्भय सैनिक अभियान के बाद धीरे-धीरे अहिंसा की ओर मुड़ गये तथा, जो और भी महत्व की बात है, उन्होंने अहिंसा पर आधारित एक राजनीतिक नीति का प्रवर्तन किया। पर वे ऐसा करनेवाले अकेले राज्यसत्ताधारी महत्वपूर्ण ऐतिहासिक व्यक्तित्व हैं। उनके मामले में भी कुछ विचित्र अन्तर्विरोध देखने में आते हैं। जहाँ एक ओर अहिंसा की नीति के लिए उनकी जय-जयकार होती है, वहीं दूसरी ओर उन्हें मौर्य साम्राज्य के छिन्न-भिन्न होने का जिम्मेदार ठहराया जाता है। दलील यह दी जाती है कि उनकी अहिंसा की नीति के कारण यह देश सैनिक दृष्टि से अशक्त और कमजोर हो गया और यह उत्तर-पश्चिम के हमलावरों का मुकाबला न कर सका। प्राचीन भारतीय इतिहास के महान चरितनायक अजातशत्रु, चन्द्रगुप्त मौर्य, कनिष्क, समुद्रगुप्त, हर्ष, पुलकेशिन द्वितीय, महेन्द्रवर्मन पल्लव, राजेन्द्र चोल आदि मुख्यतः विजेता होने के नाते ही चरितनायक हैं। वर्ष-प्रतिवर्ष इतिहास के हजारों विद्यार्थी (विंसेंट स्मिथ का अनुसरण करते हुए) समुद्रगुप्त को भारत का नेपोलियन पुकारते जाते हैं और विजय पर विजय पाते हुए राजाओं और जनजातीय सरदारों को उन्मूलित करने की उनकी कार्रवाइयों का गौरव गाते जाते हैं। अचरज होता है कि इसमें अहिंसा कहाँ आती है।

एक और प्रसंग में सुसंगत दृष्टिकोण की कमी प्रकट है। अधिकांश मानक इतिहासों में गजनी का महमूद मुख्यतः मन्दिरों को लूटने और देवमूर्तियों को नष्ट करनेवाले के रूप में वर्णित है। इस करतूत की सफाई में फौरन यह बात रख दी जाती है कि वह मुसलमान था—और इसके पीछे धारणा यह होती है कि मुसलमान ही मन्दिरों को लूटेगा और मूर्तियों को तोड़ेगा क्योंकि इस्लाम धर्म मूर्ति-पूजा का विरोधी है। इसमें एक और धारणा छिपी है और वह यह कि हर मुस्लिम एक मूर्ति-तोड़क होता अगर अन्य कारणों ने उसे ऐसा करने से रोका न होता। महमूद के आचरण के और कारणों की तलाश के लिए प्रायः कोई प्रयास नहीं किया गया। अगर कोई हिन्दू राजाओं की परम्परा की ओर निगाह डाले और यह जाँच करे कि वे मन्दिरों के लुटेरे और मूर्ति-तोड़क थे या नहीं तो अन्य कारण भी मिल सकते हैं। हमारे सामने ग्यारहवीं शताब्दी के कश्मीर के एक राजा हर्ष का दृष्टान्त है जिसके लिए मन्दिरों को लूटना एक ऐसा काम था जिसने एक संगठित रूप, एक संस्था का रूप, ले लिया था। कल्हण की *राजतरंगिणी*, से हमें यह जानकारी मिलती है कि हर्ष ने 'देवोत्पाटननायक' (जिसका शाब्दिक अर्थ है देवताओं का उत्पाटन या सफाया करने के लिए नियुक्त अधिकारी) नामक एक विशेष अधिकारी की नियुक्ति की थी जिसका मुख्य कार्य ही था मन्दिरों को लूटना। यहाँ जाहिर है कि

यह सफाई नहीं चल सकती कि वह धार्मिक मूर्ति-भंजक था, बल्कि वह मन्दिरों को उनके धन को निगाह में रखकर लूटता था और उस धन को वह दूसरे कामों में इस्तेमाल करता था।

अभी तक जो टिप्पणियाँ की गयी हैं वे सहज साम्प्रदायिक दृष्टिकोण की आलोचना करने की इच्छा से नहीं। उनके पीछे दो मुख्य प्रेरक हेतु हैं। पहला तो यह कि इतिहास की साम्प्रदायिक व्याख्या घटिया किस्म का इतिहास है। जहाँ प्रत्यक्ष रूप में सांप्रदायिक व्याख्या नहीं की गयी हो पर मानसिक निश्चेष्टता के कारण स्वीकृत सिद्धान्तों को अंगीकार कर लिया गया हो, वहाँ भी परिणति घटिया इतिहास में ही होती है। इतिहास का अध्ययन एक अग्रगामी शास्त्रानुशासन है जो विश्लेषण की नयी तकनीकों और पद्धतियों का उपयोग करता है। इतिहास-लेखन का सावधानी से अध्ययन करने पर पद्धतियों और तकनीकों में आये परिवर्तन स्पष्टतः सामने आ जायेंगे। यह जरूरी है कि विद्यमान धारणाओं की परीक्षा की जाये और अगर साक्ष्य और समर्थन की दृष्टि से वे अक्षम पायी जायें तो उन्हें त्याग दिया जाये। दूसरा हेतु समसामयिक स्थिति से सम्बन्धित है। इतिहासकार इतिहास के शास्त्रानुशासन को इस हद तक गिरने नहीं दे सकता कि गलत इतिहास राजनीतिक पुराणकथा को बढ़ावा देने का साधन बन जाये। चूँकि यह सम्भव होता है कि इतिहासकार जानकर या अनजान में बौद्धिक स्तर पर राजनीतिक विश्वासों के प्रवर्तक बन जायें, इसलिए राजनीतिक विचारधाराओं के लिए इतिहास का विश्लेषण खासतौर पर महत्वपूर्ण हो जाता है।

प्राचीन भारतीय इतिहास के अध्ययन में अब क्रमशः जाँच-पड़ताल की अनेक नयी तकनीकें अपनायी जा रही हैं और उसमें नये स्रोत शामिल किये जा रहे हैं। यह परिवर्तन केवल प्राचीन भारतीय इतिहास के अध्ययन में नहीं आया है बल्कि समस्त क्लासिकी संस्कृतियों के अध्ययन में इसका प्रयोग किया जा रहा है और यह ज्यादातर सामाजिक विज्ञान-अनुसंधान की और खासतौर पर मानवविज्ञान और पुरातत्व की प्रगति का परिणाम है। साथ ही, हर प्रकार के समाजों के व्यवस्थित अध्ययन से प्राचीन समाजों के ऐतिहासिक अध्ययन के नये सन्दर्श खुल गये हैं।

इस सारी प्रगति के फलस्वरूप साहित्यिक स्रोतों के विश्लेषणात्मक अध्ययन में काफी अभिवृद्धि हुई है और इससे प्राचीन अतीत पर नया प्रकाश पड़ने लगा है। इस तरह के विश्लेषणात्मक अध्ययन से अनेक प्रश्न उठ खड़े होते हैं। सबसे पहले यह कि जिस मूलपाठ को स्रोत के रूप में उपयोग में लाया जा रहा है, वह सैद्धान्तिक कृति है या वास्तविक परिस्थितियों का विवरण ? धर्मशास्त्रों को स्रोत-सामग्री के रूप में इस्तेमाल करते समय ऐसा प्रश्न खासतौर पर प्रासंगिक हो जाता है। यदि यह सदा ध्यान में रखा जाये कि ये मूलतः आचरण संहिता सम्बन्धी कानूनी दस्तावेज थे, न कि हर हालात में वास्तविक परिस्थितियों का विवरण, तो प्राचीन भारतीय समाज का अध्ययन कहीं अधिक समीचीन होगा। खासतौर

पर भारतीय समाज के समाजशास्त्रीय विश्लेषणों के आलोक में अब जाति प्रथा के ढाँचे को धर्मशास्त्रों की वर्ण-व्यवस्था के रूप में पेश करने पर प्रश्नचिह्न लगाया जा रहा है।

दूसरा प्रश्न स्रोतों को उनकी सामाजिक पृष्ठभूमि से संबद्ध करने का प्रयास करता है। कोई स्रोत विशेष सम्पूर्ण समाज से संबद्ध परिस्थितियों और घटनाओं को निरूपित करता है या किसी खास समूह से संबद्ध ? प्राचीन काल के अधिकांश बचे हुए साहित्यिक स्रोतों में विशिष्ट समूहों—राजाओं, महत्वपूर्ण पुरोहितों, विहारों, धनी व्यापारियों—से संबद्ध होने की प्रवृत्ति पायी जाती है। फलतः उनमें समाज के ऊपरी तबकों संबंधी ज्यादा सूचना होती है। साथ ही अधिकांश पारम्परिक समाजों में शिक्षा आमतौर पर विशिष्ट समूहों की ही पहुँच में होती थी और इस वजह से वे ही साहित्य के रूप में अपनी गतिविधियों को अंकित कर पाते थे। उदाहरण के लिए, कालिदास के नाटक राजत्व और राजदरबारों के अध्ययन के लिए उत्तम ऐतिहासिक सामग्री हैं। किन्तु सायास यह सुझाव देना कि समूचा भारतीय समाज उसी तरह आचरण करता था जैसे नाटकों में वर्णित है, उस काल की अयथार्थ ऐतिहासिक तस्वीर पेश करना होगा।

आरंभिक बौद्ध साहित्य उसी युग के ब्राह्मण साहित्य का सराहनीय पूरक है, क्योंकि वह समाज के एक भिन्न तबके की गतिविधियों को परिलक्षित करता है। ये स्रोत समाज के किसी न किसी विशेष समूह की संस्कृति को पेश करते हैं और इस कारण ये प्रायः एकपक्षीय हो जाते हैं। अगर अकेले ब्राह्मण स्रोतों पर ही विचार किया गया होता तो अशोक का शासन व्यवहारतः दर्ज ही नहीं हो पाया होता। उन्हें पुराणों में दी गयी राजाओं की नामावली में मौर्य राजाओं में से एक के रूप में उल्लिखित-भर कर दिया गया है। उनके शासन संबंधी हमारी जानकारी ब्राह्मण वाङ्मय से नहीं, बल्कि स्वयं उनके शिलालेखों से तथा बौद्ध स्रोतों से ली गयी है। इसी तथ्य से अन्य कोटि के स्रोतों की लगातार खोज करते रहने की आवश्यकता का सबसे कारगर प्रमाण मिल जाता है।

इसी तरह विलक्षण बात यह है कि ब्राह्मण वाङ्मय में वस्तुतः चार्वाक और लोकायत दर्शनों की चर्चा ही नहीं है। भौतिकवादी चिन्तन शाखा के समर्थक दार्शनिकों के अस्तित्व संबंधी हमारा साक्ष्य तो बौद्ध, जैन और आजीविक साहित्य से तथा छिटपुट शिलालेखों से आनुषंगिक रूप में चुन-चुनकर जुटाया गया है।

प्राचीन भारत के इतिहासकारों के लिए साक्ष्य का सबसे महत्वपूर्ण नया स्रोत है पुरातत्व। पुरातात्विक खुदाई की तकनीकें अब इतनी सुधारी जा चुकी हैं कि पुरातात्विक सामग्री की व्याख्या से ऐतिहासिक पुनर्निर्माण के लिए काफी साक्ष्य प्राप्त हो सकता है। यह बदकिस्मती की बात है कि प्राचीन भारत के इतिहासकार पुरातात्विक सामग्री का बहुत ही कम उपयोग करते हैं क्योंकि उससे प्राप्त साक्ष्य बहुत महत्वपूर्ण है। जहाँ साहित्यिक साक्ष्य अधिकतर विशिष्ट वर्ग के जीवन से संबद्ध है, वहीं पुरातात्विक साक्ष्य न केवल विशिष्ट वर्ग के, बल्कि आम लोगों के,

जीवन के बारे में सूचना प्रदान करता है। वास-स्थलों और नगरों की खुदाई करने पर समाज के सभी स्तरों के लोगों के बारे में साक्ष्य मिलते हैं। साहित्यिक साक्ष्य का उपयोग अब तक मुख्यतः राजाओं और उनके कारनामों की सूचियाँ हासिल करने के लिए ही किया जाता रहा है। पुरातत्व का राजाओं के नामों से सरोकार नहीं है। हड़प्पाकालीन नगरों में रहनेवाले विविध प्रकार के नागरिकों के बारे में आज हमारी इतनी जानकारी है कि लगभग उनके रोजमर्रा के जीवन की पुनर्रचना कर देना संभव है और फिर भी हम उनके एक भी शासक का नाम नहीं जानते हैं। इस तरह पुरातत्व यह साबित करता है कि राजवंशीय तालिकाएँ संकलित करने में थोड़े-से लोगों की दिलचस्पी हो सकती है, पर वह अतीत के तात्विक अध्ययन में गौण होता है। अतः एक दृष्टि से पुरातात्विक साक्ष्य प्राचीन इतिहास के अध्ययन को एक नया आयाम दे देता है।

इसके महत्व का एक अन्य कारण यह है कि वह मौजूदा ज्ञान के अन्तरालों को भर देता है। अब हम प्राचीन साहित्य की सुस्पष्ट किंवदंतियों के आधार पर नहीं, बल्कि पुरातत्व से प्राप्त ठोस-ठोस साक्ष्य के आधार पर सुदूर पुरातन काल तक भारतीय इतिहास के आदि का पता लगा सकते हैं। और भी महत्व की बात यह है कि अब भारतीय सभ्यता के मूलाधारों—हड़प्पा की संस्कृति और हड़प्पा की परवर्ती संस्कृतियों—को और स्पष्ट रूप में परिभाषित किया जा सकता है। सिंधु-गंगा मैदान में आर्य संस्कृति का आविर्भाव किसी सांस्कृतिक शून्य में नहीं संभव हुआ। अब उसे विद्यमान और पूर्ववर्ती संस्कृतियों के संदर्भ में प्रस्तुत करना है।

भौतिक अवशेष ही वह 'तथ्य' हैं जिनका पुरातत्वविद् अध्ययन करते हैं और उनका साहित्यिक साक्ष्य की पुष्टि या खंडन के लिए भी इस्तेमाल किया जा सकता है। गंगा के मैदान के चित्रित भूरे भांड स्थलों से, जिन्हें आर्य बस्तियों का भौतिक अवशेष माना जाता है, यह संकेत मिलता है कि वे खासे सीधे-सरल लोग थे, आदिम खेतिहर थे और उनकी जीवन-शैली आडम्बरपूर्ण नहीं थी। वैदिक स्रोतों में जहाँ कहीं अधिक भव्य चित्र अंकित किया गया है उसे बखूबी साहित्यिक आलंकारिकता माना जा सकता है। हस्तिनापुर की खुदाई से बाढ़ की विनाश-लीला का स्पष्ट साक्ष्य मिलता है और *महाभारत* के इस विषयक प्रसंग की पुष्टि हो जाती है। कौशाम्बी में पाये गये प्राचीनतम साक्ष्य हस्तिनापुर के बाढ़ के ही काल के हैं जिससे वहाँ राजधानी के स्थानान्तरित किये जाने का संकेत मिलता है। मौर्य काल के भी कुछ साहित्यिक और पुरातात्विक साक्ष्यों की प्रतिपुष्टि के रोचक उदाहरण सामने आये हैं।

पुरातात्विक सामग्री की एक और उपज है सांख्यिकीय सूचनाएँ। मिट्टी के बर्तन, मनके, तरह-तरह के औजार जैसी दैनिक उपयोग की वस्तुएँ, ढेर की ढेर मिलती हैं। बतौर मिसाल, मिट्टी के बर्तन सांख्यिकीय कार्य के लिए उत्कृष्ट आधार हैं। आकार और बनावट से जीवन-शैली का साक्ष्य तो मिलता ही है, साथ ही किसी भौगोलिक क्षेत्र में किसी खास किस्म

के बर्तनों के वितरण से लोगों के व्यापार या वाणिज्य-वितरण या एक क्षेत्र से दूसरे क्षेत्र में जाने के संकेत मिल सकते हैं। उत्तर का पालिश किया हुआ सुप्रसिद्ध काला बर्तन मौर्य काल के ठीक पहले और स्वयं मौर्य काल की विलास-वस्तु था और उसके वितरण का क्षेत्र मौर्य साम्राज्य के वास्तविक विस्तार के बहुत ही अनुरूप है। सिक्के भी सांख्यिकीय अध्ययन का उत्तम आधार होते हैं।

शिलालेख, जो बहुधा पुरातत्व के एक अंग के रूप में शामिल कर लिये जाते हैं, पुरातत्व और इतिहास के बीच एक सेतु होते हैं। शिलालेख आमतौर पर किसी काल विशेष की सामग्री के रूप में साहित्यिक स्रोतों से ज्यादा यथार्थ होते हैं। शिलालेखन कठिन प्रक्रिया होने से वे हठात् संक्षिप्त होते हैं। इसीलिए प्रशस्तियों को छोड़कर अधिकांश शिलालेखों में कम-से-कम, अत्यावश्यक सूचना ही मिलती है। साहित्यिक स्रोतों की तुलना में शिलालेखों की एक बड़ी नियामत यह है कि एक बार उत्कीर्ण कर दिये जाने के बाद उन्हें परिवर्तित नहीं किया जा सकता। शताब्दियों तक संपादन और पुनर्लेखन से गुजरते हुए साहित्यिक सामग्री में प्रायः जिस तरह अंश के अंश परिवर्तित या प्रक्षिप्त कर दिये जाते हैं, वैसा शिलालेखों में नहीं हो सकता। शिलालेखों में न केवल राजनीतिक इतिहास संबंधी जानकारी, बल्कि सामाजिक और आर्थिक हालात संबंधी और अधिक जानकारी भी सन्निविष्ट होती है। गुप्त काल के बाद के भूमि अनुदान के शिलालेख इस विषय के कानूनी दानपत्र होने के नाते उस काल संबंधी अत्यन्त रोचक साक्ष्य प्रस्तुत करते हैं। यह साक्ष्य उस काल की हमारी सम्पूर्ण समझदारी को परिवर्तित कर सकता है। उदाहरण के लिए, यह बार-बार प्रतिपादित किया गया है कि उस काल में जाति-प्रथा ज्यादा कठोर हो गयी थी और यह भी तुर्क और अफगान आक्रमणों की चुनौती का मुकाबला कर सकने में भारत की अक्षमता का एक महत्वपूर्ण कारण था। अब यह साबित किया जा रहा है कि उस काल में जाति विन्यास का कठोर होना तो दूर रहा, उसमें काफी लचीलापन मौजूद था।

शायद पुरातात्विक सामग्री की सबसे बड़ी नियामत यह है कि वह इतिहासकारों को राजवंशों और राजत्व संबंधी घटनाओं के शुष्क अध्ययन से हटकर संपूर्ण समाज के ज्यादा सार्थक अध्ययन की ओर मुड़ने को विवश कर देता है। पुरातत्व भौतिक अवशेषों के अध्ययन से संबंध रखता है और टेक्नालाजिकल परिवर्तन को सांस्कृतिक और अन्य परिवर्तनों की पहचान के आधार के रूप में इस्तेमाल करता है। इसी कारण वह सामाजिक ढाँचे, अर्थतंत्र और टेक्नालाजिकल परिवर्तन जैसे प्राचीन अतीत के काफी उपेक्षित पहलुओं की ओर ध्यान आकृष्ट करता है। राजवंशीय इतिहास तो इतिहास की रचना में शामिल कहीं बृहत् ताने-बाने का एक हिस्सा-भर है।

साहित्यिक स्रोतों का विश्लेषणात्मक अध्ययन या पुरातत्व से प्राप्त नये साक्ष्य का उपयोग खुद में पर्याप्त नही है। अनुसंधान के प्रासंगिक विषयों को लेकर—ऐसे विषयों को

जो शैक्षिक और बौद्धिक दोनों दृष्टियों से प्रासंगिक हों—स्रोत सामग्रियों का नये दृष्टिकोण से उपयोग किया जाना चाहिए। राजवंशीय इतिहास की असली समस्या राजाओं की वंशावली न होकर, सत्ता की अवधारणा तथा सत्ता के वितरण दोनों से संबंधित सत्ता विषयक मान्यता है। सत्ता का केन्द्र राजा था या सत्ता विविध संस्थाओं और पदाधिकारों के रास्ते निर्दिष्ट होती थी ? अगर प्राच्य निरंकुश तंत्र के सिद्धांत को या प्राचीन भारतीय राजा के संपूर्णतः परोपकारी होने पर जोर दिये जाने को चुनौती देनी है तो जीवन्त ऐतिहासिक विश्लेषण अवश्य करना पड़ेगा। हर हालत में आर्थिक ढाँचे की सम्यक् समझ के बिना सत्ता संबंधी धारणा का अध्ययन नहीं किया जा सकता। सत्ता की अवधारणा और वितरण को समझने के लिए मानव-श्रम और पैदावार दोनों की दृष्टि से राजस्व के स्रोतों तथा समाज के विविध स्तरों पर राजस्व के वितरण की जानकारी अत्यावश्यक है। धार्मिक शक्ति जैसे गैर-आर्थिक उपादान भी अपनी ही भूमिका अदा करते हैं किन्तु उनका भी इसी संदर्भ में अध्ययन करने की जरूरत है। सामाजिक ढाँचे में जातिगत ढाँचे के विकास का अध्ययन निहित है। सामाजिक ढाँचा क्या वस्तुतः वर्णाश्रम धर्म के नियमों के ही अनुसार संचालित होता था ? यदि हाँ, तो सिद्धान्त और व्यवहार के बीच की विसंगति का सिर्फ एक ज्वलन्त उदाहरण रखा जा सकता है कि अनेक अक्षत्रिय कैसे राजा हो गये थे। अथवा यह विसंगति केवल राजनीतिक सत्ता के पदों से संबद्ध थी ? आर्थिक ढाँचे और जातिगत ढाँचे में किन-किन मुद्दों पर अभिन्नता थी ?

विविध समूहों के बीच संघर्षों का स्वरूप एक ऐसा और भी महत्वपूर्ण प्रकरण है जिसका भारतीय इतिहासकार बिरले ही अध्ययन करते हैं। हर समाज में संघर्ष और तनाव अभिव्यक्त होते हैं, फिर भी प्राचीन भारत के मामले में इनकी कभी ठीक-ठीक परिभाषा और अध्ययन नहीं किया गया। मध्य काल में पहुँचने के पहले, जहाँ कुछ इतिहासकार खामखाह हिंदुओं और मुसलमानों के बीच तनावों की फहरिस्त पेश करने और उस पर जोर देने लगते हैं, कोशिश करके तनावों के प्रसंगों की लीपापोती करने की प्रवृत्ति मिलती है। लेकिन हालाँकि धार्मिक गुत्थियाँ 1206 के बाद के काल के हिंदुओं और मुसलमानों के बीच के तनावों का आधार बन चुकी थीं, फिर भी उन तनावों को तब तक ठीक-ठीक नहीं समझा जा सकता जब तक कि इससे पहले के काल के तनावों के स्वरूप को न जाना जाये। प्राचीन काल में राजगद्दी के अपहरण की घटनाओं , हत्याओं और युद्धों के प्रसंगों में राजनीतिक तनाव के साक्ष्य अत्यन्त स्पष्ट हैं। शेष समाज को ये किस रूप में प्रभावित करते थे ? आये दिन की लड़ाइयों से आर्थिक तनाव भी अवश्य उत्पन्न हुए होंगे। धार्मिक समूहों के बीच के मतभेदों से अलग ही किस्म के तनाव उत्पन्न हुए होंगे। अगर विविध प्रकार के समूहों के बीच असहिष्णुता न रही होती तो सम्राट अशोक की सतत सहिष्णुता संबंधी दलीलें न हुई

होतीं। ब्राह्मणों और चार्वाकों के बीच मतभेद के क्या पक्ष थे, जिनके फलस्वरूप अन्ततोगत्वा ब्राह्मण दार्शनिक साहित्य से चार्वाक-चिन्तन के उल्लेख को हटा दिया गया ? क्यों कुछ धर्म कुछ खास समूहों को अपील करते थे, जैसे बौद्ध धर्म व्यापारी समूहों और राजपरिवारों की स्त्रियों को अपील करता था ? संपूर्ण भारतीय इतिहास में अधिकांश जैन क्यों सौदागर समुदाय के सदस्य रहे ? क्या ये बातें तनावों की धुरी बनी थीं ?

इस बात का अध्ययन भी समानतः प्रासंगिक है कि क्यों कोई-कोई तनाव बढ़कर संघर्ष का रूप ले लेता था। आर्यों तथा दस्युओं और पणियों के बीच संघर्ष का स्वरूप क्या था, क्या जातीय था, जैसा कि बार-बार प्रतिपादित किया गया है, अथवा वह सांस्कृतिक कुसामंजस्य का नतीजा था ? देशज लोगों तथा उनके द्वारा विदेशी माने जानेवाले लोगों के बीच संघर्ष का क्या स्वरूप था ? किस प्रक्रिया से होकर यूनानी और शक व्रात्य क्षत्रिय माने जाने लगे और किस प्रकार वे भारतीय समाज में आत्मसात् कर लिये गये ? तेरहवीं शताब्दी के पहले के भारतीय अरबों और तुर्कों को ठीक-ठीक किस निगाह से देखते थे ?

इस तरह के सवाल पूछने का उद्देश्य बौद्धिक कलाबाजी करना नहीं, बल्कि यह सुझाना है कि ऐसे सवालों से ही इतिहास का अध्ययन सार्थक हो सकता है। ऐसे सवालों की प्रासंगिकता दो तरीकों से स्पष्ट की जा सकती है। सबसे पहले, ये सवाल भारतीय इतिहास के हर काल को लेकर पूछे जा सकते हैं और पूछे जाने चाहिए क्योंकि वे समाज के विकास के हर चरण के लिए युक्तियुक्त सवाल हैं। विश्लेषणात्मक अध्ययन पर आधारित इन सवालों के जवाबों से भारतीय इतिहास की असली अटूट परंपरा सामने आयेगी। दूसरे, इन सवालों से अतीत के विविध तबकों की ज्यादा साफ समझदारी हासिल हो सकेगी। ज्यादा साफ समझदारी से भारतीय इतिहास की दिशा को प्रभावित करनेवाले प्रधान और गौण, दोनों प्रकार के उपादानों का संकेत करनेवाली बहुमूल्य तुलनात्मक अन्तर्दृष्टि का उदय होगा। तभी जाकर हम न केवल भारतीय इतिहास पर इस्लाम के प्रभाव के सच्चे स्वरूप को, बल्कि वस्तुतः भारतीय अतीत की सृष्टि में सम्मिलित समस्त शक्तियों के सच्चे स्वरूप को समझ सकेंगे।

मध्यकालीन भारतीय इतिहास और साम्प्रदायिक दृष्टिकोण

हरबंस मुखिया

आज एक बहुत ही लम्बे अरसे से 'मुस्लिम भारत' नाम सात शताब्दियों से अधिक के हमारे मध्यकालीन इतिहास के लिए प्रयोग किया जाता रहा है; और आज भी इसका भरपूर प्रचलन है।

हमारे इतिहास के मध्यकाल के चरित्र का जो इस प्रकार साम्प्रदायिक निरूपण किया जाता है, उसके पीछे निहित तर्क यह तथ्य रहा है कि 11वीं शताब्दी या 13वीं शताब्दी ईसवी से आगे भारत के नये शासकों का धर्म इस्लाम था, जबकि इससे पहले के शासक हिन्दू थे। इस तरह के चरित्र-निरूपण में डॉ..थापर द्वारा पहले ही लक्षित किये गये गंभीर दोषों के सिवा दो अन्य आपत्तिजनक मान्यताएँ भी निहित हैं :

(1) शासक के जीवन या शासक परिवार या ज्यादा से ज्यादा शासक वर्ग के इतिहास को भारत के इतिहास का पर्याय स्वीकार कर लिया गया है तथा शासक के निजी धर्म को निर्णायक उपादान मान लिया गया है;

(2) एक हजार साल के और अरब से भारत तक के इस्लाम के प्रति गतिहीन दृष्टिकोण अपनाया गया है। शताब्दियाँ और दूरियाँ तय करने के साथ इस्लाम में आये सारे परिवर्तनों को नजरअन्दाज कर दिया गया है; अरब में 7वीं शताब्दी में इस्लाम में सामाजिक समता की अवधारणा बुनियादी अवधारणा थी जो आगे चलकर बदल गयी और 13वीं शताब्दी से लेकर भारत में निरंकुश राजतंत्र या एकांतिक शासक वर्ग तथा अन्य स्थानों में इससे पहले या बाद में इसी तरह के राजतंत्र और शासक वर्ग स्थापित हो गये।

निरंकुश राजतंत्र और एकांतिक शासक वर्ग सामाजिक समता की अवधारणा के प्रतिकूल हैं। साथ ही वस्तुतः अलग-अलग लोगों के लिए—अलाउद्दीन खिलजी और मुहम्मद तुगलक के लिए, अकबर और औरंगजेब के लिए, उलेमाओं और सूफी सन्तों के लिए—इस्लाम के अलग-अलग अर्थ थे, हालाँकि वे सब इसी के प्रति आस्था रखते थे।

अतः हमारे सामने मध्यकालीन भारत के इतिहास के रूप में जो कुछ पेश किया जाता

है, वह वस्तुतः इतिहास का एक हिस्सा-भर है और जिसे निर्णायक उपादान माना जाता है वह वस्तुतः बिल्कुल अमहत्वपूर्ण है। असल में इतिहास में हमें जिस चीज का अध्ययन करना चाहिए वह है काल के एक बिन्दु से दूसरे तक समाज के विकास की मंजिल, समाज की उत्पादन प्रणाली में आनेवाले परिवर्तन और उससे उत्पन्न सामाजिक संगठन आदि। ऐसा अध्ययन अतीत के सम्पूर्ण समाज का अध्ययन होगा और वास्तव में शासक का निजी धर्म तो अनावश्यक हो जायेगा। सच तो यह है कि हमें जो राजनीतिक इतिहास पढ़ाया जाता है वह वस्तुतः शासक राजवंशों का इतिहास है। शासक वर्ग में सम्मिलित विविध समूहों—जैसे क्षेत्रीय, धार्मिक, जातीय आदि—तथा उनके समझौतों और संघर्षों के उन मुद्दों का कम ही विश्लेषण किया गया है जो शासकों को किसी खास अवसर पर किसी एक या दूसरी नीति का अनुसरण करने को बाध्य कर देनेवाले तरह-तरह के दबावों को जन्म देते हैं।

मध्यकालीन भारत का राजनीतिक इतिहास जिस तरह लिखा जाता रहा है, उस तरह लिखने में एक सुविधा की बात यह है कि सूचना के स्रोत या समकालीन इतिहासकारों* की कृतियाँ फौरन सुलभ हो जाती हैं और उनका विषय भी प्रायः एकान्ततः राजदरबार का इतिहास ही है। इसके उदाहरण हैं जियाउद्दीन बरनी का *तारीख-ए-फ़िरोजशाही,* अबुल फ़ज़्ल का *अकबरनामा* आदि। किन्तु इन समकालीन कृतियों को उपयोग में लाने से पहले शायद ही कभी इनके स्वरूप का विश्लेषण किया गया।

हम सूचना के लिए जिन समकालीन इतिहासकारों पर निर्भर करते हैं, उनके बारे में एक महत्वपूर्ण तथ्य यह है कि वे सभी या तो राजदरबारी या उस पद के आकांक्षी थे। इसलिए वे राजदरबार के एक न एक गुट से जुड़े हुए थे। फलतः राजदरबार पर ही उनका ध्यान केन्द्रित था और उन लोगों ने जिन घटनाओं का वर्णन किया है, वे प्रत्यक्ष या परोक्ष रूप में उसी से सम्बद्ध हैं। इसलिए उन लोगों ने जिस शब्दावली का इस्तेमाल किया है, वह भी राजदरबार के इतिहास के संदर्भ विशेष से सम्बद्ध है।

दृष्टान्त के रूप में हम एक निहायत नाजुक शब्द—'हिन्दू'—को ले लें।

चूँकि इतिहासकार स्वयं राजदरबारी और अभिजात वर्ग के थे, इसलिए उन्हें अभिजात वर्ग के रूप और विन्यास तथा अभिजात वर्ग और शासक के बीच के संबंध के क्षेत्र में यथास्थिति बनाये रखने में दिलचस्पी थी। ज़िया बरनी ने, जो मुख्यतः मध्य चौदहवीं शताब्दी के इतिहासकार होने के अलावा महान सिद्धान्तकार भी थे, अपनी कृति *फतवा-ए-जहाँदारी* में इन मुद्दों को आग्रह के साथ प्रस्तुत किया है। प्रो.एम.हबीब और श्रीमती अफसर खाँ ने *पोलिटिकल थियरी ऑफ दि दिल्ली सल्तनत,* नाम से इस कृति का अंग्रेजी में अनुवाद किया

*यहाँ 'समकालीन इतिहासकार' पद का प्रयोग उन इतिहासकारों के लिए किया गया है जो सुल्तानों के समकालीन थे। आज के या निकट अतीत के इतिहासकारों के लिए 'आधुनिक इतिहासकार' पद का प्रयोग किया गया है।

है। एक ओर बरनी यह सुझाव देते हैं कि ऊँचे कुल के लोगों को ही, अर्थात् चुनिन्दा घरानों के लोगों को ही शाही अभिजात वर्ग में प्रवेश देना चाहिए और इस तरह रूप और विन्यास में निश्चय ही यथास्थिति बनाये रखी जानी चाहिए; और दूसरी ओर वे सुल्तानों को ऐसी सलाहकार परिषद् बनाने की सलाह देते हैं कि जो कुलीनता पर आधारित हो, जिसकी बैठकें एक निश्चित कार्यविधि के अनुसार चलायी जायें, जिसके सदस्य बिना किसी भय या प्रत्याशा के अपनी सम्मति प्रकट करने को स्वतंत्र हों, आदि। इस तरह सलाहकार परिषद् के जरिये सुल्तान और अभिजात वर्ग के बीच का रिश्ता एक संस्था में तब्दील हो जायेगा। जिसमें कोई मनमाना परिवर्तन संभव नहीं होगा।

इस यथास्थिति के लिए मुख्य खतरा उन हिन्दू राजाओं, रावों, राणाओं, रायों, जमींदारों आदि से पैदा होता था जो, जैसा कि हम आगे देखेंगे, खुद बृहत्तर शासक वर्ग का एक बहुत ही महत्वपूर्ण हिस्सा थे। इसलिए जब समकालीन इतिहासकार हिन्दुओं का सफाया कर दिये जाने की वकालत करते हैं तो वे वास्तव में हिन्दू समुदाय के इसी तबके का सफाया चाहते होते हैं, न कि समूचे समुदाय का, जिसमें वह किसान तबका भी शामिल है जिसके दिये करों से स्वयं उन इतिहासकारों और उन हिन्दू राजाओं और मुस्लिम इक्तादारों का हृास-विलास का जीवन चलता था। इसलिए समकालीन इतिहासकारों द्वारा प्रयुक्त 'हिन्दू' शब्द का आशय हिन्दू समुदाय के एक तबके मात्र से है जो राजनीतिक और सामाजिक दृष्टि से उन दिनों महत्वपूर्ण था। यह करीब-करीब राजनीतिक, न कि धार्मिक, अर्थ में इस्तेमाल किया गया है।

इस तरह समकालीन इतिहासकारों ने जिस शब्दावली का प्रयोग किया है वह केवल शासक वर्ग की भीतरी खींचतान और संघर्षों और समझौतों से संबंध रखती है और इस कर्म में हिन्दू और मुसलमान दोनों ही शामिल थे। शासक वर्ग के भीतर के ये संघर्ष 'सामाजिक' स्तर के संघर्षों का प्रतिफलन नहीं करते थे।

दूसरे, समकालीन इतिहासकारों की कृतियों में आत्मनिष्ठ तत्व बहुत प्रबल है। प्रायः ही वे वह नहीं लिखते हैं जो घटित हुआ, बल्कि वह लिखते हैं जिसे वे चाहते थे कि घटित हो।

आधुनिक इतिहासकारों ने, और जब-तब उन इतिहासकारों ने भी जो अपने दृष्टिकोण में जागरूकता के साथ धर्म-निरपेक्ष रहे हैं, यह समझा कि समकालीन इतिहासकारों द्वारा प्रयुक्त शब्दावली समूचे समाज के लिए लागू होती है। फलतः शासक वर्ग के बीच के संघर्षों को सामाजिक स्तर का संघर्ष समझा गया। सुल्तान अलाउद्दीन खिलजी की ही मिसाल लीजिए। उसने बगावती हिन्दू जमींदारों को ही कुचलने के लिए नहीं, बल्कि मुस्लिम इक्तादारों को भी कुचलने के लिए कुछ कड़े कदम उठाये और इन इक्तादारों में ऐसे नितांत धार्मिक लोग भी शामिल थे जिन्हें बगावत से कुछ लेना-देना नहीं था। पर उसे हिन्दुओं के प्रति

सर्वथा असहिष्णु धर्मोन्मादी के रूप में चित्रित किया जाता है, हालाँकि उसके समकालीन इतिहासकार ज़िया बरनी का रोना यह है कि अलाउद्दीन खिलजी ऐसा सुल्तान था जिसे शरीयत की जरा भी परवाह नहीं रहती थी, चाहे वह राज्य के मामले में लिया जाय या उसकी निजी जिन्दगी के मामले में। इसी तरह शाहजहाँ और औरंगजेब जैसे कुछ शासकों ने कुछ राजनीतिक दृष्टि से महत्वपूर्ण व्यक्तियों या घरानों का धर्म-परिवर्तन कराने की जो कोशिश की उसे इस रूप में अंकित किया जाता है मानो वह सामाजिक या सामूहिक स्तर पर हिन्दुओं को मुसलमान बनाने की कोशिश रही हो।

दूसरे ये आधुनिक इतिहासकार समकालीन इतिहासकारों के अभिलाषाजन्य तत्व को पहचानने और अलग करने में असफल रहे और उनके लिखे हर शब्द पर ज्यों का त्यों भरोसा कर लिया। इस तरह का भरोसा ऐतिहासिक अध्ययन के हर मानदंड के विपरीत तो है ही, साथ ही यह बड़ी दिलचस्प बात है कि कोई हिन्दू इतिहासकार जितना ही सांप्रदायिक होता है, समकालीन कट्टर मुस्लिम इतिहासकार के शब्दों का उतना ही ज्यादा भरोसा करता है।

तीसरे, चौथे और पाँचवें दशक के 'राष्ट्रवादी'* इतिहासकारों ने पूरी ईमानदारी के साथ साम्प्रदायिकों की चुनौती का मुकाबला करने की कोशिश की; पर बदकिस्मती से उन्होंने अपने विरोधी से उसी की जमीन पर लड़ने की ठानी। अर्थात् साम्प्रदायिकों की तरह वे भी समूचे समाज और उसके गतिशास्त्र का अध्ययन करने के लिए राजदरबार से बाहर नहीं बढ़े। दूसरे, जहाँ साम्प्रदायिक इतिहासकार प्रतिकूल साक्ष्य को नजरअंदाज कर देते थे या जान-बूझकर छोड़ देते थे, वहाँ 'राष्ट्रवादियों' ने भी वही किया, हालाँकि बिल्कुल विपरीत और निश्चय ही बेहतर उद्देश्यों से।

इस तरह साम्प्रदायिक और राष्ट्रवादी इतिहासकारों का दृष्टिकोण बुनियादी तौर पर एक ही था। एक मंजिल पर पहुँचकर इसका नतीजा यह हुआ कि राष्ट्रवादियों को साम्प्रदायिकों के समक्ष नत होना पड़ा।

इसकी एक मिसाल पेश है : अभी हाल तक मध्यकालीन भारत के इतिहास का केन्द्र-बिन्दु व्यक्तिगत रूप से शासक लोग होते थे और यह समझा जाता था कि उनके शासन-काल की सारी ऐतिहासिक घटनाएँ उनकी इच्छा या स्वभाव का परिणाम होती थीं। इस तरह अलाउद्दीन खिलजी ने बड़े-बड़े भूखण्डों को जो जीता था वह उसके महत्वाकांक्षी स्वभाव का नतीजा था,। या मुहम्मद तुगलक की पागलपन से भरी योजनाएँ उसके स्वभाव में अन्तर्विरोधी गुणों के असंतुलित मिश्रण का परिणाम थीं। या अकबर उदार धार्मिक नीति पर चलता था क्योंकि

---

*'राष्ट्रवादी' इतिहासकारों से आशय उन इतिहासकारों से है जिनका यह विश्वास था कि मध्यकालीन भारतीय इतिहास की तस्वीर निरी सांप्रदायिक संघर्ष की नहीं, बल्कि गौरवमय सांप्रदायिक मेलजोल की तस्वीर है।

वह प्रकृति से उदार था। साम्प्रदायिकों और राष्ट्रवादियों, दोनों ने ही मध्यकालीन भारत के इतिहास की व्याख्या इसी तरह की थी। अगर एक बार कोई यह स्वीकार कर लेता है कि अकबर की उदार धार्मिक नीति स्वयं उसके उदार दृष्टिकोण का प्रतिफलन थी, तो मिसाल के बतौर यह निष्कर्ष भी अनिवार्य हो जाता है कि औरंगजेब की कट्टर धार्मिक नीति उसकी कट्टर प्रकृति का परिणाम थी।

इस तरह नीतियों संबंधी चर्चा में उदारता और कट्टरता संबंधी धारणाओं का प्रवेश हो जाता है जबकि वे महज इस या उस शासक की उदार या कट्टर प्रकृति मात्र का नतीजा न होकर ठोस राजनीतिक परिस्थिति की बाध्यताओं का और हर अलग-अलग प्रसंग के पीछे क्रियाशील गुटों और तबकों की पंक्तिबद्धताओं के सन्तुलन का नतीजा होती हैं। अकबर की उदारता के लिए साम्प्रदायिक इतिहासकार भी प्रशंसा के पुल बाँध दे सकता है, क्योंकि इतना कर देने के बाद वह हर अन्य शासक को कट्टरता का आरोप लगाकर लांछित करने की छूट पा जायेगा। सबसे पहले तो 'धर्मनिरपेक्ष' और 'राष्ट्रीय' नेता के रूप में अकबर की स्तुति करना इतिहास-विरुद्ध है, क्योंकि मध्यकालीन भारतीय राज्य (या चाहे जिस किसी मध्यकालीन राज्य को ही ले लीजिए) स्वभावतः धर्मनिरपेक्ष नहीं हो सकता था, क्योंकि धर्मनिरपेक्ष राज्य की धारणा अत्याधुनिक धारणा है—और वह भी इतनी आधुनिक कि हममें से कुछ लोग अभी भी इस धारणा के साथ मेल नहीं बैठा सके हैं और शायद इसको व्यवहार में तो और भी कम उतार सके हैं। दूसरे, इस तरह का दृष्टिकोण स्वयं अपने ही उद्देश्य को निरस्त कर देता है, क्योंकि इसका निहितार्थ यह होता है कि अकबर के पचास साल के शासन को छोड़कर बाकी साढ़े छह शताब्दियों तक राज्य गैर-धर्मनिरपेक्ष अर्थात् धर्मतांत्रिक राज्य रहा तथा अकबर का शासनकाल केवल संयोग, केवल भटकाव है।

अतः इतिहास के प्रति हमारा दृष्टिकोण तभी सचमुच और तर्कसंगत रूप में धर्मनिरपेक्ष हो सकता है जबकि हम स्वयं इतिहास के प्रति अपना सम्पूर्ण दृष्टिकोण बदल दें और व्यक्तिगत रूप में शासक या शासक वर्ग के इतिहास की जगह समाज के इतिहास का अध्ययन करें। हमें जिस बात का अध्ययन करने की जरूरत है, वह है समूचा समाज, उसका संगठन और स्वरूप जिनके कारण एक ही समय नहीं तो फौरन आगे-पीछे सांप्रदायिक सामंजस्य और असामंजस्य की अन्तर्विरोधी प्रक्रियाएँ घटित होती हैं, इस सामंजस्य और संघर्ष का क्षेत्र आदि। यदि हम समाज का अध्ययन करते हैं तो उस दशा में हमें उसके एक पहलू को उभारने के लिए दूसरे को दबाने की जरूरत नहीं पड़ती, जैसा कि साम्प्रदायिक और राष्ट्रवादी दोनों करते रहे।

2

सातवीं शताब्दी में अरब में इस्लाम के उदय का समसामयिक संसार पर खासा प्रगतिशील

प्रभाव पड़ा । जिस समय पैगम्बर मुहम्मद ने एक ईश्वर के सिद्धान्त—लाइलाहाइलिल्लाह—का उपदेश दिया, उन्होंने एक महान सामाजिक परिवर्तन का सुझाव रख दिया। क्योंकि एक ईश्वर की कल्पना का अर्थ था सामाजिक समानता की कल्पना । अगर एक ही ईश्वर है और उसी ने सबकी सृष्टि की है, तो उसके सामने सभी उसी तरह बराबर हैं जैसे बाप के सामने बच्चे और इस वजह से हर कोई हर दूसरे के बराबर है । इसी बुनियादी मान्यता से मुस्लिम भ्रातृत्व—मिल्लत—की अवधारणा का जन्म हुआ । इस्लाम में किसी एकान्तिक शासक वर्ग या एकान्तिक पुरोहित वर्ग के लिए भी व्यवस्था नहीं की गयी थी ।

बहरहाल 7वीं और 8वीं शताब्दियों में इस्लाम के विशाल क्षेत्रों में फैल जाने और बड़े-बड़े साम्राज्यों के स्थापित हो जाने, खासतौर पर फारस के जीत लिये जाने के बाद जहाँ सभ्यता और प्रशासन-व्यवस्था अत्यन्त विकसित थी, दैवी अधिकारों का दावा करनेवाले एक निरंकुशवादी राजा के नेतृत्व में एक एकान्तिक शासक वर्ग का आविर्भाव होने लगता है । उसी के साथ-साथ सामाजिक समानता की धारणा भी पृष्ठभूमि में खिसकने लगती है, क्योंकि यह अनिवार्य था कि सामाजिक समानता स्वयं अपने प्रतिवाद के लिए—एक एकान्तिक शासक वर्ग के लिए जिसका रक्षक एक निरंकुश राजा हो—स्थान खाली करने को बाध्य हो जाये । ग़ज़नी का सुल्तान महमूद आमतौर पर इस तरह का पहला सुल्तान माना जाता है; और यह मान्यता मुसलमानों के बीच सामाजिक समानता के सिद्धान्त की औपचारिक समाप्ति की सूचक है । इस तरह 11वीं और 13वीं शताब्दियों में और उसके बाद हम अपने को ऐसे महत्वाकांक्षी साम्राज्य-निर्माताओं के रू-ब-रू पाते हैं, जो जितना ही काफिरों की कीमत पर उतना ही आपस में एक-दूसरे की कीमत पर अपने साम्राज्यों का विस्तार करने में लगे थे । तुर्क लोग नये इलाकों की तलाश में निकले हुए बहादुर, लड़ाकू शासक वर्ग के रूप में भारत आये थे, न कि सशस्त्र धर्म-प्रचारकों के रूप में ।

भारत में तुर्क शासन की स्थापना किस प्रक्रिया से हुई ? क्या वह बड़े पैमाने पर हिन्दू आबादी के कत्लेआम के जरिये हुई ? या हिन्दुओं का जबरदस्ती धर्मपरिवर्तन करके ? तुर्क सेनाओं के आगे बढ़ने में जनता की ओर से जो लगभग कतई प्रतिरोध नहीं हुआ, उसकी क्या वजह थी ?

तुर्कों ने 12वीं-13वीं शताब्दियों में अपने साम्राज्य की स्थापना की और यहाँ वे मोटे तौर पर 12,000 सैनिक लेकर आये । श्रेष्ठ सैनिक संगठन और कार्यनीति के जरिये उन्होंने हिंदू शासकों को परास्त कर दिया, जबकि इनके सैनिक और आर्थिक संसाधन, और कई मामलों में तो स्वयं इन शासकों के व्यक्तिगत संसाधन तुर्कों से कहीं ज्यादा थे । पर रणक्षेत्र में विजय का अर्थ साम्राज्य स्थापित कर लेना नहीं होता । और तुर्कों ने यह जरूर अनुभव किया होगा कि रणक्षेत्र में एक जगह पर जमा दुश्मन के सैनिक संसाधनों को परास्त करना

अपेक्षाकृत कहीं ज्यादा आसान है; पर अगर उन्होंने केन्द्रीय से लेकर ग्राम स्तर तक मौजूदा प्रशासनिक कर्मचारी वर्ग में तब्दीली लानी चाही तो उन्हें इतने व्यापक प्रतिरोध का सामना करना पड़ेगा जिसे परास्त नहीं किया जा सकता। इसलिए बड़े शासकों को परास्त कर लेने के बाद उन्होंने निचले स्तर के पुराने हिन्दू शासक वर्ग—राजाओं, राणाओं, जमींदारों, चौधरियों आदि—के साथ चटपट समझौता कर लिया। समझौते की शर्तें यह थीं कि जमींदारों आदि को न तो उनकी जमीन से वंचित किया जाय और न पद और विशेषाधिकारों से, बशर्ते वे सुल्तान को एक निश्चित सालाना कर देने को राजी हो जायें। जब तक वे अपने कर की पूरी और वक्त से अदायगी करते जाते—जिसका यह भी मतलब होता कि वे सुल्तान का अधि-राजत्व स्वीकार करते जाते—तथा जब तक वे एक-दूसरे पर हमला न करते, तब तक उन्हें अपदस्थ नहीं किया जाता, न ही उनके अपनी भूमि के प्रशासन में दखलन्दाजी की जाती।

इस तरह, प्रशासन के निचले सोपान पूरी तौर पर हिन्दुओं के ही हाथों में बने रहते। इस तरह तुर्कों को अपना साम्राज्य कायम करने में हिंदुओं ने मदद की और उनके लिए वे प्रशासन चलाते रहे। उनके समर्थन के बिना तुर्क लोग भारत में अल्प काल से ज्यादा टिक नहीं सकते थे। वे हिन्दू पूरी तरह शासक वर्ग का एक हिस्सा बन गये क्योंकि तुर्कों की ही तरह वे भी किसान की बेशी पैदावार पर ही निर्वाह कर रहे थे। सच तो यह है कि बरनी आदि जैसे इतिहासकार 'हिन्दू' शब्द का प्रयोग इस समुदाय के उसी तबके के लिए करते थे जो, जैसा कि ऊपर बताया गया है, साम्राज्यी शासक वर्ग का एक हिस्सा बन गया था।

प्रकट राजनीतिक या आर्थिक कारणों से शासक वर्ग में पैदा होनेवाले तनावों को प्रायः धार्मिक या वैचारिक रंग में रँग दिया जाता है। उदाहरण के लिए हम मुहम्मद तुगलक के शासन काल में अलीशाह नाथू नामक व्यक्ति की बगावत का उल्लेख कर सकते हैं। एक खास जमीन नाथू के जिम्मे की गयी थी, जिससे उसे लगान की उगाही करनी थी। नाथू खिलजी था। कुछ समय बाद भारन नामक एक व्यक्ति ने, जो हिन्दू था, अधिकारियों को नाथू द्वारा गबन की गयी उस रकम की सूचना दे दी जिसे वह छान-फूँक रहा था। इस पर वह जमीन स्वयं भारन के नाम कर दी गयी। नाथू और उसके भाइयों ने इस बात को लेकर सुल्तान के सामने विरोध प्रकट किया कि उन पर एक काफिर को प्रशासक के रूप में थोप दिया गया है। जब सुल्तान को वह न समझा सका, तो उसने बगावत कर दी।

इस बात का निश्चय ही कोई साक्ष्य नहीं है कि राज्य ने सामूहिक पैमाने पर या जोश और सरगर्मी के साथ अपने धर्म के प्रचार की कोशिश में हिन्दुओं को मुसलमान बनाने में हाथ बँटाया। राज्य द्वारा किये गये जिन धर्म-परिवर्तनों या इस आशय के संकेतों की हमें जानकारी है, वे राजनीतिक दृष्टि से महत्वपूर्ण व्यक्तियों या घरानों के धर्म-परिवर्तन से संबंधित हैं, सामूहिक स्तर के कदापि नहीं; और यह भी मध्यकालीन भारतीय इतिहास के

आरंभिक चरणों में—जबकि यह ज्यादा सार्थक हुआ होता—नहीं किया गया बल्कि काफी बाद के चरण में किया गया। यह दलील दी जा सकती है कि शासकों ने यह आशा की होगी कि इन महत्वपूर्ण व्यक्तियों या घरानों का धर्म-परिवर्तन कर देने पर उनके अनुयायी भी ऐसा ही कर लेंगे। बहरहाल, यह ध्यान देने की बात है कि निरपवाद रूप में केवल ऐसे व्यक्तियों से ही धर्म-परिवर्तन के लिए कहा जाता था जिन्होंने बगावत या राज्य के प्रति द्रोह या ऐसा ही कोई काम किया हो। ऐसे मामलों में, इसलिए कि वे महत्वपूर्ण होते थे, राज्य वास्तव में यह चाहता था कि उन्हें माफ कर दिया जाये और राज्य के प्रति पूरी वफादारी के लिए प्रतिश्रुत कर लिया जाये। और मध्यकालीन परिस्थितियों में, जबकि धर्म को ही जीवन का परम मूल्य समझा जाता था, अपना धर्म छोड़कर सम्राट का धर्म ग्रहण कर लेना राज्य के प्रति वफादारी का निर्विकल्प अंगीकार समझा जाता था। नहीं तो ऐसा क्यों है कि ऐसी हिन्दू प्रजाओं, या राजाओं और राणाओं और राजपूत सामन्तों से, जो अन्यथा वफादार और कार्यकुशल थे, इस्लाम ग्रहण करने को कभी नहीं कहा गया ?

यह भी दलील दी जा सकती है कि 'जजिया' हिंदुओं को मुसलमान बनने को बाध्य करने के लिए थी। लेकिन एक तो अगर वे मुसलमान बन जाते तो उन्हें 'ज़कात' देनी पड़ती, जो सिर्फ मुसलमानों पर लगाया जानेवाला कर है। दूसरे जजिया संबंधी साक्ष्य बहुत ही भ्रामक है। चौदहवीं शताब्दी का यात्री इब्न बतूता बताता है कि दक्षिण भारत में हिन्दू राजा (ज़मोरिन) अपनी व्यापारी प्रजा से जज़िया वसूलते थे। हम जानते हैं कि भारत के बाहर मुस्लिम शासक स्वयं अपने मुस्लिम प्रजाजन पर जजिया लगाते थे, साथ ही स्त्रियों बच्चों, अशक्तों, ब्राह्मणों (फिरोज़ तुगलक के शासन काल के सिवा) तथा सैनिकों से जजिया नहीं वसूली जाती थी। पर अगर यह मान भी लिया जाये कि जजिया शुद्ध धार्मिक कर था तो क्या हिन्दू अपने धर्म को इतना सस्ता समझते थे कि चन्द सिक्कों की अदायगी से छूट की एवज में (जो कि छूट भी नहीं है क्योंकि मुसलमान के रूप में उन्हें ज़कात देनी होगी) उसे देते। और अन्ततः अगर यह दलील दी जाती है कि सिर्फ कुछ पैसे बचाने के लिए भी हिन्दुओं ने इस्लाम ग्रहण किया होगा तो क्या यह दलील नहीं दी जा सकती कि सिर्फ कुछ पैसे बनाने के लिए राज्य ने जजिया लगायी होगी ?

यही बात मंदिरों के तोड़े जाने के बारे में है। दिलचस्प बात यह है कि सुल्तानों द्वारा तोड़े गये मंदिरों का बड़े जोश-खरोश के साथ वर्णन करने में कट्टर हिंदू इतिहासकार उससे कम मजा नहीं लेता, जितना समकालीन इतिहासकार अपने समय में लेते थे। यह तो जाहिर है कि हिन्दुओं को इस्लाम के पक्ष में लाने के लिए मंदिरों को नहीं तोड़ा जाता रहा होगा, क्योंकि कोई भी यह कल्पना कैसे कर सकता है कि किसी जनगण के हृदय को जीतने का तरीका है जाकर उसके मंदिरों को तोड़ डालना ? मंदिरों को तोड़ने से हिन्दू प्रजा के हृदय में इस्लाम के प्रति कम-से-कम नफरत जरूर पैदा होगी और प्यार

तो निश्चित ही नहीं उपजेगा। इसलिए इसके पीछे उनके धर्म-परिवर्तन का नहीं, कोई और ही उद्देश्य रहा होगा। यह ध्यान देने की बात है कि आमतौर पर दुश्मन के इलाके में ही मंदिर तोड़े जाते रहे; वे खुद सुल्तान के साम्राज्य में नहीं नष्ट किये जाते थे, बशर्ते वे मंदिर राज्य के खिलाफ षड्यंत्र या बगावत के केन्द्र न बन गये हों, जैसा कि औरंगजेब के शासनकाल में होता रहा। इस तरह दुश्मन के इलाके में मंदिरों को नष्ट कर डालना सुल्तान की विजय का प्रतीक होता था। प्रसंगवश यह भी बता देने की बात है कि हिन्दू राजतंत्रों के लिए राजनीतिक चुनौती बनकर मुसलमानों के आविर्भूत होने के बहुत पहले हिन्दू शासक भी दुश्मन के इलाके के मंदिरों का यही हाल किया करते थे। परमार शासक सुभटवर्मन (1193-1210 ई.) ने गुजरात पर हमला करके डभोई और खंभात के बहुत से जैन मंदिरों को लूट लिया था। कश्मीर के शासक हर्ष ने, जिसका पहले उल्लेख किया जा चुका है, अपना राजकोष भरने के लिए स्वयं अपने राज्य के चार के अलावा सारे मंदिरों को लूटा था और उसके विरोध में एक शब्द नहीं कहा गया था और जब उसे और धन की आवश्यकता पड़ी और उसने अपने मातहत सामन्तों पर कर की राशि बढ़ा दी, तो उसे श्रीनगर की सड़कों पर घसीट लाया गया और मार डाला गया।

इस बात से इनकार नहीं किया जाता कि धर्म-परिवर्तन किये गये। पर अधिकांश में सामूहिक स्तर पर वह अपनी इच्छा से या सम्भव है उन सूफी संतों की लोकप्रियता के फलस्वरूप धर्म-परिवर्तन था, जो जनता के बीच में रहते थे और उनकी अपनी ही भाषा में बोलते थे। कहने का अभिप्राय सिर्फ इतना ही है कि राज्य ने सामूहिक पैमाने पर धर्म-परिवर्तन नहीं कराया। यदि राज्य ने ऐसा किया होता तो समकालीन इतिहासकारों ने, जो अत्यन्त कट्टर मुसलमान थे, ऐसे तथ्यों का बड़े जोश-जुनून के साथ और कई गुना बढ़ा-चढ़ाकर उल्लेख किया होता।

यह ध्यान देने की बात है कि सम्राट अशोक ने बौद्ध धर्म के प्रचार और लोगों के धर्म-परिवर्तन पर पूरी शक्ति लगा दी और इस काम के लिए बाजाब्ता राज्य यंत्र का इस्तेमाल किया, फिर भी हम उन्हें महान सम्राट मानते हैं; पर मध्यकालीन भारत में राज्य ने धर्मान्तरण के काम में दिलचस्पी भी नहीं ली और फिर भी जन-मानस में वह इस तरह लांछित हो चुका है जैसे लोगों को इस्लाम में दीक्षित करने के साधन मात्र के अलावा और कुछ न रहा हो। इस तरह के रुख के पीछे स्वयं हमारी अप्रकट साम्प्रदायिकता का हाथ है, जो इस तरह के 'धर्म-परिवर्तन' के प्रति प्रतिकूल प्रतिक्रिया करती है और उससे लोहा लेने के लिए सचेत प्रयास करना जरूरी है।

यहाँ कहने का अभिप्राय यह नहीं है कि मध्यकालीन भारत में राज्य सर्वथा धर्मनिरपेक्ष राज्य था; ऐसा वह हो ही नहीं सकता था क्योंकि धर्मनिरपेक्ष राज्य की कल्पना ही आधुनिक

कल्पना है और ऐतिहासिक दृष्टि से वह मध्ययुगीन शताब्दियों या उससे पहले के काल पर लागू ही नहीं हो सकती। इसलिए अगर राज्य ने धर्मान्तरण में हाथ बँटाया भी तो हमें इसे उस तरह समझना चाहिए जैसे हम इसे अशोक के मामले में समझते हैं।

मध्यकालीन भारतीय राज्य इस अर्थ में नकारात्मक दृष्टि से धर्मनिरपेक्ष था कि वह धर्म को राजनीति के मातहत रखता था, न कि राजनीति को धर्म के मातहत। सुल्तान मोटी तनखाहोंवाले बिना ज्यादा जिम्मेदारी के ओहदों पर उलेमा को रखते थे, जिससे जनता पर उनका जो भी असर हो उसका वे अपने राजनीतिक उद्देश्यों के लिए इस्तेमाल कर सकें तथा चन्द अपवादों को छोड़कर उलेमा सुल्तान की हुक्म तामीली करने और उसकी सुविधा के अनुरूप शरीयत का निर्वचन करने के लिए लालायित रहते थे। सूफियों ने उलेमा की इस बात के लिए सख्त आलोचना की है कि वे जरा-सी, सस्ती आमदनी के लिए खुद को राज्य के हाथों बेच देते हैं और यह आलोचना गलत नहीं है। अनगिनत उदाहरणों में एक दिलचस्प उदाहरण से यह बात साफ हो जायेगी। अकबर के समय के एक दरबारी इतिहासकार बदाऊँनी ने लिखा है कि सम्राट के नौ बीवियाँ थीं, जबकि शरीयत चार के लिए इजाजत देती है। अकबर ने यह मामला उलेमा की एक सभा के सामने रखा। उनमें से एक ने जो, जाहिर है, सम्राट का कृपाभाजन बनने को जरूरत से ज्यादा लालायित था, यह सुझाव दिया कि शरीयत में यह व्यवस्था है कि मुसलमान 2-2, 3-3, 4-4 बीवियाँ अर्थात् कुल 18 बीवियाँ रख सकता है। कुछ दूसरों ने सोचा कि वह बहुत ज्यादा आगे बढ़ गया है और कहा कि 2, 3, 4 अर्थात् 9 शादियों की इजाजत दी गयी है।

3

नये मुसलमान अपनी इच्छा से या बिना इच्छा के धर्म-परिवर्तन के साथ-साथ शासक वर्ग के पूर्ण सदस्य के रूप में तुरन्त अंगीकार नहीं किये जाते थे। सच तो यह है कि निचली जाति से धर्म बदलनेवालों को समाज के उच्चतर स्तर के मुसलमान हिकारत की नजर से देखते थे। बरनी ने एक फर्मान गढ़ लिया है और खलीफा मामून द्वारा जारी किया गया बताया है। उस फर्मान में कहा गया है (और उसकी ये बातें केवल मुसलमानों पर लागू होती हैं क्योंकि वह एक खलीफा का बताया गया है)—"हर किस्म के शिक्षकों को यह सख्त आदेश दिया जाना चाहिए कि वे कुत्तों के हलक में हीरे-जवाहरात न ठूँसें या सूअरों और भालुओं के गले में सोने के कंठे न पहनायें–अर्थात् क्षुद्र, नीच और निकम्मे लोगों को, दुकानदारों और नीच कुलवालों को उन्हें नमाज, रोजे वगैरह के अहकाम के अलावा और कुछ नहीं पढ़ाना चाहिए।"

दूसरी ओर था शासक वर्ग जिसमें मुसलमान और हिन्दू, या इक्तादार (बाद में चलकर मन्सबदार) और जमींदार शामिल होते थे। शुरू-शुरू में सारे इक्तादार तुर्क हुआ करते थे

और राजनीतिक सत्ता के ऊपरी सोपानों में कोई गैर-तुर्क चाहे मुसलमान या गैर-मुसलमान, गवारा नहीं किया जा सकता था। बाद में उच्चतम पदों पर भारतीय मुसलमानों और हिन्दुओं तक के नाम सुने जाने लगते हैं। मुगलों के काल में निस्संदेह राजपूत और राजा टोडरमल और बीरबल जैसे अन्य लोगों को राज्य के सबसे यशस्वी अधिकारियों में स्थान मिला था। शुरू-शुरू में सारे जमींदार हिन्दू थे। किन्तु बाद के चरणों में मुसलमान जमींदारों के भी नाम सुनने में आते हैं।

विभिन्न जमातों और व्यक्तियों के बीच लड़ाइयों का अटूट सिलसिला जारी रहा, जो क्षेत्रीय, धार्मिक और जातीय, हर सीमा को लाँघ जाता रहा। मुस्लिम सामन्त सुल्तानों के खिलाफ बगावत कर देते रहे और आपस में लड़ते रहे; यही हालत हिन्दुओं की रही। वे राजस्व और राजनीतिक सत्ता के लिए एक-दूसरे से जितना लड़ते थे, आपस में उससे कम नहीं लड़ते रहे। और फिर भी बहुत कुछ समानता थी। वे दोनों, किसान द्वारा अपनी अतिरिक्त पैदावार से दिये गये राजस्व पर ही गुजर-बसर करते थे। वे दोनों स्पष्ट ही अपने विपुल साधनों से कहीं ज्यादा उपभोग करते थे। कर्जदारी की रकम उनकी इज्जत का एक पैमाना होती थी; यह रकम जितनी बड़ी होती, वे उतने ही ज्यादा इज्जतदार होते। उनका जीवन उनके अधिराजों की प्रतिकृति होता था। कला को जो जबर्दस्त प्रश्रय दिया जाता था, वह उस जमाने के मूल्यों का एक आनुषंगिक प्रतिफल था। वे बड़ी संख्या में कवियों, गायकों आदि को आश्रय देने में एक-दूसरे से होड़ करते थे। दोनों ही हिन्दू और मुसलमान अवाम को समान रूप से निहायत हिकारत भरी निगाह से देखते थे।

पहले हमने यह सवाल उठाया था : तुर्कों के आक्रमण का या बाद में मुगल आक्रमण का जन-प्रतिरोध क्यों नहीं हुआ ? हमें जिन जन-प्रतिरोध आन्दोलनों की जानकारी है, वे मात्र 17वीं शताब्दी के हैं जबकि महाराष्ट्र, पंजाब और आगरा-मथुरा क्षेत्र में किसानों ने अपने ऊपर बढ़ते आर्थिक बोझ के खिलाफ विद्रोह कर दिया था।

इसके दो मोटे- मोटे कारण हो सकते हैं :

(1) विद्यमान सामाजिक और राजनीतिक व्यवस्था जनता को अपने उन राजपूत स्वामियों के रक्षार्थ प्रेरित नहीं कर पाती थी जो आखिर आज भी राजस्थान की आबादी के खाली 8 प्रतिशत होते हैं। वैसे भी लोग-बाग तुर्कों से,उनके बंधु-बांधवों—राजपूतों—की मार्फत, जो मूलतः तुर्कों के ही देश के और उन्हीं की सभ्यता के स्तर के थे, अच्छी तरह परिचित थे। और तुर्कों में ऐसी कोई खास खौफनाक बात नहीं थी जो राजपूतों में नहीं रही हो और उन्हें बर्दाश्त न करनी पड़ी हो; तथा (2) तुर्कों ने विद्यमान राजनीतिक और सामाजिक व्यवस्था में कोई फेर-बदल नहीं किया; उन्होंने केवल ऊपरी ढाँचे में गौण परिवर्तन किये।

इस तरह संघर्ष का क्षेत्र शासक वर्ग तक सीमित था। तनातनी शाही शासक वर्ग के भीतर हो सकती थी जैसा कि हिन्दू और मुसलमान दोनों जागीरदारों की अनगिनत बगावतों

से साबित होता है; या दो शासक जमातों के बीच हो सकती थी जैसा कि राणा प्रताप के शौर्यपूर्ण, पर व्यर्थ के कारनामों से साबित होता है जो आखिर भारत की बात तो दूर रही, राजपूताना के लिए भी नहीं, बल्कि स्वयं अपनी रियासत के लिए लड़ रहे थे।

ध्यान देने की बात है कि 17वीं शताब्दी में भी, जबकि मराठा विद्रोह, सिख और जाट विद्रोह जैसे बड़े-बड़े जन-विद्रोह हुए और उनके फलस्वरूप मराठों और मुगल राज्य के बीच, सिखों और मुगल राज्य के बीच भीषण संघर्ष हुए, तब भी औरंगजेब के 'आततायी शासन' के सबसे बुरे दिनों में भी सामाजिक स्तर पर साम्प्रदायिक दंगे नहीं हुए—दंगे जो हमारे जीवन-काल में, जबकि हमारा राज्य सरकारी तौर पर धर्मनिरपेक्ष राज्य है, इतने ज्यादा होते रहे हैं कि जैसे उनकी अमानुषिकता के प्रति संवेदना को ही कुंद कर दे रहे हैं। मराठों, सिखों और जाटों के इन विद्रोहों के कारण धार्मिक से अधिक आर्थिक थे और संघर्ष के अलग-अलग पक्षों के सारे एलानों के बावजूद उसी स्तर पर बने रहे।

उपसंहार के पहले एक आखिरी सवाल : जबकि उन राजपूतों ने, जो तुर्कों के बहुत पहले भारत आये थे, आज भी अपनी हस्ती कायम कर रखी है और उसे गँवाने को तैयार नहीं हैं—चौहान, परिहार, सोलंकी आदि सभी हमारे व्यक्तिगत हलकों में अत्यन्त सुपरिचित नाम हैं—तब उन महान वंशों की संतानें क्या हुई जिन्होंने भारत पर शासन किया था—गुलाम वंश, खिलजी वंश, तुगलक, लोदी और मुगल तक, जो अभी महज सौ साल पहले उस महान विद्रोह के केन्द्र-बिन्दु थे ? जाहिर है कि वे सभी भारतीय जीवन के महाप्रवाह में समाहित हो गये और उसमें अपनी हस्ती डुबोकर उसकी ऐसी श्रीवृद्धि की है, जिसका कोई सानी नहीं।

आधुनिक भारत के इतिहासकार और साम्प्रदायिकता

बिपिन चन्द्र

यह बात शुरू में ही साफ कर दी जा सकती है कि यह निबन्ध मुख्य रूप से इस प्रश्न का निरूपण नहीं करता कि आधुनिक भारत में साम्प्रदायिकता का पैदा होना और बढ़ना क्यों संभव हुआ। इसमें मूलतः भारत में इतिहास के लेखन और अध्यापन तथा साम्प्रदायिकता की वृद्धि के बीच संबंध का पता लगाने की कोशिश की गयी है। साथ ही इसमें इस प्रश्न पर भी थोड़ी रोशनी डालने की कोशिश की गयी है कि भारतीय इतिहासकारों का रुझान साम्प्रदायिक दृष्टिकोण अपनाने की ओर इतना क्यों रहा ? आज यह व्यापक रूप में स्वीकार किया जाता है कि पिछले 100 वर्षों में जो सांप्रदायिकता फैली है उससे भारतीय इतिहास के अध्ययन का बहुत कुछ सरोकार है। सच तो यह है कि यह सुझाना अतिरंजना नहीं होगी कि भारत में साम्प्रदायिक ऐतिहासिक दृष्टिकोण साम्प्रदायिकता की मुख्य विचारधारा रहा है, और है।

1

हम आरम्भ में ही गौर कर ले सकते हैं कि राष्ट्रवाद और साम्प्रदायिकता दोनों एक जैसी ही 'आधुनिक' प्रक्रिया की उपज हैं—देश की बढ़ती हुई आर्थिक, राजनीतिक और प्रशासनिक एकता। इस प्रक्रिया के कारण यह अनिवार्य हो गया कि सम्बन्ध की कड़ियाँ और वफादारियाँ और अधिक विस्तृत हों तथा राजनीतिक जीवन और वफादारियों को नये, एकता में बाँधनेवाले सिद्धान्तों पर आधारित किया जाये। इसलिए दोनों ही मूलतः आधुनिक, 18वीं शताब्दी के बाद की घटनाएँ हैं। सम्भव है कि राष्ट्रवादी और साम्प्रदायिकतावादी, दोनों ही अतीत से प्रमाण पेश करने की कोशिश करें और अतीत की विचारधाराओं, आन्दोलनों और वस्तुतः इतिहास से ही रिश्ते कायम करने की कोशिश करें। पर इसका यह अर्थ नहीं की दोनों में से एक का भी अतीत में अस्तित्व था। डॉ..रोमिला थापर और श्री हरबंस मुखिया ने अपनी निबन्धों में यह साबित कर दिया है कि भारतीय इतिहास के प्राचीन और मध्य कालों में साम्प्रदायिक पहचान का अस्तित्व ही नहीं था।

इसी तरह राष्ट्रवाद संगठन में बाँधनेवाला सर्वथा नया सिद्धान्त और विचारधारा था। सुरेन्द्रनाथ बनर्जी और लोकमान्य तिलक जैसे आरम्भिक राष्ट्रवादी नेताओं ने इस बात को साफ-साफ समझा था और वे यह कहते थे कि भारत अभी राष्ट्र का रूप ले रहा है। विचारधारा के रूप में राष्ट्रवाद ने जो मान्यता प्राप्त की उसका कारण यह था कि वह एक वस्तुगत यथार्थ का सही प्रतिफलन था। वह यथार्थ क्या था?—भारतीय जनता के आम हितों की, खासतौर पर आम दुश्मन, विदेशी साम्राज्यवाद, के विरुद्ध उसके आम हितों की विकसित हो रही समानता। दूसरी ओर समाज के कुछ खास क्षेत्रों और तबकों में नयी राष्ट्रीय चेतना विकसित कर सकने में उनकी असमर्थता के कारण साम्प्रदायिकता विकसित हो गयी। दूसरे शब्दों में, राष्ट्रवादी विचारधारा के और भी गहराई तक न प्रवेश कर पाने के कारण साम्प्रदायिकता का जन्म हुआ।

ऐसी परिस्थिति में जहाँ जनता के बीच एकता और रिश्तों का कायम होना अनिवार्य होता जा रहा था, वहीं नये विकसित हो रहे राजनीतिक जीवन के लिए भी सामाजिक और सांस्कृतिक जीवन को खानों में बाँटने और संगठित करने के पहलू से मौजूद सिद्धान्तों के प्रति आकर्षण उस हद तक अनिवार्य था जहाँ तक संगठन के नये सिद्धान्त अर्थात् राष्ट्रवाद ने प्रवेश नहीं किया था। दूसरे शब्दों में, जहाँ पहचान की स्पष्ट जरूरत थी और नयी राष्ट्रीय पहचान सुलभ नहीं थी वहाँ पहचान की तलाश पुरानी, ज्यादा सुपरिचित पहचानों की ओर खींच ले जाती थी, चाहे वे नयी परिस्थितियों के जितनी भी अनुपयुक्त क्यों न हों। पर धर्ममूलक पहचान ही एकमात्र सुलभ पहचान नहीं थी। जाति, भाषा, जनजाति और क्षेत्र से भी यह काम निकल सकता था और निकलता भी था। मिसाल के लिए, महाराष्ट्र में जहाँ एक समय हिन्दू साम्प्रदायिकता खासी शक्तिशाली थी—और बेशक वह आज भी एक शक्ति बनी हुई है—ब्राह्मण-विरोधी आन्दोलन ने उसके नेताओं को मात दे दी। कुछ ऐसा ही मद्रास में हुआ। इसी तरह दक्षिण पंजाब (अब हरियाणा) में जाट भावना को लेकर संगठित जातिवाद ने हिन्दू साम्प्रदायिकों और राष्ट्रवादियों, दोनों के पैरों तले की जमीन खिसका दी।

इसलिए यह मानना गलत होगा कि साम्प्रदायिकता अतीत का अवशेष या पारम्परिक विचारधारा का पुनरुत्थान है। साम्प्रदायिकता पिछले 100 वर्षों की ऐतिहासिक प्रक्रिया की मिथ्या चेतना थी और है। आगे चलकर, जैसा कि हम देखेंगे, समकालीन साम्प्रदायिक राजनीति के प्रभाव में यह इतिहासकारों के हाथों अतीत की झूठी तस्वीर बन गयी।

2

दोनों ही क्षेत्रों में, अर्थात् समकालीन राजनीति और आधुनिक भारतीय इतिहास-लेखन में, साम्प्रदायिक दृष्टि का अर्थ होता था इस धारणा को अंगीकार कर लेना कि भारत में ऐसे

धार्मिक सम्प्रदायों का अस्तित्व था जिनके सामाजिक, आर्थिक और राजनीतिक हित समान थे और जिनमें इन क्षेत्रों में एक इकाई या सत्ता के रूप में कार्य करने की प्रवृत्ति थी। इतिहासकार प्रायः हिंदुओं और मुसलमानों के बारे में यह लिखते थे कि वे अलग-अलग इकाइयों के रूप में 'सोचते' या 'बोलते' थे। कभी-कभी वे 'हिन्दू' नेताओं, 'मुसलमान' नेताओं आदि का भी उल्लेख करते थे। इस तरह उन लोगों ने मध्यकालीन और आधुनिक भारत पर द्विराष्ट्र सिद्धान्त (और लोग इस सिद्धान्त को सिखों के बारे में चलाते थे) लागू किया और भारतीय राजनीति एवं समाज की साम्प्रदायिक दृष्टि की सृष्टि कर दी।

साम्प्रदायिक रुझानवाले इतिहासकार जहाँ यह मानते हैं कि हिन्दू और मुसलमान गाँव—स्थानीय, क्षेत्रीय, या अन्य किसी स्तर पर—आपस में एकजुट इकाइयों में संयुक्त नहीं थे, वहीं इस विचार को तिरस्कृत भी कर देते थे कि हिन्दू या मुसलमान धार्मिक या साम्प्रदायिक आधार पर भी ऐसी एकजुट इकाइयाँ नहीं थीं। वे यह नहीं स्वीकार करना चाहते कि हिंदू और मुसलमानों में से हरेक में अलग-अलग भी एकजुटता नहीं थी, अर्थात् यदि आधुनिक-पूर्व भारत में हिन्दू और मुसलमान मिलकर एक राष्ट्र नहीं थे तो हिंदू और मुसलमान अलग-अलग भी एकरूप समुदाय नहीं थे।

दिलचस्प बात यह है कि जिन ब्रिटिश इतिहासकारों और प्रशासकों ने भारतीय इतिहास के प्रति संपूर्ण 'हिंदू-मुसलमान' दृष्टिकोण का सूत्रपात और विकास किया था, उन्होंने ही यह बात भी की थी कि जाति और कौम (बंगाली कौम, पंजाबी कौम, मराठा कौम आदि) भारतीय समाज और राजनीति के लिए संगठनकारी तत्व हैं। उन्होंने 18वीं शताब्दी में मराठा साम्राज्य के ब्राह्मण प्रभुत्व के बारे में उसी तरह लिखा था जैसे दिल्ली सल्तनत या मुगल साम्राज्य के मुस्लिम प्रभुत्व के बारे में लिखा था। जिस प्रकार उन्होंने मुस्लिम शासन, मुस्लिम कर्म और मुस्लिम दृष्टि के बारे में बातें की थीं, उसी प्रकार उन्होंने ब्राह्मण शासन, ब्राह्मण कर्म और ब्राह्मण दृष्टि के बारे में भी बातें की थीं। पर भारतीय इतिहासकारों ने इस बादवाले दृष्टिकोण को ग्रहण नहीं किया। इससे पता चलता है कि भारतीय इतिहास-लेखन में समकालीन साम्प्रदायिक धारणाएँ क्या भूमिका अदा कर सकती हैं। उदाहरण के लिए जी.एस. सरदेसाई का यह कथन लीजिए : 'यह कहा जाता है कि माधव राव और नारायण राव के राज्य काल में देशार्थों और कोंकणस्थों (ब्राह्मणों) के बीच ठनी हुई थी, पर यह कतई सही नहीं है। मैं दोनों जातियों के ऐसे सदस्यों को पेश कर सकता हूँ जो दूसरे पक्षों के साथ पंक्तिबद्ध थे।' (*मेन करेंट्स,* पृ०.182)। पर साथ ही सरदेसाई इस विचार को अस्वीकृत करने के लिए कि हिंदुओं और मुसलमानों में ठनी हुई थी, यही कसौटी नहीं स्वीकार करेंगे। दूसरे शब्दों में, जहाँ भारतीय समाज को एकरूपतारहित या विघटित तक, और वह भी खासतौर पर धार्मिक लाइनों पर, मान लिया जाता है, वहीं हिन्दू समाज को एक इकाई के रूप में देखा जाता है। वस्तुतः यह दृष्टि ऐतिहासिक यथार्थ को प्रतिफलित नहीं करती, यह सरदेसाई की और ऐसे अन्य

इतिहासकारों की राष्ट्रीय एकता की भावना के स्तर को अवश्य परिलक्षित करती है।

साम्प्रदायिक लेखकों ने धर्म के अलावा संगठन के अन्य समस्त सिद्धान्तों को नजरअन्दाज कर दिया। पर इस दृष्टिकोण में यह बात निहित ही थी कि अन्य लोग भी उनका अनुसरण करेंगे और महज धर्म का स्थान जाति आदि को दे देंगे। सच तो यह है कि अनेक पाश्चात्य लेखक आज जाति और भाषा पर फिर से जोर देना शुरू कर रहे हैं। मिसाल के लिए, भारत में राष्ट्रीय आन्दोलन की प्रगति को वे राष्ट्रवादी, साम्राज्यवाद-विरोधी भावनाओं के अथवा साम्प्रदायिक-धार्मिक एकजुटता के प्रतिफलन के रूप में नहीं, बल्कि जाति तथा भाषाई निष्ठा और एकजुटता के दबावों के प्रतिफलन के रूप में पेश करने का आग्रह करते हैं। और जातिवाद एवं भाषावाद के तथा सिख साम्प्रदायिकता जैसी अन्य साम्प्रदायिकताओं के भी भारतीय प्रचारक इसका अनुगमन कर रहे हैं।

3

अगर विचारधारा के क्षेत्र में कई बातें काम न कर रही होतीं तो आधुनिक भारतीय चेतना में साम्प्रदायिक विचारधारा इतने गहरे न पैठ सकी होती। पर इनमें से कुछ बातों पर विचार करने के पहले मैं इस बात पर जोर देना चाहूँगा कि जब तक हम पूरी तरह यह नहीं समझ लेते कि यह कितने गहरे पैठी है, तब तक इन बातों को पूरी तरह समझ सकना सम्भव नहीं है। एक बार मेरे एक छात्र ने साम्प्रदायिकता पर एक बहस के बाद कहा कि हर बार जब मैं आपके साथ चर्चा के बाद वापस जाता हूँ तो सोचता हूँ कि मेरे मस्तिष्क से साम्प्रदायिकता धुल-पुछ गयी, पर अगली चर्चा के दौरान महसूस करता हूँ कि मेरे चिन्तन में अब भी उसके गहरे संस्कार शेष हैं। असलियत तो यह है कि हममें से अनेक में जो अपने को पक्का राष्ट्रवादी मानते हैं और उन लोगों में भी जिन्होंने राष्ट्रीय एकता के सक्रिय प्रचार का काम अपने ऊपर ले रखा है, साम्प्रदायिक दृष्टिकोण सूक्ष्मता के साथ गहराई तक घुसा हुआ है। इतिहास और समाज और संस्कृति के लिए साम्प्रदायिक दृष्टिकोण के बीच करीब-करीब हम सभी बचपन से पाल-पोसकर बड़े किये जाते हैं, यह मुख्यतः उसी का नतीजा है।

जैसा कि पहले संकेत किया गया है, राष्ट्रवादी विचारधारा का ज्यादा गहरे न उतर सकना भी साम्प्रदायिक विचारधारा के प्रचलन का एक कारण रहा है। वैज्ञानिक राष्ट्रवादी दृष्टिकोण के व्यापक प्रचलन के अभाव में साम्प्रदायिकता आदि के खिलाफ राष्ट्रवादी अपीलों का जनता पर कोई असर नहीं पड़ता। ऐसी हालत में राष्ट्रवाद विद्यमान चेतना को आकृष्ट नहीं कर पाता पर साम्प्रदायिकता उस धार्मिक तत्व के कारण प्रसंगानुकूल मालूम होने लगती है जिससे लोग-बाग अपने दैनिक जीवन में सुपरिचित होते हैं। आरम्भिक राष्ट्रवादी नेताओं ने इस बात को मजबूती के साथ ग्रहण कर लिया था और उन्होंने न केवल राष्ट्रवादी भावना को उभारा, बल्कि राष्ट्रीय चेतना को उत्पन्न और प्रसारित करना भी शुरू किया। दूसरी ओर

बीसवीं शताब्दी के तीसरे और चौथे दशकों के जवाहरलाल नेहरू जैसे नेताओं ने यह मान लेने की गलती की कि राष्ट्रीय चेतना से समाज ओतप्रोत हो चुका है, जैसा कि पश्चिमी देशों में है, और उनका काम महज उसे जंगजू ऊँचाई तक उभार देने मात्र का है। इसलिए साम्प्रदायिकता के खिलाफ उनका संघर्ष महज जनता से यह कहना रह गया कि साम्प्रदायिकता राष्ट्रवाद-विरोधी है। जो लोग पहले से ही राष्ट्रवादी नहीं थे, उन पर इसका कोई असर नहीं हुआ। 1947 के बाद यह गलती जारी रखी गयी। हमारी शिक्षा संस्थाओं ने, अखबारों और आकाशवाणी समेत सामूहिक संचार साधनों ने और राजनीतिक पार्टियों ने जनता के बीच राष्ट्रवाद की आधुनिक, वैज्ञानिक समझदारी और चेतना के प्रसार के लिए कोई प्रयास नहीं किया है। वे राष्ट्रवादी दृष्टि के प्रसार में असफल रही हैं। इसी से साम्प्रदायिकता के खिलाफ राष्ट्रवाद को जागृत करने की उनकी औपचारिक कोशिश के प्रति जनता के बहुत बड़े तबके में उत्साह नहीं पैदा होता। उल्टे, वे अपनी राष्ट्रवादी समझदारी में खुद भ्रांत होने के कारण राष्ट्रवाद को जागृत करने की कोशिश में अकसर साम्प्रदायिक दृष्टि को सशक्त कर देती हैं।

4

अनेक राष्ट्रवादी नेताओं ने देखा कि जनता के बीच आधुनिक राष्ट्रवाद की भावना का—जो कि एक नयी भावना है—संचार करने का कार्य काफी श्रमसाध्य है, खासतौर पर इसलिए कि इसका अर्थ होता है आम जनता के समक्ष उसके जीवन और हितों तथा साम्राज्यवाद- विरोधी संघर्ष के बीच रिश्ते को उद्घाटित करना, इसलिए उन्होंने सीधा-सुगम रास्ता अपना लिया। उन्होंने पुरानी चेतना को स्पर्श करने का फैसला किया। यह सच है कि उन्होंने एक सर्वथा आधुनिक और स्तुत्य उद्देश्य के लिए ऐसा किया पर ऐसा करके उन्होंने न केवल राष्ट्रवाद की लोक-प्रचलित समझदारी को कमजोर बनाया, बल्कि स्वयं अपने चिन्तन और लेखन को साम्प्रदायिकता की गिरफ्त में डाल दिया। मिसाल के लिए लोकमान्य तिलक, आरंभिक आतंकवादियों, अरविंद घोष और कुछ अर्थों में गाँधीजी का, जैसा कि रामराज पर जोर देने में या खिलाफत के प्रति उनकी नीति में, यह दृष्टिकोण था। इस दृष्टिकोण ने एक अर्थ में राष्ट्रीय एकता को कमजोर बनाया। आखिर हिन्दुओं की धार्मिक प्रतिमावली, धर्मशास्त्र और आचार पर आधारित राष्ट्रीय आन्दोलन के प्रति मुसलमानों में उत्साह उत्पन्न होने की कैसे आशा की जा सकती थी? सच तो यह है कि निचली जातियाँ अब भी दबी हुई थीं और उनमें आत्मसजगता का अभाव था, नहीं तो ऊपरी जाति के दृष्टिकोण को प्रतिफलित करनेवाले प्रतीकों के विरोध में वे उठ खड़ी हुई होतीं, करीब-करीब जैसा दक्षिण भारत में हुआ।

भारतीय राष्ट्रीय चरित्र को अवमानित करने और भारत को स्वाधीनता एवं जनतंत्र के लिए अपात्र 'सिद्ध करने' के लिए अंग्रेजों ने भारतीय इतिहास का जो इस्तेमाल किया, उसने

भारतीय इतिहास-लेखन और राजनीति में एक और विकृति पैदा कर दी। भारतीयों ने इस अवैज्ञानिक और अनैतिहासिक दृष्टिकोण के जवाब में अपना ही अनैतिहासिक दृष्टिकोण पेश कर दिया। उन्होंने अतीत का गौरवगान शुरू कर दिया। इस दृष्टिकोण के ऐतिहासिक औचित्य पर विचार करने का यह उपयुक्त मौका नहीं है। जाहिर है इसका उद्‌गम था राष्ट्रीय अभिज्ञान (अर्थात् पहचान) और अभिमान की आवश्यकता। किन्तु राष्ट्रीय दृष्टिकोण से जो बात दुर्भाग्यपूर्ण रही वह यह कि गुणगान के लिए चुना गया अतीत, प्राचीन अतीत था। अंशतः इसका कारण यह था कि मुगल शासन का काल अब भी लोगों की स्मृति में ताजा था और इस वजह से उसे आसानी से मोहक रूप नहीं दिया जा सकता था। इसके विपरीत, प्राचीन अतीत दूरवर्ती था और प्रामाणिक अथवा प्रायः प्रामाणिक पाठों के माध्यम से ही जाना जा सकता था। वास्तव में जो बात मुगल साम्राज्य पर लागू हुई, वही मराठा साम्राज्य और रणजीतसिंह के राज्य पर भी लागू हुई, इसी से साम्प्रदायिकता के पूर्ण परिपक्व हो चुकने पर ही उनका गुणगान हो सका। धीरे-धीरे कई 'मिथकों' का जन्म हो गया जिनमें से हरेक ने स्वस्थ, धर्म-निरपेक्ष राष्ट्रवाद को कमजोर किया और साम्प्रदायिकता को मजबूत नहीं किया तो उसके लिए रास्ता जरूर खोला। और इनमें से हर किंवदंती को जो शक्ति तथा क्षति पहुँचाने की अपार क्षमता हासिल हुई वह इस कारण कि अनेक कट्टर राष्ट्रवादी और धर्मनिरपेक्ष विचार ाले लोग उनमें विश्वास करते थे और उनका प्रचार करते थे।

इनमें से पहली मिथक धारणा यह है कि भारतीय समाज और संस्कृति—भारतीय सभ्यता—प्राचीन काल में चरम उत्कर्ष पर, स्वर्ण युग में पहुँच गयी थी और उस चरम उत्कर्ष से वह मध्य काल में, जिसे पतन का और 'विदेशी शासन' का काल कहा जाता है, धीरे-धीरे नीचे खिसकता गयी और यह नीचे खिसकना तब तक जारी रहा जब तक कि पुनरुत्थानवादी आन्दोलनों ने उसे अंशतः पूरा नहीं कर लिया, किन्तु अतीत-गौरव और सभ्यता के पुनरुज्जीवन का असली काम अभी शेष है। मैं नहीं जानता, कितने शिक्षित हिन्दू ऐसे हैं जो सारतः इस दृष्टिकोण को नहीं मानते। इसके बाद 'इस्लाम' या 'मुस्लिम' शासन पर तथा विदेशी पश्चिम पर इस पतन का दोष मढ़ देने का कदम आसानी से उठा लिया गया। और फिर शिक्षित मुसलमानों ने इसके जवाब में अरब उपलब्धियों के 'स्वर्ण युग' की गुहार मचाई क्योंकि वे यह भला कैसे कबूल कर सकते थे कि उनका धर्म भारतीय सभ्यता के 'पतन' का कारण बन गया! कहने की जरूरत नहीं कि अगर साम्प्रदायिक विचारधारा का उन्मूलन करना है तो हमारी शिक्षा-व्यवस्था, राजनीतिक पार्टियों और सामूहिक संचार-साधनों को इस तर्क-विरुद्ध और इतिहास-विरुद्ध दृष्टिकोण का प्रचार बन्द कर देना चाहिए और विविध युगों और विविध धाराओं से होते हुए भारतीय संस्कृति के ऐतिहासिक विकास पर जोर दिया जाना चाहिए। मैं एक बार फिर यह संकेत कर देना चाहूँगा कि आमतौर पर इस प्रचलित आदर्श से और भी अनिष्ट होगा। मद्रास में द्रविड़ मुन्नेत्र कड़गम

आन्दोलन ने उसे स्वीकार करने से इनकार कर दिया है। जब कभी निचली जातियाँ मुखर और आत्मसजग होंगी, वे किसी भी ऐसे स्वर्ण युग संबंधी आदर्श के खिलाफ बगावत कर देंगी, जो जातियों के ऊँच-नीच और प्रभुत्व पर आधारित होगा। न ही जनजातीय लोग उसे पसन्द करेंगे।

दूसरे मिथक का जन्म यह साबित करने की आवश्यकता के फलस्वरूप हुआ कि प्राचीन अतीत—स्वर्ण युग—में भारत को मानव-सभ्यता की उच्चतम उपलब्धियों का श्रेय है। प्राचीन भारत में परमाणु बमों और विमानों की बातें करनेवाले खब्तियों को दरकिनार रखिए, भौतिक सभ्यता की दृष्टि से भी यह बात सही नहीं है। इसीलिए यह किंवदंती पेश की जाती है कि भारतीय प्रतिभा 'आध्यात्मिकता' में निहित है और इस अर्थ में वह 'भौतिकवादी' पश्चिम से वरिष्ठ है। अरविन्द घोष कहते थे कि जहाँ पश्चिम ने तर्कबुद्धि, विज्ञान तथा माल-उत्पादन की क्षमता विकसित की, वहीं "भारत ने मनुष्य की अन्य शक्तियों का तथा उनसे आगे बढ़कर काम करते हुए आध्यात्मिक मानस का, अन्तःप्रज्ञा का, धार्मिक चेतना से संपृक्त धर्म के दार्शनिक सामंजस्य का, अनादि और अनन्त के बोध का विकास किया।" भारतीय जाति व्यवस्था को भी पाश्चात्य वर्ग से वरिष्ठ माना गया, क्योंकि वर्ग का आधार भौतिक बातें थीं जबकि जाति का आधार आध्यात्मिक और नैतिक था। दिलचस्प बात यह है कि लगभग उन्हीं दिनों चीनी कन्फ्यूशियाई मन्दरिनों ने भी इसी तरह का नारा दिया था, क्योंकि उनका भी यह विश्वास था कि कनफ्यूशियाई चीन सभ्यता की उपलब्धि की दृष्टि से आधुनिक पाश्चात्य यूरोप से उच्चतर मंजिल पर पहुँच चुका था। और इसीलिए वे कहा करते थे कि "चीनी ज्ञान बुनियादी सिद्धान्तों के लिए, पश्चिमी ज्ञान व्यावहारिक प्रयोग के लिए" है। पश्चिमी लेखकों और अधिकारियों ने भारत और चीन में इस दृष्टिकोण को बढ़ावा दिया, क्योंकि वे चाहते थे कि इन देशों के लोग अर्थतंत्र के प्रशासन और प्रबन्ध के 'भौतिक' कार्य पश्चिम की साम्राज्यवादी शक्तियों के हाथ में छोड़ दें और अपने 'आध्यात्मिक' कार्यों और कृत्यों में छककर आनन्द लेते रहें।

तीसरा मिथक था आर्य, जो ट्यूटॉनिक और आंग्ल-सैक्सन किंवदंतियों की अनुकृति तथा श्वेत नस्लवादी सिद्धान्तों के प्रति भारतीय प्रत्युत्तर था। यह किंवदंती इस प्रकार थी कि भारतीय लोग 'आर्य' हैं और आर्य, वैदिक काल की संस्कृति और समाज 'शुद्ध' भारतीय संस्कृति और समाज थे।

इन तीनों मिथकों ने पीछे देखनेवाली मनोदृष्टि को प्रोत्साहन दिया तथा प्रगति के प्रति, भविष्य के प्रति उस आस्था को हतोत्साह किया जो स्वस्थ राष्ट्रवाद का प्राण है। उदाहरणार्थ, उनसे लोगों को अपने समाज की ऐतिहासिक कमजोरियों को साहस के साथ स्वीकार करने तथा वर्तमान और भविष्य के विकास के जरिए उनको दूर करने के लिए प्रयास करने को प्रोत्साहन नहीं मिलता था। उनसे सिर्फ इस बात में गर्व का अनुभव करने को बढ़ावा मिलता

था कि कभी वे लोग महान थे।

इन मिथकों से इस तरह का विश्वास प्रोत्साहित और प्रतिफलित होता है कि भारतीय ऐतिहासिक प्रक्रिया असाधारण किस्म की थी और इस वजह से विश्व-इतिहास का अभिन्न अंग नहीं थी।

जैसा कि मैंने पहले संकेत किया है, इन मिथकों का स्वरूप ही ऐसा है कि वे भारतीय जनता के विशाल बहुमत को अमान्य थे। मजे की बात यह है कि 'वास्तविक' भारतीयता के दावे के बावजूद वे तीनों के तीनों पश्चिम से उधार लिये गये हैं। स्वर्ण युग की परिकल्पना और जनता को उभारने और अनुप्राणित करने के लिए अतीत का उपयोग यूरोपीय राष्ट्रीय आन्दोलनों से जान-बूझकर उधार लिया गया। भारतीय आध्यात्मिकता की धारणा का, मूलतः अंग्रेजों ने—यह साबित करने के लिए प्रचार किया था कि भारतीय लोग स्वयं अपने कामकाज की व्यवस्था कर सकने में असमर्थ हैं। आर्यत्व संबंधी मिथक की परम्परा कोई रहस्य नहीं है। लेकिन ऐसे मिथकों ने इटली या यूनान या पोलैंड को उतनी क्षति नहीं पहुँचायी जितनी भारत को, क्योंकि वहाँ के समाजों में भारत जैसे अनेक धर्म और सांस्कृतिक तत्व या जातियाँ मौजूद नहीं थीं। यहाँ राष्ट्रीय भावना तथा राष्ट्र के लिए त्याग का बोध पैदा करने के मामले में उनका सकारात्मक मूल्य शीघ्र ही खत्म हो गया—प्रायः राष्ट्रवादी नेतृत्व की दूसरी पौध के जीवन-काल में ही—और उसकी दीर्घकालीन कीमत आज तक चुकायी जा रही है। साम्प्रदायिक उद्देश्यों के लिए इतिहास के दुरुपयोग के परिष्कार की अगर सचमुच कोशिश की जाती है, तो इन मिथकों या किंवदंतियों से निबटना आवश्यक होगा।

5

इस निबंध में मैं जो एक प्रमुख बात कहना चाहूँगा वह यह है कि भारतीय जनता के एक तबके में, खासतौर पर इतिहासकारों में, साम्प्रदायिकता मुख्यतः इसलिए फैल सकी क्योंकि वह 'विपथगामी' या 'पिछवाड़े के दरवाजे के' राष्ट्रवाद के रूप में काम कर सकती है। साम्प्रदायिकता ने उन्हें साम्राज्यवाद का, उस विदेशी सत्ता का विरोध किये बिना भी स्वयं को राष्ट्रवादी महसूस करने का मौका दे दिया, जो उन दिनों शासन कर रही थी और भारतीय जनता को उत्पीड़ित कर रही थी। इसने उन्हें व्यक्तिगत सुरक्षा और राष्ट्रवादी भावनाओं को मिला लेने का मौका दिया। इस मुद्दे को मैं जरा विस्तार से स्पष्ट करना चाहूँगा।

अधिकांश आधुनिक भारतीय इतिहासकारों ने राष्ट्रवाद के प्रति कोई खास स्पष्ट, प्रत्यक्ष, खरी चिन्ता नहीं दिखायी। राष्ट्रवाद की स्पष्ट चिन्ता करने पर जिन सवालों का संकेत मिलता या सामना करना पड़ता है, उन सवालों को उन लोगों ने नहीं उठाया। भारतवासी जिन फौरी समस्याओं से रू-ब-रू थे, वे समस्याएँ उनके शोध-कार्य में न तो

विषय-चयन के स्तर पर और न विषय-निरूपण के स्तर पर प्रतिफलित हुई। उन दिनों चल रहे जुझारू राष्ट्रीय संघर्ष को उन लोगों ने न केवल राष्ट्रीय बल्कि इतिहासकार के दृष्टिकोण से भी केन्द्रीय या निर्णायक समस्या के रूप में नहीं देखा। वास्तव में मुझे तो यह सन्देह है कि अगर उनमें से अधिकांश को कोई भी निर्णायक प्रश्न नजर आता था, तो वह राष्ट्रीय संघर्ष से संबंधित नहीं बल्कि ऐसे सरकारी संवैधानिक परिवर्तन और 'अमानतदार' के रूप में ब्रिटेन की भूमिका से संबंधित था, जिसके जरिए ब्रिटिश शासन क्रमशः, कदम-ब-कदम, 'उदार निरंकुशतंत्र' से 'उदार जनतंत्र' में रूपान्तरित हो जायेगा। इस तरह अधिकांश आधुनिक भारतीय इतिहासकारों में राष्ट्रीय लोकनीति के प्रति जागरूकता की कमी थी और इसमें उनकी आस्था और भी कम थी।

इस दृष्टि से भारतीय इतिहासकार एक द्विविधा का शिकार था। भारत में शासक और शासित के बीच, विदेशी साम्राज्यवाद और उदीयमान राष्ट्रीय आन्दोलन के बीच, आधारभूत राजनीतिक संघर्ष 1870 से ही, और खासतौर पर 1905 से शुरू हो गया था। किन्तु इस प्रखर और जीवन्त अन्तर्विरोध के काल में रहते हुए अधिकांश भारतीय इतिहासकार सक्रिय रूप में शासितों का पक्ष लेने में स्वयं को असमर्थ पाते थे और इसका प्रमुख कारण यह था कि वे सरकार-संचालित या सरकार-नियन्त्रित संस्थाओं में काम करते थे; फिर भी उनमें से सबसे ज्यादा खुशामदी किस्म के लोगों को छोड़कर बाकी इतिहासकार शासकों का पक्ष, कम से कम भावात्मक स्तर पर तो, नहीं ले सकते थे। साथ ही, वे राष्ट्रवादी युग के अंग थे; स्वयं उनका राष्ट्रवाद भी अभिव्यक्त होना चाहता था।

इस द्विविधा से बाहर निकलने का मुख्य रास्ता था 'विपथगामी' या 'पिछवाड़े के दरवाजे' का या 'मिथ्या' राष्ट्रवाद, जो प्रादेशिकता और साम्प्रदायिकता का रूप ले सकता था जिससे उनके राष्ट्रवादी आवेश को भी तृप्ति मिल जाती थी और साथ ही उन पर इन अधिकारियों की त्योरी भी नहीं चढ़ सकती थी जो भारतीय समाज में विभाजन पैदा करनेवाले हर दृष्टिकोण को बढ़ावा देते थे। इसी कारण उनमें यथार्थ जीवन के अनुरूप राष्ट्रवादी और साम्राज्यवाद-विरोधी बन सकने में असफल रहने तथा, जैसा कि हम उन्हें पुकार सकते हैं, 'भ्रामक' राष्ट्रवादी बनने की पूरी कोशिश करने की प्रवृति देखने में आती है। इसी कारण यह प्रक्रिया देखने में आती है कि राष्ट्रवाद के चरमोत्कर्ष के दिनों में भी जो लोग ब्रिटिश उपाधियों के लिए लालायित रहते थे, और उन्हें उन्होंने हासिल भी किया, वे ही राजपूत या मराठा या राजपूत सरदारों के विवेचन में जोशीले राष्ट्रवादी बन गये। प्रसंगवश मैं यह भी संकेत कर देना चाहूँगा कि 1947 के पहले साम्प्रदायिक पार्टियों और व्यक्तियों के बारे में भी यही बात लागू होती है। खासतौर पर 1919 के संघर्ष काल में सक्रिय सम्प्रदायवादी बिरले ही सक्रिय राष्ट्रवादी रहे।

भारतीय इतिहासकारों के बीच जो 'विपथगामी' राष्ट्रवादी थे उनका राष्ट्रवाद ब्रिटिश

शासन की आलोचना के रूप में नहीं, बल्कि 18वीं और 19वीं शताब्दियों के तथा और पहले की शताब्दियों के भारतीय शासकों की प्रशंसा के रूप में अभिव्यक्त होता था। उनका राष्ट्रवाद सीधे साम्राज्यवाद-विरोधी रूप नहीं लेता था अर्थात् ऐतिहासिक अध्ययन के जरिये ब्रिटिश राज के स्वरूप, उसके उद्देश्यों, शोषणमूलक नीतियों आदि का उद्घाटन नहीं करता था। उल्टे उनका राष्ट्रवाद विपथगामी होने के नाते परोक्ष रूप ले लेता था और वे प्राचीन और मध्यकालीन भारतीय साम्राज्यों और शासकों तथा 18वीं और 19वीं शताब्दी की भारतीय रियासतों के शासकों के गुणगान करते थे, पंजाब, राजपूताने या मैसूर तथा जाटों में भी राष्ट्रवाद खोजते थे और सबसे बढ़कर मराठों में पूर्ण प्रौढ़ राष्ट्रवाद का तथा अनेक भारतीय शासकों के लोकप्रिय आधार तथा उदार चरित्र का दर्शन करते थे। यहाँ हमें 'मातृभूमि' या 'जन्मभूमि की मुक्ति', 'धरती की सन्तानें', 'राष्ट्रीय कल्याण', 'जन नेता' आदि जैसी मधुर शब्दावली सुनने में आती है। पर यहाँ भी ब्रिटिश राज्य के खिलाफ जो लोग सचमुच लड़े, मिसाल के लिए 1857 के विद्रोह के नेता, उनका बिरले ही गुणगान किया जाता है। इस प्रसंग में यह भी उल्लेख्य है कि भारतीय राष्ट्रीय आन्दोलन के किसी भी पक्ष पर किसी शिक्षा क्षेत्र के इतिहासकार ने कुछ नहीं लिखा। उल्टे 'विपथगामी' राष्ट्रवाद के फलस्वरूप ऐसी तोड़-मरोड़ अवश्य की गयी जिससे भारतीय इतिहास-लेखन और भारतीय राजनीति को गहरी क्षति पहुँची है।

6

अनेक आधुनिक भारतीय इतिहासकारों ने समसामयिक साम्प्रदायिक राजनीति को अतीत में प्रक्षेपित किया जिसके फलस्वरूप 18वीं शताब्दी की राजनीति को हिंदुओं और मुसलमानों के बीच ऐसे संघर्ष के रूप में देखने की प्रवृत्ति पैदा हुई जो 19वीं और 20वीं शताब्दी में भी जारी रही। अनेक इतिहासकार इस तथाकथित संघर्ष को 18वीं शताब्दी की प्रमुख समस्या के रूप में देखते हैं। जैसा कि पहले कहा जा चुका है, यह साम्प्रदायिक दृष्टिकोण हिन्दुओं, सिखों और मुसलमानों को स्पष्ट, पृथक् सामाजिक राजनीतिक इकाइयों के रूप में देखने की कोशिश के रूप में भी सामने आता है। उसके चरम रूप ने 'इस्लाम' को भी एक सक्रिय इकाई बना दिया—करीब-करीब एक व्यक्तित्व प्रदान कर दिया। 'इस्लाम' विजयी होता है, 'इस्लाम' सोचता है, 'इस्लाम' फैसला करता है, 'इस्लाम' फायदा उठाता है। मुगल और अन्य मध्यकालीन मुस्लिम शासकों को 'विदेशियों' के रूप में चित्रित करने की भी प्रवृत्ति मिलती है। कुछ इतिहासकार भूराजस्व और प्रशासन आदि संबंधी हिंदू और मुस्लिम सिद्धांतों की भी बात करते हैं। मराठा साम्राज्य और रियासतों, राजपूत रियासतों और रजवाड़ों, जाट सरदारों आदि सभी को हिंदू राज्यों के अन्तर्गत समेट लिया जाता है तथा दक्षिण और उत्तर की उन रियासतों को मुस्लिम राज्यों के रूप में वर्णित

किया जाता है जिनके शासक मुसलमान थे। भारत के इन ब्रिटिश इतिहासकारों की कृपा से हम इस तरह के वर्णन के इतने अभ्यस्त हो गये हैं कि हम यह भूल जाया करते हैं कि दुनिया में शायद और कहीं इस तरह की वर्णन-पद्धति प्रचलित नहीं है। मजे की बात यह है कि उनमें से कोई भी ब्रिटिश राज को ईसाई शासन नहीं कहता, हालाँकि मुगलों की ऊपरी सामंतशाही जिस हद तक मुस्लिम थी, उससे ब्रिटिश राज की ऊपरी नौकरशाही कहीं ज्यादा ईसाई थी।

वास्तव में साम्प्रदायिक इतिहासकारों ने मराठा रियासतों, राजपूत रियासतों और रजवाड़ों आदि के तथा रणजीतसिंह-शासित पंजाब तक के हिंदू चरित्र को सिद्ध करने के लिए हर तथ्य या साक्ष्य को उलट-पलट दिया। पहले तो इस तस्वीर या परिकल्पना को प्रस्थान-बिन्दु के रूप में स्वीकार कर लिया जाता है, और फिर सारे 'तथ्यों' को उस साँचे में बैठा दिया जाता है। असुविधाजनक तथ्यों या घटनाओं को आमतौर पर रफा-दफा कर दिया जाता है और इसके लिए उन राजाओं और शासकों को जो इस तस्वीर में चस्पाँ नहीं होते हैं या वास्तव में जिनके किस्म के लोग प्रायः बहुसंख्यक होते हैं, 'बुरा' व्यक्ति, 'बुरा' हिन्दू, 'जाति' या 'राष्ट्र' के प्रति 'गद्दार' और 'स्वार्थी' प्राणी बता दिया जाता है। 'अच्छे' हिन्दू शासक के असुविधाजनक कार्यों को भटकाव कहकर रफा-दफा कर दिया जाता है। इसी तरह अगर यह स्पष्ट हो जाता है कि हिन्दू राजाओं ने हिन्दुत्व की रक्षा के लिए सामंजस्य के साथ या बँधी-बँधायी लीक के साथ काम नहीं किया या वे राजनीतिक उद्देश्य के लिए भी धार्मिक आधार पर संयुक्त नहीं हुए तो इससे यह निष्कर्ष नहीं निकाला जाता है कि इस प्रकार के साम्प्रदायिक मानदण्ड उन दिनों प्रचलित नहीं थे, बल्कि साम्प्रदायिक इतिहासकार की दृष्टि में इससे यह साबित होता है कि हिन्दुओं में विभाजित हो जाने या स्वार्थपरता के साथ पेश आने की स्वाभाविक प्रवृत्ति मौजूद थी।

7

इस तरह इतिहास-लेखन में साम्प्रदायिक दृष्टिकोण 'विपथगामी' राष्ट्रवाद का एक पहलू और समकालीन साम्प्रदायिकता का प्रतिफलन है, एक प्रकार का पीछे की ओर प्रक्षेपित 'हिन्दू राष्ट्रवाद' और 'मुस्लिम राष्ट्रवाद' है।

किन्तु साथ-साथ यह यूरोपीय पूर्वाग्रह को ढोते जाने का भी परिणाम है। कुछ हद तक यूरोपीय इतिहास के भारतीय विद्यार्थियों में कैथालिक-प्रोटेस्टेंट संघर्ष को भारत में हिन्दू-मुस्लिम संघर्ष के रूप में प्रक्षेपित करने की भी प्रवृत्ति रही। साथ ही, भारतीय राज्यों के, 18वीं शताब्दी में और उससे पहले के हिन्दू-मुस्लिम संघर्ष के तथा 19वीं और 20वीं शताब्दियों के हिन्दू-मुस्लिम वैमनस्य के हिंदू-मुस्लिम चरित्र से संबंधित लगभग सारे सामान्य सिद्धान्तों को ब्रिटिश इतिहासकार और प्रचारक पहले ही निरूपित कर चुके थे। भारतीयों

ने तो केवल उनके चरण-चिह्नों का अनुसरण किया। ऐसा करना आसान भी था, क्योंकि ब्रिटिश अधिकारी इतिहास की साम्प्रदायिक व्याख्या पर तथा प्राचीन और मध्यकालीन शासकों और 'चरितनायकों' के गुणगान पर एतराज नहीं करते थे। स्वयं ब्रिटिश साम्राज्यवाद की आलोचना की कोशिश की जाती, तो उसका भी वे निश्चय ही दमन करते थे।

अनेक इतिहासकारों का साम्प्रदायिक दृष्टिकोण कुछ हद तक उनकी सैनिक-राजनयिक इतिहास की धुन का भी नतीजा है, जिसमें धर्म संबंधी सवाल महत्वपूर्ण प्रतीत होते हैं। राजनयिक और सैनिक संधि-संबंधों में अनेक बातों में तालमेल बैठाना पड़ता है, अनेक बातों से लाभ उठाना पड़ता है। वैवाहिक संबंधों, रिश्तेदारी, भाषा, नस्ल, जाति तथा धर्म से लाभ उठाना पड़ता है, चाहे इनमें से कोई भी संधि-संबंधों का मूल कारण न हो क्योंकि वे तो हर हालत में हित संबंधी कठोर विचारों पर आधारित होते हैं।

अगर इतिहास का अध्ययन और लेखन ज्यादा व्यापक अर्थ में किया गया होता तो वस्तुतः साम्प्रदायिक दृष्टिकोण विलीन हो गया होता। उदाहरण के लिए, आर्थिक इतिहास ने उन वर्ग हितों, वर्ग एकजुटता और वर्ग विरोधों का उद्घाटन किया होता जो धार्मिक सीमान्तों के आर-पार गुजरते हैं। उसने आर्थिक शोषण का उद्घाटन करके एक ही धर्म के अनुयायियों के बीच साम्प्रदायिक समता या एकजुटता की धारणा ही विनष्ट कर दी होती। आर्थिक बेशी का उत्पादन करनेवालों तथा उसे हड़पनेवालों के बीच समाज के विभाजन से रेखा के दोनों ओर बहु-धार्मिक समूह बन गये होते। सामाजिक और आर्थिक इतिहास ने यह प्रदर्शित किया होता कि सुल्तानों या मुगलों के अधीन मुस्लिम शासन नहीं था। सारे मुसलमान शासक वर्ग में नहीं थे। मुस्लिम अवाम हिन्दू अवाम की ही तरह गरीब और दबे-कुचले थे। यही नहीं, शासक, सामन्त, सरदार और जमींदार लोग, चाहे वे हिन्दू हों या मुसलमान, दोनों को ही निम्न कोटि के प्राणियों के रूप में देखते थे। सामाजिक इतिहास से पता चल जाता है कि अगर हिन्दू जातियों में बँटे थे, तो मुसलमानों के बीच शरीफ मुसलमान अजलफों या निम्नवर्ग के मुसलमानों से ऊँची जाति की हैसियत से ही व्यवहार करते थे। प्रशासनिक इतिहास ने रोजगार नीति, राजस्व नीति, प्रशासन के आधार आदि का उद्घाटन करके मध्यकालीन और 18वीं शताब्दी की रियासतों के मुस्लिम या हिन्दू चरित्र संबंधी धारणा का खोखलापन (जैसे मराठा, मुगल और यहाँ तक कि ब्रिटिश राजस्व प्रशासन के बीच समानता) प्रदर्शित कर दिया होता और यह साबित कर दिया होता कि वास्तविक प्रशासन में साम्प्रदायिक दृष्टिकोण लागू नहीं होता। राजनीतिक इतिहास के सतर्क अध्ययन मात्र से यह स्पष्ट हो गया होता कि भारतीय राज्यों की राजनीति विश्व-भर की राजनीति की ही तरह आर्थिक और राजनीतिक हितों से, न कि धर्म संबंधी चिन्ताओं से, चालित होती थी। शासक और बागी दोनों ही मौलिक हितों और महत्वाकांक्षाओं को छिपाने के लिए उन पर बाहर से धार्मिक रंग चढ़ा देते थे। सामाजिक और सांस्कृतिक इतिहास ने सांस्कृतिक सहयोग और एकता की शक्तियों को तथा ऊपरी स्तर

पर एक सामाजिक संस्कृति के तथा निचले, ग्राम स्तर पर सौहार्दपूर्ण हिन्दू-मुस्लिम संबंधों के आविर्भाव को स्पष्ट कर दिया होता। इन सभी ने यह दिखा दिया होता कि 18वीं शताब्दी में, या 20वीं शताब्दी में ही, उच्च वर्ग के मुसलमान और निम्न वर्ग के मुसलमान से उच्च वर्ग के मुसलमान और उच्च वर्ग के हिन्दू के बीच ज्यादा सांस्कृतिक समानताएँ थीं। अथवा पंजाबी हिंदू सांस्कृतिक दृष्टि से बंगाली हिंदू की अपेक्षा पंजाबी मुसलमान के निकटतर होता है; और बेशक यही बात बंगाली हिन्दू और पंजाबी मुसलमान के सन्दर्भ में बंगाली मुसलमान के लिए सही होगी।

सामाजिक और सांस्कृतिक इतिहास ने धर्म के अलावा पंथ, जाति आदि पर आधारित अन्य सामाजिक विभाजनों और असमानताओं को भी उद्‌घाटित किया होता। उदाहरण के लिए, 18वीं शताब्दी में मद्रास में अवर्णों और सवर्णों के बीच भीषण संघर्ष चलता था। क्या इस संघर्ष का द्विराष्ट्र सिद्धान्त के आधार पर वर्णन करना तर्कसंगत होगा? इस तरह के सीधे-सादे जनांकिकीय तथ्य भी, जैसे कि 1901 में राजपूताना में राजपूतों की आबादी केवल 6.4 प्रतिशत थी, मध्यकालीन राजपूताना के राज्यों के तथाकथित राष्ट्रीय या हिंदू संघर्षों पर विपुल प्रकाश डाल देते हैं। सबसे बढ़कर, आम जनता के जीवन तथा सामाजिक, आर्थिक एवं राजनीतिक विकास में उनकी भूमिका के अध्ययन से यह स्पष्ट हो गया होता कि साम्प्रदायिक दृष्टिकोण इतिहास में कतई लागू नहीं किया जा सकता। यह भी लक्षित किया जा सकता है कि अगर इतिहासकारों ने साम्राज्यवाद और राष्ट्रीय आन्दोलन का निरूपण किया होता तो वे इस बात पर गौर करने को बाध्य हो गये होते कि सारी भारतीय जनता एक ही साम्राज्यवाद की पराधीनता में है और साम्राज्यवाद के विरुद्ध संघर्ष में उन सभी के हित समान हैं।

फिर भी यह सच है कि बीसवीं शताब्दी के तीसरे और चौथे दशक के उन इतिहासकारों को, जिन्होंने साम्प्रदायिक दृष्टिकोण अपनाया, तिरस्कृत नहीं किया जा सकता। उनमें से अनेक दृष्टिकोण की दुर्बलता के प्रति पूरी तरह सजग नहीं थे। जब इतिहास पूरी तरह निरूपित और प्रतिष्ठित हो जाता है, तभी जाकर घटनाओं और दृष्टिकोणों के पीछे छिपे पूरे अर्थ स्पष्ट होते हैं। पर हम लोगों को, जो 1947 के देश के विभाजन से गुजर चुके हैं और जो प्रतिदिन राष्ट्रीय भावात्मक एकता की जरूरत को साक्षात महसूस कर रहे हैं, यह अनुभव करना चाहिए कि साम्प्रदायिक दृष्टिकोण से कोई फायदा तो होना नहीं है, उल्टे न केवल उससे बहुत क्षति पहुँच चुकी है बल्कि भविष्य में और भी क्षति पहुँच सकती है। उदाहरण के लिए, जब मुस्लिम लीग ने द्विराष्ट्र सिद्धान्त की सृष्टि की, उससे बहुत पहले ही भारतीय इतिहासकारों ने और ब्रिटिश इतिहासकारों ने भी इसका एक अपना संस्करण तैयार कर डाला था, जिसे एकराष्ट्र सिद्धान्त पुकारा जा सकता है और वह यह कि भारतीय राष्ट्र का अर्थ है हिन्दू राष्ट्र, भारतीय जनता का अर्थ है हिन्दू, मुस्लिम राज्य विदेशी राज्य था और इसलिए मुसलमान भारत में विदेशी और बाहरी लोग हैं, आदि।

8

चूँकि भारतीय राष्ट्रीय आन्दोलन तथा भारतीय सामाजिक एवं धार्मिक सुधार आन्दोलन एक ऐतिहासिक प्रक्रिया के परिणाम थे तथा एक नयी और तेजी से विकासशील परिस्थिति में टोहने-टटोलने और आजमाइशों के जरिये भूल-सुधार करने की प्रक्रिया में निर्मित हुए थे, इसलिए यह अनिवार्य था कि उनमें परस्पर-विरोधी पहलू शामिल हों। उनसे स्वस्थ और अस्वस्थ दोनों प्रकार की प्रवृत्तियों का उत्पन्न और अभिव्यक्त होना भी अनिवार्य था। जिस समय भारतीयों ने राष्ट्रवाद की दिशा में टोह लेनी शुरू की, यह अनिवार्य था कि विकासमान राष्ट्रवाद के साथ साम्प्रदायिकता, जातिवाद आदि घुल-मिल जायें। विकासमान आन्दोलन, उसके नेतृत्व और उसकी बादवाली पीढ़ी का यह काम है कि कचरे से सोना अलग करते चलें और अगर वे ऐसा करने में असफल रहते हैं तो पथ-प्रदर्शकों की अपेक्षा उनकी ज्यादा गलती है, क्योंकि गलत चिन्तन की भी सजा तो भुगतनी ही पड़ती है।

दुर्भाग्य से अतीत को बिना आलोचना-बुद्धि के स्वीकार कर लेने की प्रवृत्ति भारतीय राजनीति में निथार और साफ-सफाई की प्रक्रिया में बाधक हुई और अभी भी अपार क्षति पहुँचा रही है। इसने 19वीं शताब्दी के सुधार आन्दोलनों तथा 20वीं शताब्दी के राजनीतिक आन्दोलनों को बिना आलोचना-बुद्धि के अंगीकार कर लिया है। जहाँ तक राजा राममोहन राय, स्वामी दयानन्द, विवेकानन्द, अरविन्द घोष, लोकमान्य तिलक, लाजपत राय, गाँधीजी और अन्य लोगों का सवाल है, हम घिसी-पिटी बातें दुहराते रहते हैं। हमारे सामूहिक संचार साधनों, स्कूली पाठ्यपुस्तकों, आकाशवाणी आदि ने उनकी आलोचनात्मक दृष्टि से रहित स्तुति की परम्परा बना ली है। फलतः सम्प्रदायवादी लोग और दूसरे, इनके नकारात्मक पहलुओं का बखूबी दुरुपयोग कर सकते हैं। लोगों को, खासतौर पर युवा लोगों को, हम यह कभी नहीं बताते कि ये महान लोग आखिर इन्सान थे और इनकी समझदारी में भी दोष हो सकते थे और इनके कार्य भी गलत हो सकते थे।

उनके दोष उनके समय में क्षम्य हो सकते थे, हालाँकि उस समय भी इनके कुछ नुकसानदेह असर रहे; पर दूसरे ऐतिहासिक सन्दर्भ में तो वे विनाशकारी साबित हो सकते हैं। वस्तुतः उनकी आलोचनात्मक दृष्टि से रहित सराहना की आदत सम्प्रदायवादियों, जातिवादियों आदि के सामने एक तरह का आत्म-समर्पण मात्र है। क्योंकि गोखले, रानाडे, दादाभाई नौरोजी और बी.सी. पाल आदि को तो हम ऐतिहासिक संदर्भ में देख लेते हैं, इसलिए जहाँ हम राष्ट्रवाद की प्रगति में उनके महान योगदान को स्वीकार करते हैं, वहीं उनकी इस बात के लिए आलोचना भी करते हैं कि साम्राज्यवाद के खिलाफ उन्होंने दृढ़ संघर्ष नहीं किया। यह देखना और लक्षित करना भी उतना ही जरूरी है कि 19वीं शताब्दी और 20वीं शताब्दी के कुछ

भारतीय नेताओं ने भी महान अवदान तो किया, लेकिन साथ ही धर्म और राजनीति के संबंध की, जाति-प्रथा की भूमिका की, इतिहास की समस्याओं की अथवा धार्मिक अल्पसंख्यकों की उनकी समझदारी दोषपूर्ण थी। यह खासतौर पर जरूरी है कि हमारी पाठ्यपुस्तकें, समाचार-पत्र, आकाशवाणी और राजनीतिक नेतागण उन सभी में सभी गुणों का बखान करना और इस तरह राष्ट्रीय विघटन की शक्तियों को परोक्ष रूप में भी मजबूत करना बन्द करें।

9

इतिहास के प्रति साम्प्रदायिक दृष्टिकोण, विपथगामी राष्ट्रवाद, 1947 के पहले विदेशी सत्ता से बैर मोल लिये बिना 'राष्ट्रवादी' बनने की नीति, धर्मनिरपेक्ष और राष्ट्रवादी लोगों के मस्तिष्क पर भी साम्प्रदायिकता की गहरी और बारीक छाप, राष्ट्रीय सामूहिक संचार साधनों तथा शिक्षा-प्रणाली द्वारा साम्प्रदायिकता के सामने अभी भी जारी आत्म-समर्पण और उसके प्रचार तथा सभी में सब गुण देखने की नीति, अतीत के प्रति—जिसमें राष्ट्रवादी आन्दोलन का हाल का गुजरा युग भी शामिल है—आलोचनात्मक दृष्टि से रहित दृष्टिकोण की नीति के खतरों, इन सभी को एक व्यावहारिक और सुपरिचित उदाहरण के जरिये स्पष्ट किया जा सकता है : 'राष्ट्रीय चरितनायकों' की सृष्टि और प्रचार।

जैसे-जैसे 19वीं शताब्दी के उत्तरार्ध में राष्ट्रवाद का उदय होने लगा और राष्ट्रीय नेतृत्व ने राष्ट्रीय चेतना के प्रसार का कार्य शुरू किया, वैसे-वैसे यह महसूस किया जाने लगा कि अगर 'राष्ट्रीय चरितनायकों' को दृष्टान्त के बतौर पेश किया जा सके तो यह काम बहुत ही आसान हो जायेगा। जो लोग अपनी राष्ट्रवादी प्रतिबद्धता को बौद्धिक स्तर पर नहीं ले सकते थे, उनके लिए राष्ट्रीय चरितनायक भावात्मक आकर्षण के केन्द्र भी बन सकते थे। राष्ट्रीय चरितनायकों का भावात्मक प्रतीकों के रूप में इस्तेमाल करना अभीष्ट मान लिया गया और इस उद्देश्य से उनका आज भी बड़े पैमाने पर इस्तेमाल किया जाता है। दूसरे, बहुत से लेखक, पत्रकार और शिक्षाशास्त्री अपनी राष्ट्रीय भावनाओं की अभिव्यंजना के रूप में तथा राष्ट्रवाद के दिन-प्रतिदिन के प्रचार कार्य के एक अंग के रूप में, राष्ट्रीय चरितनायक की पूजा की सृष्टि और प्रसार में जुट गये। तीसरे, अंग्रेजों के इस दावे का खंडन करने के लिए कि भारतीयों में स्वशासन की क्षमता या जन्मजात आकांक्षा की कमी है और इसके लिए लड़ने के उत्साह का अभाव है, यह आवश्यक था कि भारतीय लोग कुछ ऐतिहासिक चरित्रों का गौरव-गान करें। और अंत में, साम्प्रदायिक राजनीतिक नेताओं को अपने ऐतिहासिक और राजनीतिक विचारों के दृष्टान्त के बतौर तथा राष्ट्रीय संघर्ष के बीच उदीयमान, यथार्थ जीवन के चरितनायकों के प्रतिकार के रूप में इस्तेमाल करने के लिए प्रतीकों की आवश्यकता थी। और इसलिए हुआ यह कि अनेक ऐतिहासिक विभूतियाँ और खासतौर पर राणा प्रताप, शिवाजी और गुरु गोविंदसिंह मंच पर, अखबारों और पत्रिकाओं

में, कहानियों, कविताओं और नाटकों में, स्कूलों में तथा आकाशवाणी में 'राष्ट्रीय चरितनायकों' के रूप में उभर आये।

यह साफ-साफ समझ लेना जरूरी है कि चरितनायकों की सृष्टि की इस प्रक्रिया में ऐतिहासिक विश्लेषण या निर्णय निहित था। यह सर्वथा राजनीतिक प्रश्न था, राजनीतिक साधन या उपाय आविष्कृत करने का प्रश्न था। किसी भी चरितनायक के चयन की प्रामाणिकता, उपयोगिता तथा सामाजिक-राजनीतिक औचित्य का ऐतिहासिक साक्ष्य, भूमिका या विश्लेषण सें मुश्किल से कोई सरोकार होता। चरितनायकों के पीछे एक उद्देश्य सिद्ध करने का अभिप्राय होता था, उन्हें आधुनिक भारतीय राजनीति में एक भूमिका अदा करनी होती थी। इसका अर्थ यह हुआ कि उनकी राजनीतिक उपयोगिता या प्रामाणिकता का विश्लेषण उनके पीछे निहित उद्देश्य या उनकी भूमिका के आधार पर किया जाना चाहिए, न कि इतिहास की व्याख्या के आधार पर।

यहाँ हम इस तथ्य का उल्लेख कर सकते हैं कि राजनीतिक साधन के रूप में चरितनायकों का चयन उन ऐतिहासिक चरित्रों की लम्बी सूची से नहीं किया जाता रहा, जिन्होंने किसी न किसी कारण अंग्रेजों से जमकर लोहा लिया था। 1857 के विद्रोही—बहादुरशाह, रानी झाँसी, नाना साहब, तांत्या टोपे, फैजाबाद के मौलाना अहमदुल्ला, कुँवरसिंह—रानी जिन्दान, दीवान मूलराज, बासुदेव बी. फड़के, चापेकर बन्धु, सन्थाल विद्रोह और नील विद्रोह के चरितनायक, तथा उसके और बाद खुदीराम बोस, कल्पना दत्त और राष्ट्रवादी नेतृत्व का पूरा का पूरा सिलसिला।

इसी तरह साहित्य के क्षेत्र में, बतौर मिसाल उत्तर भारत में, नील संबंधी संघर्ष का चित्रण करनेवाले उस जोशीले, खरे और आधुनिक राष्ट्रवादी नाटक *नील दर्पण* को न तो मंच पर प्रस्तुत किया गया और न छापकर बेचा गया। उल्टे पृथ्वीराज और हकीकत राय को लेकर लिखे गये लोकप्रिय नाटकों के आधार पर राष्ट्रवाद उकसाया जाता रहा। मुसलमान सम्प्रदायवादियों ने अपने अलग चरितनायकों की सृष्टि करके इसका जवाब दिया और इसके लिए बहुधा ही वे सलीबी युद्धकर्त्ताओं के खिलाफ संघर्ष के प्रसंग तक पीछे चले जाते थे।

ऐसा क्यों था? निस्सन्देह वीर-मिथकों की सृष्टि के दिनों में सबसे महत्वपूर्ण हेतु था ब्रिटिश अधिकारियों का रुख। वे सच्चे राष्ट्रवाद या साम्राज्यवाद-विरोधी दृष्टिकोण की अभिव्यक्ति पर नाक-भौं चढ़ाते थे। वे ऐसे व्यक्तियों के गुणगान के प्रति खासतौर पर असहिष्णु थे जिन्होंने उनके राज्य की स्थापना का विरोध किया था। 1857 के वीरों के बारे में प्रशंसा के शब्द लिखने या कहनेवाले के खिलाफ कार्रवाई करने से वे नहीं झिझकते थे। ढेर के ढेर स्कूलों और कालेजों के वे अध्यापक, लेखक, पत्रकार आदि, जो आमतौर पर सरकारी संरक्षण पर ही निर्भर करते थे, अधिकारियों को लेशमात्र भी अप्रसन्न कर देने का जोखिम नहीं लेना चाहते थे। दूसरी ओर अधिकारी लोग 'विपथगामी' राष्ट्रवाद को

प्रोत्साहन तक देते थे, क्योंकि वह उनकी 'फूट डालो और राज करो' की नीति से मेल खाता था। इस तरह जब तक राज के विरोधी बाहर रखे जाते रहे तब तक इतिहास-पुस्तकों, इतिहास और साहित्य की पाठ्यपुस्तकों में साम्प्रदायिक, जातीय या क्षेत्रीय 'चरितनायकों' को बढ़ा-चढ़ाकर पेश करने की मनाही नहीं थी, बल्कि उसे प्रोत्साहन दिया जाता था। वस्तुतः यह उल्लेख्य है कि न केवल विचारधारा में, बल्कि राजनीति में भी ब्रिटिश, हिन्दू और मुस्लिम सम्प्रदायवादियों और जातिवादियों ने खासतौर पर धर्मनिरपेक्ष राष्ट्रीय आन्दोलन के खिलाफ संघर्ष में भरपूर सहयोग दिया।

यह भी ध्यान देने की बात है कि अधिकांश वीर-मिथकों की सृष्टि भारतीय राष्ट्रवाद के 'नरमदलीय' चरण में ही हुई थी। 'राष्ट्रीय चरितनायकों' के रूप में शिवाजी, गुरु गोविन्दसिंह और राणा प्रताप की सृष्टि सुरेन्द्रनाथ बनर्जी, न्यायधीश रानाडे, मदनमोहन मालवीय, आर.सी. दत्त तथा अपने नरमदलीय काल में तिलक ने की थी। राष्ट्रवादियों की वह पीढ़ी ब्रिटिश राज्य को एक अग्रगामी ऐतिहासिक कदम समझती थी और इसी कारण इसकी स्थापना का विरोध करनेवालों का गुणगान नहीं करना चाहती थी। साथ ही इतिहास की उस मंजिल पर वे शासकों को अप्रसन्न भी नहीं करना चाहते थे। यहाँ हम 1897 में तिलक के खिलाफ की गयी ब्रिटिश सरकार की कार्रवाई का जिक्र कर सकते हैं। अधिकारियों ने तब तक कतई कोई विरोध नहीं किया जब तक शिवाजी की महिमा मुस्लिम-विरोधी चरितनायक के रूप में बखानी जाती रही, पर जैसे ही उन्हें यह महसूस हुआ कि तिलक शिवाजी पंथ का इस्तेमाल ब्रिटिश-विरोधी भावनाएँ भड़काने के लिए कर रहे हैं, उन्होंने फौरन कार्यवाही की।

मैं यहाँ एक बार फिर लक्षित कर देना चाहूँगा कि आरंभिक राष्ट्रीय नेताओं ने वीर-मिथकों की जो अपनी सृष्टि रची, उसके पीछे कुछ औचित्य था। वे तो अज्ञात सागर में पथ-संधान कर रहे थे; अपने कृत्यों के पूरे निहितार्थ भी उन्हें अभी दृष्टिगोचर नहीं थे। यह तो बाद के राष्ट्रवादियों का काम रहा कि उन्होंने उनके विपुल योगदान को आगे बढ़ाते हुए भी उनकी गलतियों का परिष्कार किया।

सारे प्रमुख चरितनायक—राणा प्रताप, शिवाजी और गुरु गोविंदसिंह—मध्यकालीन भारत के थे और उन्होंने मुगल सत्ता से लोहा लिया था। इन वीर-मिथकों ने धर्मनिरपेक्षता और राष्ट्रीय एकता पर किसी अन्य वैचारिक हेतु से कम कुठाराघात नहीं किया है। एक ही झटके में और एक प्रकार के अन्तर्भूत तरीके से ये वीर-मिथक द्विराष्ट्र-सिद्धान्त या बुनियादी साम्प्रदायिक दृष्टिकोण के पक्ष की पुष्टि कर देते थे। आखिर किस परिभाषा से वे 'राष्ट्रीय' चरितनायक हैं और उनका संघर्ष 'राष्ट्रीय' संघर्ष है? इसलिए कि वे विदेशियों के खिलाफ लड़ रहे थे? मुगल विदेशी क्योंकर थे? इसलिए कि वे मुसलमान थे? राणा प्रताप, शिवाजी और गुरु गोविंदसिंह के 'राष्ट्रवाद' में एकता का क्या सूत्र है? यही कि वे हिंदू या गैर-मुस्लिम थे। इस तरह वीर-मिथक स्वतः साम्प्रदायिकता पैदा करते थे।

कोई भी शिशु या वयस्क, जो राणा प्रताप या शिवाजी का 'राष्ट्रीय' नेता के रूप में अभिनन्दन होते सुनता है, स्वतः यह दृष्टिकोण स्वीकार कर लेता है कि मध्यकालीन भारत में हिन्दू राष्ट्र का अस्तित्व था और 'विदेशी' मुसलमानों से सतत मुठभेड़ चलती रही। और आज तक, खासतौर पर राष्ट्रीय संकट के क्षणों में, हमारी पाठ्यपुस्तकों में, हमारे राजनीतिक नेता, हमारे संचार-साधन और विशेषतः आकाशवाणी राष्ट्रवाद जगाने के लिए मध्यकालीन वीर-मिथकों का इस्तेमाल करते जाते हैं, लेकिन इनके ऐसा करने का वैसा औचित्य नहीं जैसा इन मिथकों के प्रवर्तकों के साथ था। क्योंकि इनके हानिकर प्रभाव अब जाहिर हो चुके हैं तथा वे ऐतिहासिक विभूतियाँ भी गुणगान के लिए सुलभ हैं जिन्होंने यथार्थ जीवन में साम्राज्यवाद-विरोधी संघर्ष में योद्धाओं के रूप में भाग लिया। वीर-मिथकों की अनर्गलता तो तब पूरी तरह उजागर हो जाती है जब आकाशवाणी पर अभिनीत होनेवाले अगणित नाटकों में, उदाहरणार्थ सेठ गोविन्ददास के नाटकों में, किसी भी जमींदार या जागीरदार के हर टुटपुँजिये संघर्ष को राष्ट्रीय संघर्ष के रूप में बढ़ा-चढ़ा दिया जाता है, बशर्ते कि वह जमींदार राजपूत या हिंदू हो और शासक मुसलमान हो।

मैं फिर से कहना चाहूँगा : उक्त तरीके को ऐतिहासिक वस्तुनिष्ठता या ईमानदारी से कुछ लेना-देना नहीं है। क्योंकि वीर-मिथक सच्चे ऐतिहासिक लेखन की सृष्टि नहीं होते। वे राजनीतिक सृष्टि होते हैं और इसी कारण राजनीतिक उपयोगिता की कसौटी के ही अनुरूप होते हैं। दूसरे, मैं यह सुझाव देकर कि वीर-मिथकों को 'राष्ट्रीय चरितनायकों' के रूप में बखाना नहीं जाना चाहिए था या नहीं चाहिए, मैं किसी भी तरह उनकी निन्दा नहीं करना चाहता हूँ या उनको उनकी ऐतिहासिक भूमिका से वंचित नहीं करना चाहता हूँ। निश्चय ही शिवाजी, राणा प्रताप, गुरु गोविन्दसिंह अपने ही ऐतिहासिक सन्दर्भ में महत्वपूर्ण पुरुष थे। लेकिन वह सन्दर्भ राष्ट्रीय संघर्ष का संदर्भ नहीं था। अन्यथा, यदि हम साम्प्रदायिकता को पीछे की ओर प्रक्षेपित करते हैं और उन्हें हिन्दू राष्ट्रवादी घोषित करते हैं, तो दूसरे लोग अपने धर्मनिरपेक्ष, अविकल राष्ट्रवाद को पीछे की ओर प्रक्षेपित कर सकते हैं और उन्हें भारतीय ऐक्य, राज्य और इसी कारण राष्ट्रीयता का भी भंजक घोषित कर सकते हैं। जहाँ इन बादवाले विचारों की अनर्गलता को सभी स्वीकार कर लेंगे, वहीं हम देख सकते हैं कि पहलेवाला विचार भी कम अनर्गल नहीं है। साथ ही, ऐसे काल में जब राष्ट्रवाद का अस्तित्व ही नहीं था, किसी ऐतिहासिक पुरुष के बारे में यह कहना कि वह राष्ट्रवादी नहीं था, उसकी निन्दा करना नहीं है। राष्ट्रीय सम्मान की एकमात्र किस्म 'राष्ट्रीय चरितनायक' या 'राष्ट्रीय विभूति' होना नहीं है। अन्यथा हमने ऐसा क्यों नहीं एलान कर दिया कि जो कोई अशोक या हर्ष या गुरु नानक या चैतन्य या अकबर को राष्ट्रीय विभूति नहीं मानता, वह उनका अपमान करता है? वास्तव में, मैं यह सुझाव दे रहा हूँ कि सम्प्रदायवादी लोग शिवाजी, राणा प्रताप और गुरु गोविन्दसिंह का जिस तरह दुरुपयोग करते रहे हैं, और कर रहे हैं, उससे उन्हें त्राण दिलाया जाये। हकीकत

यह है कि राणा प्रताप अकबर से बढ़कर या शिवाजी औरंगजेब से बढ़कर राष्ट्रीय विभूति नहीं थे। यही नहीं, भ्रान्तिजन्य इतिहास में उन्हें मिथ्या 'राष्ट्रीय' चरित्र प्रदान करके हम आधुनिक और समसामयिक इतिहास में एक राष्ट्र-विरोधी, विघटनकारी कार्य करते रहे हैं।

वीर-मिथकों के साम्प्रदायिक पहलू को एक और तरह से देखा जा सकता है। अचरज की बात है कि हालाँकि अशोक या चन्द्रगुप्त या हर्ष आदि तथाकथित 'स्वर्ण युग' में हुए थे, फिर भी सम्प्रदायवादियों ने उन्हें 'राष्ट्रीय नेताओं' के रूप में प्रतिष्ठित करने के लिए लेशमात्र भी प्रयास नहीं किया। पर सम्प्रदायवादी जानते हैं कि उनके नामों को मुस्लिम-विरोधी भावना उभारने के लिए इस्तेमाल नहीं किया जा सकता, उनका 'राष्ट्रवाद' मुस्लिम-विरोधी राष्ट्रवाद अर्थात् सम्प्रदायवाद नहीं होगा। यह भी बड़ी दिलचस्प बात है कि आज के एक प्रमुख साम्प्रदायिक इतिहासकार ने ऐतिहासिक वस्तुनिष्ठता के नाम पर झाँसी की रानी और नाना साहब को काफी घटाकर आँकने की कोशिश की है, हालाँकि वे हिंदू थे और एक वास्तविक विदेशी सत्ता के खिलाफ उन्होंने लड़ाई की थी। पर बात तो यह है कि न केवल उन्होंने मुस्लिम शासक से लड़ाई नहीं की थी, बल्कि उसके साथ सहयोग किया और इस हद तक चले गये कि उसे अपना सम्राट मान लिया।

इन वीर-मिथकों का अल्पसंख्यकों और अभी तक दबी हुई जमातों पर पड़नेवाले प्रभाव के जरिये राष्ट्रीय एकता पर जो नकारात्मक प्रभाव पड़ता है, हमें उसे भी घटाकर नहीं आँकना चाहिए। किसी मुसलमान के लिए ऐसे राष्ट्रवाद में भावनात्मक स्तर पर साझीदार हो सकना और उसके प्रति सच्चा उत्साह अनुभव कर सकना आसान नहीं है, जिसके 'राष्ट्रीय चरितनायक' इसलिए 'राष्ट्रीय' सम्मान के पात्र बने हैं कि उन्होंने 'विदेशी' मुसलमानों से युद्ध किया था। जैसे-जैसे सामाजिक-राजनीतिक चेतना निचली जातियों और वर्गों में फैलती जायेगी, वैसे-वैसे यह आशा की जा सकती है कि उन जमींदारों, सरदारों और शासकों के गुणगान के प्रति वे भी इसी तरह प्रतिक्रिया करेंगे जो इन जातियों और वर्गों के साथ उत्पीड़क और शोषक का नाता रखते थे।

मैं यह सुझाव भी नहीं दूँगा कि इन वीर-मिथकों के स्थान पर अन्य अधिक राष्ट्रीय वीर-मिथकों की स्थापना मात्र कर ली जानी चाहिए। समय आ गया है कि हमारी शिक्षा-प्रणाली और संचार-साधन, जिनमें आकाशवाणी भी शामिल है, तथा राजनीतिक पार्टियाँ और व्यक्ति जनता के सामने असली लोगों को उनके सकारात्मक और नकारात्मक अवदानों, दोनों, के समेत पेश करना शुरू कर दें। जनता को राजनीतिक दीक्षा देने तथा उच्च सामाजिक एवं राजनीतिक आदर्शों से अनुप्राणित करने का यह बेहतर तरीका है। पर अगर किन्हीं कारणों से वीर-मिथक अनिवार्य प्रतीत हों तो उनका चयन अभीष्ट लक्ष्य की सिद्धि में उनकी कारगरता को ध्यान में रखकर किया जाना चाहिए तथा यथार्थ में उनकी सुदृढ़ आधारभूमि मौजूद होनी चाहिए।

इतिहास का राजनीतिक दुरुपयोग

बाबरी मस्जिद-रामजन्मभूमि विवाद*

वर्तमान बाबरी मस्जिद-रामजन्मभूमि विवाद के मूल में कोई ऐतिहासिक तथ्य न होकर अंधविश्वास, राजनीतिक एवं सत्ता हड़पने की नीति ही काम कर रही है। प्रत्येक व्यक्ति को अपने धर्म एवं विश्वासों की स्वतंत्रता है। परंतु जब धार्मिक विश्वासों को ही ऐतिहासिक प्रमाण मान लिया जाए तो इतिहासकार को ऐतिहासिक प्रमाण और धार्मिक विश्वास के भेद को स्पष्ट करना होगा। जब सांप्रदायिक ताकतें सांप्रदायिक चालों को ही ऐतिहासिक तथ्य के रूप में प्रस्तुत करें तो इतिहासकार को अपना दायित्व निभाना ही होगा।

ऐतिहासिक साक्ष्यों का स्पष्टीकरण हम किसी वाद-विवाद के उद्देश्य से या रामजन्मभूमि-बाबरी मस्जिद के झगड़े की समस्या का सही हल देने के उद्देश्य से नहीं कर रहे हैं, क्योंकि हम जानते हैं कि यह झगड़ा केवल ऐतिहासिक तथ्यों पर नहीं है। इस झगड़े की जड़ में है भारतीय राजनीति का व्यापक सांप्रदायिकीकरण। फिर भी यह आवश्यक है कि हम ऐतिहासिक साक्ष्यों की समीक्षा करें और यह देखें कि समाज में सांप्रदायिकता फैलाने में इसका क्या उपयोग किया जा रहा है।

क्या अयोध्या राम का जन्मस्थान है ? और इसी से संबंधित प्रश्न है : क्या वर्तमान अयोध्या और रामायण में वर्णित अयोध्या एक है ?

राम के जीवन का वर्णन सबसे पहले राम-कथा में किया गया, किंतु अब यह अपने मूल रूप में उपलब्ध नहीं है यद्यपि वाल्मीकि ने इसे लेकर ही एक लंबे काव्य के रूप में रामायण की रचना की। क्योंकि रामायण एक काव्य है अतः इसमें वर्णित पात्र, स्थान, आदि बहुत कुछ काल्पनिक भी हो सकते हैं और जब तक इन पात्रों, घटनाओं और स्थानों

---

*सर्वपल्ली गोपाल, रोमिला थापर, बिपिन चंद्र, सब्यसाची भट्टाचार्य, सुवीरा जायसवाल, हरबंस मुखिया, के.एन. पनिक्कर, आर. चंपकलक्ष्मी, सतीश सबरवाल, बी.डी. चट्टोपाध्याय, आर.एन. वर्मा, के. मीनाक्षी, मुजफ्फर आलम, दिलबाग सिंह, मृदुला मुखर्जी, माधवन पालात, आदित्य मुखर्जी, शिरीन रत्नागर, नीलाद्रि भट्टाचार्य, के.के. त्रिवेदी, योगेश शर्मा, कुणाल चक्रवर्ती, भगवान सिंह जोश, राजन गुरुकुल, हिमांशु प्रभा राय- सेंटर फार हिस्टॉरिकल स्टडीज, जवाहरलाल नेहरू विश्वविद्यालय, नई दिल्ली- ६७ द्वारा प्रसारित एवं प्रकाशित।

का किन्हीं अन्य अधिक विश्वसनीय स्रोतों से समर्थन न मिले, इतिहासकार इन्हें ऐतिहासिक दृष्टि से प्रामाणिक नहीं मान सकते । बहुत बार ऐतिहासिक साक्ष्य सार्वजनिक विश्वासों के विपरीत पाए गए हैं ।

वाल्मीकि रामायण के अनुसार अयोध्या-नरेश राम का जन्म त्रेता युग में हुआ था । यानी कलियुग से हजारों वर्ष पूर्व, और कलियुग का ही आरम्भ 3102 ई.पू. में माना जाता है ।

1. ऐसा कोई पुरातात्विक प्रमाण नहीं मिला है जिससे यह सिद्ध किया जा सके कि जिस क्षेत्र में आज अयोध्या बसी हुई है वहाँ हजारों वर्ष पूर्व कोई आबादी थी । इस क्षेत्र में बस्ती होने के प्राचीनतम प्रमाण 800 ई.पू. के माने गए हैं । यह बस्ती 'चित्रित धूमर भाण्ड संस्कृति' (पेंटेड ग्रे वेयर) की थी । यानी यहाँ के निवासियों का रहन-सहन बहुत ही सीधा- सादा था । वह वाल्मीकि रामायण में वर्णित भौतिक जीवन से मेल नहीं खाता ।

2. रामायण के अनुसार अयोध्या एक ऐसी नगरी थी जो अनेक विशाल भवनों और प्रासादों से सुशोभित थी । पर 800 ई.पू. के ऐसे कोई पुरातात्विक साक्ष्य नहीं मिलते जिनसे यह सिद्ध होता हो कि यहाँ इस प्रकार की कोई नगरी थी ।

3. रामायण में वर्णित अयोध्या कहाँ पर स्थित थी, यह बात भी विवादास्पद है । प्राचीन बौद्ध ग्रंथों में कोशल देश के प्रमुख नगरों के रूप में श्रावस्ती और साकेत का उल्लेख है, अयोध्या का नहीं । जैन ग्रंथ भी साकेत को ही कोशल की राजधानी बताते हैं । अयोध्या का बहुत कम उल्लेख हुआ है और उसे गंगा के तट पर स्थित बताया गया है न कि सरयू तट पर, जबकि वर्तमान अयोध्या सरयू तट पर ही है ।

4. वस्तुतः एक गुप्तवंशीय राजा ने साकेत नगरी को ही अयोध्या का नाम दिया । पाँचवीं शताब्दी के उत्तरार्द्ध में स्कंदगुप्त ने साकेत को अपना निवास स्थान बनाया और उसे अयोध्या की संज्ञा दी । उसने विक्रमादित्य की उपाधि धारण की, और उसका अंकन अपनी स्वर्ण मुद्राओं पर किया । इस प्रकार जो संभवतः एक महाकाव्य की काल्पनिक अयोध्या थी उसका कालांतर में साकेत से समीकरण किया गया । इस आधार पर यह निष्कर्ष निकालना आवश्यक नहीं कि गुप्त सम्राट राम का भक्त था । वह तो सूर्यवंशी राजाओं की परंपरा से, जिस वंश के राम भी थे, अपना संबंध जोड़कर अपना गौरव बढ़ाना चाहता था ।

5. सातवीं शताब्दी के बाद के ग्रंथों में अयोध्या का स्पष्ट रूप से उल्लेख मिलता है । वे पुराण, जिनकी रचना ईसा से पहले सहस्राब्द के उत्तरार्द्ध और दूसरे सहस्राब्द की पहली शताब्दियों में, यानी 500-1200 ईसवी में हुई, रामायण के अनुसार ही अयोध्या को कोशल देश की राजधानी के रूप में वर्णित करते हैं (*विष्णु धर्मोत्तर महापुराण,* I. 240. 2).

6. रामजन्मभूमि के मूल स्थान संबंधी जो अनिश्चितता है उसका आभास एक प्रकार से अयोध्या की प्रचलित स्थानीय लोक परंपरा में भी मिलता है । ऐसा कहा जाता है कि

त्रेता युग के बाद अयोध्या लुप्त हो गयी थी और विक्रमादित्य ने उसे पुनः ढूँढ निकाला। अयोध्या की खोज करते हुए विक्रमादित्य को तीर्थराज प्रयाग मिल गए। तीर्थराज प्रयाग को अयोध्या का पता था और उन्होंने विक्रमादित्य को उसे दिखाया। विक्रमादित्य ने उस स्थान पर चिह्न लगाया किंतु बाद में उसे नहीं खोज सके। तब वे एक योगी से मिले जिसने उन्हें बताया कि वे एक गाय और बछड़े को खुला छोड़ दें और साथ-साथ घूमें। जब बछड़ा रामजन्मभूमि पहुँचेगा, गाय के स्तन से दूध अपने आप बहने लगेगा। राजा ने योगी की सलाह मान ली। जब एक स्थान पर गाय के स्तन से दूध बहने लगा तो राजा को ज्ञात हो गया कि वही अयोध्या है।

अयोध्या को दुबारा ढूँढ़ निकालने की यह कथा, और एक प्राचीन गौरवशाली वंश से जुड़ने का प्रयत्न, यह सब इस बात के प्रतीक हैं कि एक नगर को, जिसका पहले कोई धार्मिक महत्व नहीं था, बाद में एक निश्चित धार्मिक महत्ता प्रदान की गई। पर इन कथाओं में भी मूल स्थान की पहचान अनिश्चित और मनमानी ही लगती है।

यदि वर्तमान अयोध्या ईसा की पाँचवीं शताब्दी से पहले साकेत के नाम से जानी जाती थी, तो वाल्मीकि रामायण की अयोध्या काल्पनिक ही रही होगी। तब तो वर्तमान अयोध्या को रामजन्मभूमि मानना केवल एक विश्वास की बात है, ऐतिहासिक साक्ष्य की नहीं।

रामजन्मभूमि के स्थान-निर्धारण में जो ऐतिहासिक संदिग्धता है उसकी तुलना बुद्ध के जन्मस्थल के ऐतिहासिक नैश्चित्य से की जा सकती है। बुद्ध के निर्वाण के दो सौ साल बाद अशोक मौर्य ने बुद्ध के जन्मस्थल के संस्मरण में लुम्बिनी ग्राम में एक शिलालेख स्थापित किया। फिर भी, इस विषय में भी केवल इतना ही कहा जा सकता है कि इस अभिलेख से यह पता चलता है कि बुद्ध इसी गाँव में कहीं पैदा हुए थे। ठीक किस जगह पैदा हुए थे, यह बात इस अभिलेख से भी नहीं जानी जा सकती।

II

अयोध्या अनेक धर्मों के लिए एक पावन-स्थान रहा है, केवल राम-भक्तों के लिए ही नहीं। इसका राम-भक्ति के एक प्रमुख केंद्र के रूप में स्थापित होना तो अपेक्षाकृत बाद की बात है।

1. ईसा की पाँचवीं शताब्दी से लेकर आठवीं शताब्दी तक के अभिलेखों में अयोध्या के निवासियों का उल्लेख हुआ है, पर उनमें से किसी में भी राम की पूजा से अयोध्या के संबंध की चर्चा नहीं हुई है (देखिये *एपिग्राफिका इंडिका,* 10.72; 15.14; I. 14)।

2. ह्वान त्सांग (युवान च्वांग) ने लिखा है कि अयोध्या बौद्ध धर्म का एक प्रमुख केंद्र थी और यहाँ बहुत से स्तूप और विहार थे, और ऐसे लोगों की संख्या बहुत कम थी जो बौद्ध न रहे हों। ऐसा विश्वास था कि बुद्ध कुछ समय तक अयोध्या में रहे थे, अतः

बौद्धों के लिए वह एक पावनस्थली बन गई।

3. अयोध्या जैन धर्म के मतानुयायियों का भी एक प्रमुख तीर्थ है। उनके लिए यह प्रथम और चतुर्थ जैन तीर्थंकरों का जन्मस्थान है। अयोध्या के उत्खनन में पकी मिट्टी की एक जैन मूर्ति मिली है। इस मूर्ति का काल चौथी-तीसरी शताब्दी ई.पू. माना जाता है और यह सबसे प्राचीन उपलब्ध जैन मूर्तियों में से एक मानी जाती है।

4. ग्यारहवीं शताब्दी के ग्रंथों में अयोध्या के गोपतरु तीर्थ का उल्लेख तो मिलता है, किंतु राम की जन्मभूमि से इसका कोई संबंध नहीं जोड़ा गया है।

5. राम-भक्ति का प्रसार तेरहवीं शताब्दी में हुआ और धीरे-धीरे बढ़ता गया। इस प्रसार में रामानंदी संप्रदाय का बहुत योगदान रहा, और साथ ही हिंदी में राम-कथा के लिखे जाने से इसे काफी बढ़ावा मिला।

फिर भी पंद्रहवीं और सोलहवीं शताब्दी में रामानंदी संप्रदाय के अनुयायी अयोध्या में कम थे। इस समय अयोध्या में शैव धर्म ही प्रमुख था; केवल अठारहवीं शताब्दी से ही रामानंदी साधु यहाँ बड़ी संख्या में रहने लगे। इसके बाद ही रामानंदियों ने अयोध्या में अपने अधिकांश मंदिर बनवाए।

अभी तक ऐसा कोई प्रमाण नहीं मिलता जिससे निश्चित रूप से कहा जा सके कि बाबरी मस्जिद का निर्माण ऐसी जगह हुआ है जहाँ पहले एक मंदिर था।

1. मस्जिद के द्वार पर दोनों ओर फारसी में लेख हैं जिससे पता चलता है कि मस्जिद को बाबर के आदेश पर बनवाया गया था। श्रीमती बेवरीज ने सबसे पहले *बाबरनामा,* का अनुवाद किया और इन पंक्तियों को उसके परिशिष्ट में छापा। उनके द्वारा किये गए अनुवाद के अनुसार "शहंशाह बाबर के, जिनके न्याय की सीमा आकाश तक पहुँची हुई है, आदेशानुसार मीर बाकी ने फरिश्तों के उतरने के स्थान का निर्माण करवाया (*बाबरनामा,* अनु. एफ. बेवरिज II : LXXVII) बवद खैर बाकी" (खुदा करे यह हमेशा रहे)।

इन पंक्तियों के अनुसार बाबर के एक सरदार (noble) मीर बाकी ने यह मस्जिद बनवाई थी। परंतु यह उल्लेख कहीं भी नहीं मिलता है कि मस्जिद का निर्माण मंदिर के स्थान पर किया गया। *बाबरनामा,* में भी मंदिर को तुड़वाने की बात कहीं नहीं लिखी है।

2. *आईने अकबरी* के अनुसार अयोध्या "रामचंद्र का निवास-स्थान है जिनका जन्म त्रेता युग में हुआ था और जो राजधर्म और अलौकिक गुणों की पराकाष्ठा पर पहुँचे हुए थे।" किंतु कहीं पर भी अकबर के दादा बाबर द्वारा राम-मंदिर को तोड़कर मस्जिद बनवाने की चर्चा नहीं है।

3. अकबर के ही समय में राम-भक्त तुलसीदास अयोध्या-निवासी थे। उन्होंने म्लेच्छों

के बढ़ते प्रभुत्व पर खेद व्यक्त किया है, परंतु रामजन्मभूमि-मंदिर के तोड़े जाने का कहीं उल्लेख नहीं किया है।

उन्नीसवीं शताब्दी में पहली बार यह कहानी प्रचलित हुई और सरकारी दस्तावेजों में इसे स्थान दिया गया। फिर यही दस्तावेज दूसरों द्वारा प्रामाणिक ऐतिहासिक साक्ष्य के रूप में उद्धृत हुए।

मंदिर के तोड़े जाने की कथा की ऐतिहासिक प्रामाणिकता के परीक्षण के बिना ही उसे इस क्षेत्र के अंग्रेजी दस्तावेजों में ज्यों का त्यों रख दिया गया। (देखिए, पी. कार्नेगी, *हिस्टारिकल स्केच आफ तहसील फैजाबाद,* जिला फैजाबाद, लखनऊ, 1870; एच.आर. नेविल, *फैजाबाद डिस्ट्रिक्ट गजेटियर,* इलाहाबाद, 1905)।

अपनी पुस्तक की एक पाद-टिप्पणी में श्रीमती बेवरीज इस कथा में अपना विश्वास प्रकट करती हैं। उनका कहना है कि बाबर इस "प्राचीन हिंदू मंदिर के गौरव और पवित्रता से प्रभावित" था और एक (अच्छा) मुसलमान होने के नाते उसने कम से कम मंदिर के एक हिस्से को ही तोड़कर मस्जिद बनवाया होगा। उनका तर्क बिलकुल साफ है "...मुहम्मद का एक आज्ञाकारी अनुयायी होने के नाते बाबर दूसरे धर्म के प्रति असहिष्णु था; (इस प्रकार उसकी नजर मे) मंदिर के स्थान पर मस्जिद बनवाना एक धार्मिक एवं पुण्य कार्य था।" उनका यह बहुत ही आपित्तजनक निष्कर्ष इस धारणा पर आधारित है कि इस्लाम धर्म के माननेवाले व्यक्ति असहिष्णु हुआ करते हैं और वे ऐसा ही किया करते हैं। श्रीमती बेवरिज अपनी इस धारणा के लिए कि यह मस्जिद किसी मंदिर को तोड़कर बनाई गई थी, कोई ऐतिहासिक साक्ष्य नहीं प्रस्तुत करतीं। बस उन्होंने ऐसा हुआ ही होगा, यह स्वयंसिद्ध मान लिया है। वस्तुतः दूसरे धर्मों के पूजास्थलों के प्रति बाबर का जो रवैया रहा, वह श्रीमती बेवरीज के निष्कर्ष की कदापि पुष्टि नहीं करता।

ऐसा लगता है कि अंग्रेज अफसर, जिनकी दृष्टि में भारत परस्पर-विरोधी संप्रदायों का देश था, ऐसी कहानियों को स्वतः सिद्ध मानते थे। किंतु इतिहासकारों को तो प्रत्येक ऐतिहासिक वक्तव्य की प्रामाणिकता बड़ी सावधानी से जाँचनी पड़ती है और यह देखना होता है कि वह कैसे स्रोतों पर आधारित है।

अतः एक तरफ जहाँ इस बात का कोई प्रमाण नहीं है कि बाबरी मस्जिद एक मंदिर को तोड़कर बनवाई गई है, वहीं यह भी मानना होगा कि मध्यकालीन स्रोतों के अनुसार मुसलमानों के लिए इस मस्जिद का कोई विशेष धार्मिक अथवा सांस्कृतिक महत्व न था।

ऐतिहासिक साक्ष्यों से इस बात की पुष्टि नहीं होती कि मुसलमान शासक स्वभावतः और हमेशा ही हिंदुओं के धार्मिक स्थानों के विरुद्ध रहे हैं।

1. अयोध्या के एक हिंदू तीर्थस्थान के रूप में विकसित होने में मुसलमान नवाबों से प्राप्त संरक्षण ने महत्वपूर्ण भूमिका निभाई है। हाल के शोध-प्रबंधों ने यह दिखला दिया है कि नवाबी हुकूमत कायस्थों के सहयोग पर निर्भर थी, और उनकी फौज में शैव नागाओं का प्रभुत्व था। हिंदुओं के पवित्र धार्मिक स्थलों का संरक्षण और उनके मंदिरों को दान देना नवाबों की राजनीति का एक अभिन्न अंग था। नवाब सफदरजंग के दीवान ने अयोध्या में कई मंदिर बनवाए, और कुछ की मरम्मत करवाई। सफदरजंग ने अयोध्या में हनुमानगढ़ी पर मंदिर बनवाने के लिए निर्वाण अखाड़े को जमीन दी। आसफुद्दौला के दीवान ने हनुमानगढ़ी पर मंदिर बनवाने के लिए सहायता प्रदान की। पंडा लोगों की बहियों से पता चलता है कि नवाबी दरबार के कई मुसलमान अफसरों ने हिंदू पुजारियों द्वारा पूजा-कर्म सम्पन्न कराने के लिए भी अनेक भेंटें दीं।

2. हिंदू-मुसलमान टकराव में यह जरूरी नहीं था कि मुसलमान शासक मुसलमानों का ही पक्षपात करते रहे हों। 1855 में सुन्नी मुसलमानों और नागा साधुओं के बीच हनुमानगढ़ी के मंदिर को लेकर झगड़ा खड़ा हो गया। वाजिद अली शाह ने कड़ाई से निश्चित कदम उठाया। उसने मामले की छानबीन करने के लिए एक त्रिपक्षीय समिति बनाई जिसके सदस्य थे जिला अफसर आगा अली खाँ, प्रमुख हिंदू जमींदार राजा मानसिंह, और कंपनी की फौज के अंग्रेज अधिनायक। जब प्रस्तावित समझौता सांप्रदायिक ताकतों की तनातनी को रोकने में असफल रहा तो वाजिद अली शाह ने स्थिति पर काबू पाने के लिए मुसलमान नेताओं की मदद ली। मुस्लिम सांप्रदायिक तत्वों के नाते, मौलवी अमीर अली की संपत्ति जब्त कर ली गई, और अंत में अमीर अली द्वारा भड़काए गए सुन्नी मुसलमानों को फौज की सहायता से दबा दिया गया।

इससे हमारा यह तात्पर्य नहीं है कि हिंदू-मुसलमानों में कभी झगड़ा ही नहीं हुआ, पर यह ध्यान रखना चाहिए कि हिंदू और मुसलमान, दोनों ही समांगी (एकजातीय) समाज न थे। इनके अंदरूनी गुटों और संप्रदायों में भी परस्पर झगड़ा हुआ करता था और हिंदू-मुसलमानों में भी।

ऐतिहासिक साक्ष्यों की उपरोक्त समीक्षा से यह पता चलता है कि हिंदू और मुसलमानों, दोनों के सांप्रदायिक तत्व जो दावे कर रहे हैं उनका इतिहास से कोई समर्थन नहीं होता। कालांतर में धार्मिक क्षेत्र के रूप में अयोध्या की विशिष्टिता बदलती रही है और यह अनेक धर्मों के इतिहास से जुड़ी हुई है। विभिन्न संप्रदायों के लिए इसका अलग-अलग धार्मिक महत्व रहा है। कोई एक संप्रदाय इस नगरी पर अपना एकमात्र, अनन्य धार्मिक अधिकार होने का दावा नहीं कर सकता।

इतिहास को आत्मसात् करने की प्रक्रिया किसी भी समाज में बराबर चलती रहती है। परंतु भारत जैसे बहुधर्मी समाज में जब ऐसी प्रक्रियाएँ केवल एक धार्मिक इकाई को ही प्रश्रय

देने में लगाई जाएँ तो उनसे असीमित सांप्रदायिक प्रतिद्वन्द्विता उत्पन्न होती है। अतीत को नकारने के प्रयत्नों के परिणाम बड़े खतरनाक और घातक ही हो सकते हैं।

अतएव यही उचित है कि इस मसले का जल्दी से जल्दी राजनीतिक हल निकाला जाए। रामजन्मभूमि और बाबरी मस्जिद का सीमा-निर्धारण किया जाए और उन्हें राष्ट्रीय स्मारक-चिह्न घोषित किया जाए।